冰球运动系统训练

[美]肖恩·斯卡汉（Sean Skahan）著　王明波 黄岩 陈冲 译

人民邮电出版社

北 京

图书在版编目（CIP）数据

冰球运动系统训练 /（美）肖恩·斯卡汉
(Sean Skahan) 著；王明波，黄岩，陈冲译. -- 北京：
人民邮电出版社，2019.7
ISBN 978-7-115-50912-3

Ⅰ. ①冰… Ⅱ. ①肖… ②王… ③黄… ④陈… Ⅲ.
①冰球运动—运动训练 Ⅳ. ①G862.32

中国版本图书馆CIP数据核字(2019)第039484号

免责声明

本书内容旨在为大众提供有用的信息。所有材料（包括文本、图形和图像）仅供参考，不能替代医疗诊断、建议、治疗或来自专业人士的意见。所有读者在需要医疗或其他专业协助时，均应向专业的医疗保健机构或医生进行咨询。作者和出版商都已尽可能确保本书技术上的准确性以及合理性，并特别声明，不会承担由于使用本出版物中的材料而遭受的任何损伤所直接或间接产生的与个人或团体相关的一切责任、损失或风险。

内 容 提 要

本书由专业体能教练肖恩·斯卡汉基于多年的执教职业冰球球员和大学冰球球员的经验写作而成。他曾是美国国家冰球联盟（NHL）阿纳海姆鸭队的体能教练，在那里执教了 13 个赛季。在本书中，他系统而又详细地介绍了很多出类拔萃的冰球运动员使用过的体能训练体系。第 1 章概述不同级别的球员在非赛季、赛季前和赛季中的体能训练计划。第 2 章介绍球员体能测试方法。第 3 章分析不同位置的球员体能训练重点。第 4 章到第 9 章分别对球员动作准备、核心训练、力量和爆发力训练、加速和速度训练、柔韧性和灵活性训练以及能量代谢训练的方法进行详细解读。第 10 章到第 12 章提供适合非赛季、赛季前和赛季中的体能训练计划的设计方法和示例。本书科学、专业、系统，适合所有级别的冰球运动员、教练员、体能教练及冰球爱好者阅读。

◆ 著　　　[美] 肖恩·斯卡汉（Sean Skahan）
　　译　　　王明波　黄　岩　陈　冲
　　责任编辑　王若璇
　　责任印制　周昇亮

◆ 人民邮电出版社出版发行　　北京市丰台区成寿寺路 11 号
　　邮编　100164　电子邮件　315@ptpress.com.cn
　　网址　http://www.ptpress.com.cn
　　天津翔远印刷有限公司印刷

◆ 开本：700×1000　1/16
　　印张：18.75　　　　　　　　　2019 年 7 月第 1 版
　　字数：356 千字　　　　　　　2019 年 7 月天津第 1 次印刷
　　著作权合同登记号　图字：01-2016-4055 号

定价：168.00 元
读者服务热线：**(010)81055296**　印装质量热线：**(010)81055316**
反盗版热线：**(010)81055315**
广告经营许可证：京东工商广登字 20170147 号

目　录

前　言

在过去的 20 年里，冰球运动有持续而明显的发展。如今这项运动已经达到了非常高的水平。运动员变得比以前更加高大、强壮，速度更快，而动作也更加灵活。冰球运动的体能训练计划必须随着这项运动的发展有所改变。

如果你是球员，你想拥有一个有助于提升冰球技能的体能训练计划吗？如果你是教练，你想知道如何为团队设计一份体能训练计划吗？

本书将带领你一步步实施一个针对赛季的体能训练计划，其中包括非赛季、赛季前和赛季中的训练计划。内容涵盖力量训练、速度训练、爆发力训练、能量代谢训练和恢复方法等，让你在全年任何时间都知道自己应该做什么。

这个综合性的训练计划适合于所有级别的运动员。本书也可作为团队教练以及体能训练教练的参考书。如今的运动员都想知道各种训练方法为什么能够帮助他们，以及如何帮助他们，因此本书中每一项练习和训练对冰球运动非常实用。本书是我执教职业球队和大学球队多年经验的总结。希望对你们有所帮助！

致　谢

感谢我的妻子希拉里和儿子威尔、怀亚特。从本书开始写作到最后完成，他们给予了我莫大的支持。没有他们的帮助和鼓励，本书就不可能完成。

感谢贾斯汀·克卢格和美国人体运动出版社的全体员工，感谢你们的指导、帮助与信任。

还要感谢那些在我职业生涯中从各个方面指导、鞭策过我的人，有的可能他们自己都不知道。感谢体能训练方面的老师，比如迈克·波伊尔、格伦·哈里斯、艾尔·费尔迈尔、布拉德·阿奈特、保罗·查普曼、迈克·蓬马尼、艾弗里·费根鲍姆，若没有他们的指导，本书的很多内容，就不会面世。

最后，感谢所有允许我同他们的球队一起工作的冰球教练和管理者们！

第1章

赛季规划和设施支持

对于所有冰球运动员，一个自然年都应该包括 3 个主要阶段：非赛季、赛季前和赛季中。在一个综合性训练计划中，每个阶段对应的侧重点各有不同。然而，力量训练却是贯穿始终的。例如，在赛季中，场外速度训练不是重点，但力量训练是全年都要进行的基础训练。因为冰球运动员总是要设法变得更强壮。

本章将详细区分和描述全年训练计划的各个方面。该计划的终极目标是帮助参与训练的每个冰球运动员学会应用一些原理，使他们成为运动场上最好的自己！

非赛季

在非赛季阶段，运动员可以从冰球比赛的激烈竞争和压力状态中解脱出来。这个阶段，他们可以进行体能强化以提高自己在场上的表现能力，所以，进行高质量的体能训练非常重要。冰球比赛的节奏很快，每个球员在提高自己的力量和爆发力的同时，还要提高自己的综合体能水平。这能够让运动员减少伤病。非赛季阶段是实现这个目标的最佳时机。

本书中，非赛季训练被分成几个阶段，每个阶段为期 3 周。非赛季训练包含 4 个阶段，每个阶段 3 周，组成 12 周的非赛季时间。每一阶段都包含几种练习，并且在难度或组数和重复次数上，或者两方面都逐步提升。这样可以进行多样化训练，防止产生厌烦情绪，以及给身体施加不同的压力，旨在训练出更加强壮、快速的冰球运动员，同时提高他们的防伤病的能力。

高中球员的非赛季

高中级别的整个非赛季是每年的 3~11 月。这个级别的学生球员可能同时参加多项运动，这对于技术和体能都是有益的。在秋季，他们可能参加橄榄球、足球、排

1

球或其他运动项目的赛事。在春天，他们可能参加篮球、垒球或长曲棍球比赛。不过，不论是否参加多项运动，这 9 个月的时间都应包含 2~4 周不进行任何冰球比赛的主动休息时间。

夏季的 3 个月（6 月、7 月、8 月）用来进行体能训练。12 周的非赛季训练计划（一周至少 4 天）包括多项针对灵活性、核心力量、加速度、速度、增肌、下肢和上肢力量以及体能训练的练习。

初级球员的非赛季

初级球员，不管是一级、二级 A，还是三级 A、三级 B、三级 C 或三级 D，他们的非赛季时段都要比高中球员短很多。他们的赛季可能在 3 月或 5 月下旬结束（根据比赛级别而定）。在夏季的 3 个月里，初级球员也需要参加为期 12 周的体能训练计划。这个级别的球员已经决定了从事冰球专项运动，所以一般不会参加其他运动。

大学球员的非赛季

大学球员的非赛季时长介于初级球员和高中球员之间，一般是从 5 月到 8 月。这意味着在赛季结束和非赛季开始期间，有 4~6 周的赛后时间。尽管有些球员同时参加多项运动，但是绝大部分大学级别的球员已经致力于冰球专项运动。大学一级球员可以获得专门的运动奖学金，获得奖学金意味着一种全职承诺，球员将只专注于文化课程和冰球运动。

对于更高级别的大学球员，体育部门很可能会聘请一名体能教练来进行团队指导。大部分颁发运动奖学金的大学都会舍得作此投资。该教练的工作就是在一年的训练中指导整个团队体能训练的方方面面。在非赛季，一些训练计划会要求球员参加学校暑期班课程，以便他们能够以团队的形成进行训练。为了建设一支冰球团队，学校需要支付很多的额外津贴。不过由于大部分美国全国大学生体育协会（NCAA）甲级训练计划都有一流的设施，开创一个优质的非赛季训练计划和形成努力训练的球队文化并非难事。

职业球员的非赛季

职业级别的非赛季略有不同。球队中没有资格进入季后赛的球员，非赛季时间会比准备争夺冠军赛的球员长很多。例如，斯坦利杯争夺赛的球员非赛季时间非常短。16 周和 9 周的非赛季时间差别很大。如果你问任何一个职业球员，他们都会选择去争夺斯坦利杯，然后再考虑非赛季。

职业球员的非赛季时间可以做自己的事情。常规赛一结束，他们就自由了。很多职业球员并不整年居住在比赛所在城市，非赛季时间里他们会返回老家，自己训练，或跟着私教训练，或跟着体能教练训练。尽管团队也会提供体能训练计划，但是这些球员拥有最终选择权，可以跟着团队训练，也可以完全放弃。对于留在团队所在地的球员，在整个非赛季都可以享受到跟随团队体能教练训练的便利。

初级球员、大学球员和职业球员在非赛季都应该参加综合的体能训练。非赛季开始后，球员们都会离开冰球场，但非赛季结束之后，他们还会再次返回。所以在非赛季接近尾声时，全力滑跑和重拾冰球训练是最好的选择。

赛季前

在赛季前，队员们集中到一起（包括上个赛季没有参加比赛的队员），并以团队形式参与体能训练。赛季前训练是全年中团队能否胜利的关键一环。在赛季前训练以及体能训练中，团队球员之间开始培养友情。

高中球员的赛季前

高中球员的赛季前阶段只有几周时间，一般从 11 月下旬到 12 月上旬。例如在马萨诸塞州，高中冰球运动赛季前一般从感恩节之后的周一开始。从第一次练习开始，到第一场预定比赛结束。每天早上进行冰球训练，下午是体能训练（或者相反），以适应学校的课程安排。

初级球员的赛季前

初级球员的赛季前阶段是从 8 月下旬或 9 月上旬开始，一般以冰上训练以及体能训练为重点。这个阶段会进行赛季前比赛，球队阵容也要成型。球员需要对是否参与球队的比赛做出选择。初级球员级别没有后备队和小联盟。

大学球员的赛季前

大学冰球赛季前阶段持续 4~5 周，一般是从 8 月下旬或 9 月上旬开始，到 10 月上旬结束，这与学校秋季学期学生返校时间相吻合。赛季前阶段，冰上教练带队时间仅为每周 2 小时，持续 3 周。而体能教练带队时间是每周 6 小时，包括带领球员在健身房内进行体能训练，以及在冰场不带球杆和冰球进行体能训练。此外，球员还要执行自己的训练计划以及进行争球练习。

职业球员的赛季前

职业球员的赛季前阶段分为两部分：赛季前之前和赛季前。赛季前之前是指团队所有球员返回训练场馆报到，到正式集训营开始之前的这段时间。赛季前之前，球员需要自己进行冰上练习以及在健身房内进行 5~6 天的体能训练。正式的赛季前阶段从所有的球员到集训营报到开始，到第一场常规赛前结束，持续 3~4 周。在这个正式集训营阶段，球员们将进行数次冰上练习、赛季前比赛和健身房内的体能训练。

这个级别的球员都希望在开始集训营和赛季前训练时自己能够有一个良好的状态。球员们到集训营报到后约 2 天就要进行比赛训练，从这时候开始，整个赛季前训练的侧重点就放到比赛上了。

所有级别的冰球运动赛季前阶段有一个共性——这是进行团队建设的重要时期。这时候通常会有新球员加入，可能是新手，或者是新晋职业选手。他们也可能是通过转会、自由球员加入或转校过来的新球员。无论何种情况，要组成一个团队，球员之间都要学会彼此合作。越早实现这种团队建设的球队，越容易成功。这个阶段的体能训练及冰上练习，都会侧重于让球员们在竞争的环境下学会团队合作，一起共事。这样才能互相促进，为以后漫长的职业赛季做好准备。

赛季中

无论是哪个级别球员，赛季中都是以比赛为核心，胜负是最关键的。这时候体能训练的目的是，让球员维持在非赛季和赛季前所获得的体能，延缓体能下降，以减少场上受伤概率，提升表现能力。这对于所有级别球员来说都很难，因为这时所有的注意力都集中在如何赢得比赛上，很少有时间进行体能训练。体能教练需要为这个阶段做好规划。

高中球员的赛季中

高中级别的赛季中阶段持续 3~4 个月。赛程一般从 11 月下旬或 12 月上旬开始，一直到次年 2 月，甚至到 3 月初。通常有 20~25 场比赛，这意味着一个高中球队每周要参加 2~3 场比赛。这种赛程安排对于赛季中体能训练是很好的。与非赛季一样，赛季中也分为几个阶段，每个阶段 3 周。

高中级别的赛季中体能训练计划执行起来可能很简单，也可能很困难。根据学校的情况，健身房可能是一个配备齐全的场馆，有足够的空间和设备，也可能只是冰球竞技场里面的一个小房间。对于所有级别的球员来说，进行体能训练最好的方法就是最大化地利用所拥有的条件。关键在于每周参加 2~3 次训练课，并在基础训练中获得进步，无论是开学前在宽敞的健身房里面，还是在冰球场一无所有的更衣室外面进行训练。

初级球员的赛季中

与高中球员相比，初级球员要参加更多比赛。根据冰球等级，初级冰球赛季中可能是从9月到次年5月的任何时间。这对于16~21岁的球员们来说很有挑战性。

更高等级的初级球队，比赛赛程和球队文化会非常接近职业球队。比赛数量的增多会给赛季中体能训练带来困难。然而，这个级别的体能非常重要。因为球员的年龄都在16~21岁，他们非常年轻，体能训练至关重要。

在20世纪90年代和21世纪初，初级球队拥有的设备仅仅是一辆健身自行车。从那以后，体能训练得到了提升。如今，一些高级别的初级队已经有了全职的体能教练以及大型健身房。

大学球员的赛季中

大学级别的冰球运动，大部分比赛都在周末进行，平时较少。这个级别的球队在周五或者周六晚上互相切磋并不少见。大学赛程安排对于进行赛季中体能训练计划非常有利。体能教练每周都有至少2节训练课程。

职业球员的赛季中

职业级别的球队都有一个全职的体能教练，有的可能还有一个全职的体能训练助教。美国冰球联盟（AHL）［赛事级别仅次于北美职业冰球联盟（NHL）］级别的一些球队会有教练组。大部分较低级职业冰球队没有体能教练，这使职业球员想要提升到下一级别比较困难。

职业级别球队的赛季中体能训练计划很难执行。比赛次数多是最主要的障碍，一个职业球员在6个月时间内要参加82场常规赛，而且其中半数比赛要到美国和加拿大的其他地方进行。安排训练课程时总是困难重重。

有的球队在比赛结束后马上进行训练课程，有的球队则不同，会在训练日进行大部分的训练课程，这取决于各个体能教练的理念。小型联盟的赛事安排和NCAA冰球比赛类似，大部分的比赛安排在周末。例如，典型的AHL赛事都安排在周五、周六和周日，偶尔也在周三。这样就可以有更多时间进行技能提升练习以及冰场外体能训练。而NHL的大部分比赛则在周内进行，决不会安排在连续的3个晚上。所以这个级别的训练计划设计会有所不同。

场馆设施

不论你是哪个级别的教练或者球员，在规划体能训练计划时，应该考虑的主要因素是你的场馆设施。场馆的大小和设施的好坏将决定你设计什么样的训练计划。关键点是如何最大化利用你所拥有的资源。

遗憾的是，在目前的冰球运动中，体能训练依然是相对较新的领域，有些冰球场是多年以前修建的，并没有配套健身房。在大部分级别的冰球场，要找到合适的空间改造成健身房也是比较困难的。事实上，健身房里并不需要太多设备，仅需要一些杠铃、负重器械、深蹲架、单杠和哑铃就够了。当然有壶铃、雪橇、瑞士球和泡沫轴更好，但这些并不是不可或缺的。进行单关节肌肉训练的设备不仅占空间（这种设备一次只能一个人使用），而且并不是进行肌肉强化的最好方式。试想一下，一个球员进行坐姿前踢时，其他人都得等待，或者多个球员一起进行训练（如单腿下蹲），哪个方式更好呢？

不论你是哪个冰球运动级别的教练或者球员，规划一个高质量的训练计划取决于你利用现有资源设计出最佳训练计划的能力。重申一下，你并不需要最新的力量训练设备才能做到这一点。本书将会告诉你如何利用最少的设备来制订训练计划。

冰球运动是所有大型运动中赛季最长的项目之一，训练规划也需要贯穿全年。一个设计合理的训练计划将考虑全年每个细节，从赛季中到非赛季，再到赛季前，让计划执行更流畅。

第 2 章

测试和数据跟踪

对于年龄较大（16岁及以上）的球员来说，体能测试是全年冰球运动训练计划的一个非常重要的环节，目的是衡量他们努力的结果，以及跟踪他们一年来的进步。随着球员的成长，爆发力、速度、力量是教练组及体能教练用来评估球员的重要指标。

值得注意的是，不推荐对年龄较小的球员做测试。这些小球员们不应该在同伴和教练的围观下接受测试。他们不应该从身体方面接受测试，因为他们还不具备良好的身体条件和神经肌肉能力。孩子们只是喜欢玩球，享受其中的乐趣，不想在队友面前面临尴尬的场景。

选择何时进行测试非常重要。最常见的是在赛季前进行测试，以观察球员经过非赛季阶段的体能训练后是否有进步。此时也可以对球队中的各个球员进行比较。这个阶段的测试次数通常比其他任何时候都要多。依据不同的冰球运动的级别，另一个合适的测试时间是赛季后。大学级别的冰球队，很可能在赛季结束后进行一段时间的训练，那么在赛季后进行测试就会很合适。此时球员可以为自己设置基线，以及整个非赛季要达成的个人目标。职业级别球队在赛季后进行测试不太多见，不过有些球队会在开始非赛季之前进行体能测试。需要评价和关注的重点方面包括身体成分、腿部爆发力、腿部力量、上肢力量、有氧能力和速度。

身体成分

身体成分测试很重要，因为它可以显示球员的体脂百分比。大量的体脂是没有必要的，而且额外的体重负担会让球员动作变慢。

如果一个有天赋的年轻球员体脂含量比其他人高，那么当他减去这些没必要的体脂后，他的天赋会变得更加突出。然而，大部分球员并没有足够的天赋使他们即使体脂含量高也能表现良好。对于较胖的年轻球员来说，进行营养干预是有必要的。

所以，父母需要在家里给他们提供合适的营养膳食，以帮助孩子成功，因为年轻球员通常不会自己去购买食品，或者决定何时出去吃快餐。

对于男性冰球球员，推荐的体脂含量为 ≤ 10%。在所有级别的比赛中，一个体脂含量百分比为个位数的球员会拥有最大的获胜机会。我从数年来执教职业球员和大学球员的实际经验中得出结论，体脂百分比的评估等级如下。

- 平均线以下：>12%。
- 平均线：8%~12%。
- 平均线以上：<8%。

如果觉得体脂含量可能是个问题，最好找一位健身专业人士进行体脂测试。测试体脂百分比的方法有很多种，包括皮褶测量法、水下测量法、排空气测量法，甚至还有一些体脂秤。只要身体成分是由同一人反复进行分析，并且测试采用的是同一种设备，那么测得的数值应该是可靠的。有些人说，检查体脂最好的方法是照镜子。如果一个运动员看不到腹肌和前锯肌（腋窝下肋骨上的肌肉），那么就应该考虑减掉一些体脂。

腿部爆发力

高水平下肢爆发力是成功的冰球球员的另一项主要特质。在整个体能训练计划中，非常重要，且应该始终坚持提升腿部爆发力。不论年轻的还是成年的冰球球员。球员年龄达到 30 岁后，就要优先考虑腿部爆发力，因为这是随着年龄增长最先减弱的体能之一（Mascaro et al., 1992）。快速伸缩复合训练、奥林匹克举和腿部力量练习都有助于提升腿部爆发力。

垂直跳跃是测试冰球球员下肢体能的一个常见的方法，因为垂直跳跃测量结果与冰球场上的速度关系密切（Mascaro et al., 1992）。另一个测试下肢体能的方法是跳远。从实际经验来看，垂直跳跃执行起来更简单、更安全。而在跳远过程中，起跳和落地时身体不协调的情况比较常见。

对于测试垂直跳跃来说，Just Jump 弹跳垫和 Vertec 测试器是可以选择的较好的测试工具。Just Jump 弹跳垫是一种可以测量起跳和落地之间在空中停留时间的设备。使用起来快捷而有效，尤其是可以用来测量很多球员的体能。像其他任何测试一样，被测试者总有作弊的方法。不过，有经验的测试者在使用 Just Jump 弹跳垫时可以辨认出球员是否作弊。使用 Vertec 测试器进行测试时，球员需要跳起来用手击打彩色棒。有些球员更偏爱这种方法，因为这个方法让他们跳起来后可以触摸某样东西。一种常见的作弊方法是，进行伸手测量时，球员不尽力去摸最高点。因为总分是用最高的跳起测量值减去伸手测量值，这样伸手高度越低，球员得分就越高。另外一个容易忽略的问题是，必须测量 2 次（伸手和跳起）。我从数年来执教职业球员和大学球员的实际经验得出结论，垂直跳跃（双足跳跃，无停顿）的评估等级如下。

- 平均线以下：<25 英寸（63.5 厘米）。
- 平均线：25~27 英寸（63.5~68.6 厘米）。
- 平均线以上：>27 英寸（约 68.6 厘米）。

无论使用哪种方法，都要保留得分记录。在非赛季体能训练计划结束时，再测试一次，以观察该计划有没有帮助提升腿部爆发力。

垂直跳跃测试

Just Jump 弹跳垫

进行测试时，将弹跳垫上的仪器设置为"垂直跳"。运动员双脚踩在垫子上，只需尽力往高跳，然后双足水平落地。理想状况下，他们不会通过在空中再次弯曲膝盖和脚跟落地来作弊。这种垫子可以把空中停留的时间转换为长度，从而给出得分。必要时，测试者允许运动员进行多次测试，直到无法超越上次测试成绩为止。

Vertec 测试器

进行测试时，测试者将彩色棒放置于运动员头顶上方可触及范围内的预定位置，运动员笔直站立，双臂在头顶伸直，掌心重合，然后慢慢地走过去，保持尽可能高的高度。测试者记录运动员的触及高度（双手触及彩色棒的位置）。然后测试者调整 Vertec 测试器，将彩色棒放置到更高的位置，运动员准备跳跃。

运动员双脚踩在地板上，尽力往高跳，同时触及彩色棒上尽可能高的位置。测试者允许运动员进行多次测试，直到无法超越上次测试成绩为止。跳跃测量值和伸手测量值之差就是得分。例如，某个运动员伸手测量值是 95 英寸（241.3 厘米），跳跃测量值是 120 英寸（304.8 厘米），那么得分就是 25 英寸（63.5 厘米）。

腿部力量

对于所有球员来说，提高腿部力量都应该是优先考虑的事情。腿部力量结合爆发力的提升能够造就一个更具爆发性的冰球球员。测量腿部力量最常用的方法是杠铃颈后深蹲。一段时间以来，颈后深蹲在体能训练圈子里已成为所有下肢力量训练的王牌方式。大部分体能训练计划都使用深蹲及其变式来提升下肢力量。然而对于力量训练初学者，这种深蹲并不是一个合适的练习方法，尤其不适合进行深蹲最大力量测试。运动员必须熟练掌握深蹲技巧之后，再增加负荷。

在本书中，出于某些原因（第6章中将讨论），非赛季训练计划使用颈前深蹲而非颈后深蹲。如果运动员学会了如何正确地做颈前深蹲，并且想得到一个基础值，那么可以在测试阶段进行3~5次颈前深蹲测试，取最大值。

对于职业级别的球队来说，很少有球队做深蹲测试，因为不值得去冒受伤的风险。与美国国家橄榄球联盟（NFL）球队会在自己的训练场馆组织非赛季训练不同，职业级别球队并不要求他们的球员在非赛季使用场馆设备或者跟随团队体能教练进行训练。无论哪个级别的冰球球队，如果教练在整个非赛季都看不到名册上的大部分球员，那他不可能在球员从非赛季休假归来后在赛季前进行深蹲测试。深蹲（不管是颈前还是颈后）必须在体能教练的监督下进行，在整个训练过程中进行反复练习，然后才能进行3~5次深蹲测试，取最大值。在冰球运动中，没有办法判断球员在非赛季是否进行了深蹲练习。

对于评估腿部力量，有一个替代深蹲的更安全的方法，那就是使用12~14英寸（30.5~35.6厘米）高的箱子进行单腿深蹲。这项练习应该是非赛季冰球训练计划中优先考虑的事项，所以一定要将其添加到测试计划中。单腿深蹲时，下背部承受的压力小，而且只要注意安全，很少会出问题，所以受伤的风险相当低。如果球员在非赛季自己进行了训练，那么体能教练安排这项练习时就不会感觉到压力。此外，必要时也可以通过单腿深蹲来辨别和纠正球员的不对称性（左腿和右腿之间的差别）。

颈前深蹲测试

运动员站立，双脚分开，与肩同宽或者稍宽于肩，正确握紧杠铃，双肘抬高（见图2.1a）。运动员深吸一口气，然后下蹲至大腿与地面平行（见图2.1b）。保持双肘抬高，躯干垂直于地面，在深呼气的同时，蹲起回到起始姿势。

值得注意的是，开始测试之前，测试者必须清楚用于每组测试的负荷量。该负荷必须是运动员能够安全地重复举起3~5次的重量。我建议，运动员对于这个练习有了一些经验之后再尝试该测试。这个测试并不适合没有做过具有一定负荷的颈前深蹲初学者。在非赛季进行颈前深蹲练习之后，运动员对于测试时需要加多少负荷就能做到心中有数。

另外，进行测试前推荐做几组热身运动，以调动肌肉骨骼系统和神经系统。每组热身都要增加负荷，直到达到该运动员在测试中要用的重量。如果一个运动员要尝试 225 磅（约 102 千克）的测试，那么推荐的热身应该像下面这样循序渐进：

热身

- 空杠铃 ×5 次
- 135 磅（约 61 千克）×3 次
- 185 磅（约 84 千克）×2 次
- 210 磅（约 95 千克）×1 次
- 220 磅（约 100 千克）×1 次

测试

- 225 磅（约 102 千克）×3~5 次

如果任何一次重复动作不达标，则该停止。测试是以运动员在最少 3 分钟、最多 5 分钟内以正确姿势完成的重复次数来计算得分。如果在下次测试期间，运动员能够重复更多次数或者承受更多负荷的话，说明他的力量有所增加。

图2.1　颈前深蹲测试

单腿蹲测试

单腿蹲测试需要一个 12~14 英寸（30.5~35.6 厘米）高的箱子。对于 6 英尺 2 英寸（约 1.89 米）及以上的运动员，箱子应该更高（35 厘米的箱子顶上加 Airex 垫子）。由教练或测试者决定运动员每只手要握的重量。例如，一个年龄很小的少年球员可能要手握 5 磅（约 2.5 千克）的哑铃，而一个职业球员可能需要身穿 25 磅（约 12 千克）的负重背心，同时双手各握 11 千克的哑铃。

图2.2　单腿蹲测试

测试时，运动员靠近箱子单腿站立，另一条腿向前伸直，双臂垂于两侧（见图 2.2a）。运动员下蹲，直到臀部接触箱子，同时举起双臂直到与地板平行（见图 2.2b）。运动员回到起始站立姿势。

运动员每条腿需要最多重复 10 次。如果任何一次重复动作不达标，则该组停止。该测试通过教练观察运动员能否保持动作规范来进行评估。如果运动员在下个测试阶段能够重复更多次数或者承受更大负荷，说明他的力量有所增加。

图2.2　单腿蹲测试（续）

上肢力量

最多能够做多少个引体向上是评估运动员上肢力量及力量耐力的最好方法之一。而对于评估后背力量，没有什么方法比引体向上更好的了。能够正确地做引体向上表明运动员的肩带是健康的。正手引体向上评估等级如下。

- 低于男性平均值：<10 个。
- 男性平均值：11~18 个。
- 高于男性平均值：>18 个。
- 低于女性平均值：<6 个。
- 女性平均值：6~8 个。
- 高于女性平均值：>8 个。

在本书中的非赛季部分，运动员要进行每周 2 次的引体向上变式训练。所以他们在训练中以及训练营测试期间都在锻炼肩膀，这样经常性加强肩关节部位力量有助于预防受伤。他们应该对引体向上测试做好充分的准备。

引体向上测试

运动员正手紧握横杆（或手柄），双臂伸直（见图 2.3a）。双手间距由运动员自己调整。大多数情况下，双手间距越宽，引体向上难度越大。运动员将身体往上拉升直到下巴高于横杆或双手（见图 2.3b），然后身体下降到起始位置，暂停一秒，尽量多次地重复该动作。重复动作时要控制好身体，不要有任何摆动或借用惯性。

图 2.3　引体向上测试

能量代谢训练

足够的体能对于所有级别的冰球球员来说都非常重要。他们必须能够随时不断地以高强度滑行 30 秒到 1 分钟，中间休息 2~4 分钟。本书中的体能训练计划可以帮助球员提高每次全力位移的能力，同时能够在下次位移之前恢复体力。

在冰球运动中，人体的 3 种能量系统全部都会发挥作用，它们分别是：ATP-PC（三磷酸腺苷 – 磷酸肌酸）系统、糖酵解系统和有氧代谢系统。

- ATP-PC 系统：该系统在每次运动的前几秒内起作用。

- 糖酵解系统：该系统在 ATP-PC 系统之后起作用，并且在接下来的 30~45 秒都可以由其提供能量。当该系统的能量用完时，运动员会感到双腿发热。

- 有氧代谢系统：ATP-PC 系统和糖酵解系统耗尽以后，任何运动都要依靠有氧代谢系统来补充能量。该系统可以帮助恢复能量，以再次重复该能量系统循环。

对于冰球运动来说，一个很好的用于评估全部 3 种能量系统的体能测试是 300 米往返跑测试。一些大学级别冰球球队和职业级别冰球球队，在赛季前一般都会进行这种基于跑步的体能测试（或者跑步变式）。然而，教练和培训员必须保证球员在测试前做好充分准备。理想状况下，球员需要在教练监督下进行至少数周的训练，直到测试结束。冰球运动员不可能毫无准备地进行测试，就能取得好成绩。

由于本书中的非赛季计划包含一个合理的进度，即先是 150 码（约 137 米）往返跑，然后是 300 码（约 274 米）往返跑，所以在每个体能训练课程中都全力以赴进行训练的球员，肯定可以在 300 码（约 274 米）往返跑测试中有很好的表现。

300 码（约 274 米）往返跑

　　300 码（约 274 米）往返跑测试最好是在天然草坪或人工草坪足球场上进行。测试时，在教练吹口哨后，运动员从球门线起跑，跑到 25 码（约 23 米）线位置并用脚触碰该线，往回跑并用脚触碰球门线，重复 6 次，合计 300 码（约 274 米）（见图 2.4）。在运动员越过球门线时测量并记录时间。

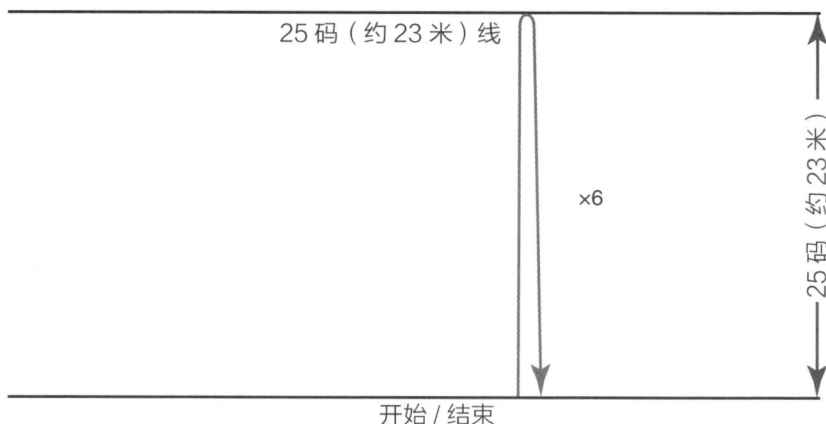

25 码（约 23 米）线

×6

25 码（约 23 米）

开始/结束

图2.4　300 码（约274米）往返跑

关于最大摄氧量（VO₂max）测试的思考

　　在冰球运动中，最大摄氧量测试可能是最详细的体能测试。自从多年前冰球运动开始进行身体测试以来，这个测试可能已成为所有级别球队中最为普遍的测试方法。该测试已作为一些职业球队赛季前的体能测试，同时也是北美职业冰球联盟（NHL）年度预选训练营的测试项目之一。不过，有些球队并不使用它，而且并非所有体能教练都支持这个测试。

　　与训练营中的所有测试一样，球员会做准备工作以使自己表现最好。过去，为提高最大摄氧量测试分数，大部分球员会在整个非赛季在功率自行车上做稳定状态的长期练习。他们可能以 65%~75% 的最大心率范围，进行每周 2~3 次 60~90 分钟的功率自行车练习。当时，这是唯一一种已知的为有氧能力测试做准备的方法，也是球员在返回训练营报到之前为体能训练所做的所有工作，因为那时还没有针对冰球运动的体能训练。如今，仍有少数球员在非赛季把这种固定的有氧练习当作唯一的体能训练方式。这对于低级别冰球球员将是有害的，因为有时候他们会这么想——"专业人员就是这么做的"。

本书规定非赛季的前3周为基础有氧体能训练阶段。这个阶段包括每周2天的长跑训练和稳定状态有氧运动。大部分球员会在赛季结束后进行为期2~4周的主动休息。

最近，一位执教综合格斗的名叫乔尔·杰米逊的体能教练，很好地阐述了运动员正确的体能训练方法（Jamieson, 2009）。他谈论了心输出量、左心室肥大、静息心率的作用，以及有氧能量系统的重要性。冰球运动员很可能从长期进行心率为120~140次/分钟的训练中受益，特别是在经过长达4周的休息之后的非赛季开始阶段。当冰球运动员在一年中的42~45周进行冰场上下的间歇训练时，在进行常规的力量和爆发力训练的同时，安排6个左右的这种稳定状态有氧训练课程不会对力量和爆发力增益产生负面影响。

在最大摄氧量测试的最后，球员们的心率范围将会达到170~200次/分钟。那些做过最大心率范围85%以上的间歇训练的球员能够在最大摄氧量测试中达到更高的水平，他们已经习惯于无氧阈值以上的训练，因此他们为在最大摄氧量测试中达到更高水平做了更多的准备。间歇训练有助于提高腿部力量和爆发力，同时也让球员获得了有氧能力，因为球员的心率在间歇训练的1~2分钟的休息时间里不会显著下降。那些报名训练营而没有参与间歇训练计划的球员，会由于缺乏体能训练而达不到更高的水平。

体能教练的一个重要职责是，确保球员遵从非赛季计划中的体能训练要求。事实上，如果球员加入训练营时的最大摄氧量测试得分处于中等水平，在腿部力量和爆发力上得到了提升，那么体能教练应该感到满意。没有进行间歇训练的球员会在最大摄氧量测试中得分偏低。更重要的是他们会不适应冰球运动。

接下来会有一段休息时间，但关于最理想的休息时间存在一些争论。传统的300码（约274米）往返跑测试需要休息5分钟，而一些大学级别和职业级别的球队休息时间较短，如1分钟、2分钟或3分钟。本书则推荐传统的5分钟休息时间。

5分钟的休息时间后，运动员重复进行往返跑，并且记录得分。两个往返跑得分的平均值就是最后的得分。

速度测试

对于冰球运动来说，从球门线到附近的蓝色线的一段冲刺是一个很好的评估速度和加速能力的测试方法。大多数高级别球队的球员都能够快速滑行。然而，更快加速的能力是好球员和优秀球员之间的分界线。测试很简单：进行3次测试，最佳成绩为得分。从一个阶段到下一个阶段可以通过测试评估球员是否有进步，如果所用时间缩短，说明他的速度变得更快了。

体能教练在一年中应该对球员进行多次测试。球员应该在赛季前接受测试，以评估他们非赛季计划期间能力的提升情况。如果是一个长赛季，需要在赛季中间点安排一些测试，以确保赛季中计划能够维持（如果没有提升）球员的力量、爆发力和体能。另一个测试时间点是非赛季计划开始阶段。这时候进行测试可以为体能教练以及球员指明非赛季计划的方向和目标。

在整个赛季中还可以进行很多其他的体能测试。不过，体能教练没必要把这个过程复杂化。教练的职责是帮助球员变得更强壮、更快速、更有爆发力，同时拥有更强的能量代谢系统。本章中所描述的测试可以判断一个既定的计划是否起作用，同时它们的另一个优点是可以在一年的不同阶段进行。在一个合理的训练计划中，身体测试和其他评估是在全年基础上安排的。

第 3 章

特定位置训练

冰球运动中，每个球队场上都同时有 3 个不同的位置：前锋、后卫和守门员。尽管在势均力敌的常规比赛中，场上一般有 3 名前锋、2 名后卫和 1 名守门员，但是每个位置都是由不同类型的球员组成。例如，前锋可能是一个攻击意识强但防守技能弱的球员，适合多打少而不适合少打多。而守方的后卫可能防守技能强于攻击技能，适合做一名守卫和少打多选手。冰球最终是一个团队运动——所有这些位置上的球员作为一个整体，向着赢得比赛的目标精诚团结、一起努力才是关键。

前锋

前锋是球队的得分依靠。在一场典型的比赛中，共有 11 名或 12 名前锋球员整装待发。通常是 12 名，但有时候球队可能会决定安排 7 名而非 6 名后卫，这时候需要从前锋中抽调出 1 名来做后卫。前锋线有 1 名中锋和 2 名边锋（一左一右）。中锋可能是继守门员之后冰球场上最重要的球员。他负责在整场比赛中赢得场上对峙，这将决定球队的控球时间。同时，他也将不得不在比赛中滑行得最多；除了要冲锋到进攻区，还要在防守区提供援助。

边锋需要在进攻区创造机会。他们需要向球网进攻，并沿着界墙强硬争夺。在冰球场的防守区，边锋负责将冰球打出该区域，并在冰球沿着界墙滑向他们时发动突围。

现在的球队，要么将他们的前锋分成两类（前六和后六），要么在整场比赛中简单地让 4 组前锋依次轮换上场。前六是指第一线和第二线由球技熟练的球员组成，他们更容易进球得分。后六是指第三线和第四线——在比赛中可能有更多的防守技巧。

这种将前锋分为前六和后六的做法起因于一种比赛制度，这种比赛制度规定，在整场比赛中，教练可以寻找有利的组别匹配来对抗对方球队的组别。通常，客场球队必须在口哨响后首先安排它的组别上场,而后主场球队可以安排任意组别上场。例如,如果客场球队安排最佳得分组上场,则主场球队可能安排最佳防守组。这就是冰球战术中非常有趣的地方。在比赛过程中喜欢匹配组别的教练可以尽其所能进行匹配。而对于那些依次轮换组别的球队来说,不需要匹配,因为无论对方安排什么样的组别上场,他们都按原来的顺序轮换上场。

第1组通常是上场时间最长的前锋,第2组次之。由于这些球员的比赛时间超过15分钟,他们不需要任何额外的体能训练。他们可能需要的唯一一体能训练是功率自行车上的10分钟赛后恢复骑车。第3组和第4组的前锋每场通常上场时间不超过20分钟。对于这些球员,需要增加场外体能训练,因为他们比赛时间不多,除非他们可以升级到第1组和第2组。在整个赛季过程中,如果这些球员不进行额外的场外体能训练的话,他们可能会变得不适应。

以下是比赛上场时间不足15分钟的前锋队员可以选择的赛后即时自行车训练内容:

• 6~8次 ×30秒冲刺加1分钟休息。球员在自行车上以最大阻力级别竭尽全力冲刺30秒,之后以最小阻力级别恢复1分钟。

• 6~8次 ×1分钟冲刺加心率恢复到130次/分钟。对于这些冲刺,球员需要戴上心率测试仪。在自行车上以最大阻力级别冲刺1分钟,然后以最小阻力级别恢复1分钟。当心率降到130次/分钟时,再次冲刺。

冰球运动前锋组的特点

冰球运动的前锋一般分为4组,每组3人。有时候,如果教练决定安排7名而非6名后卫,前锋就分为3组3人和1组2人。前锋的每个组各自都有区别于其他3组的独特特点。有时候,教练会依次轮换组别,就是简单地按照次序安排下一组上场,整场比赛中重复这个次序。其他时候,教练会根据对方的球队组别来匹配自己的组别。例如,如果对方球队派出了最佳进攻组上场,则主场球队教练(拥有后安排组别的选择权)可能会派最佳防守组上场。

第1组

所有冰球球队的最佳前锋组可能是整场比赛中上场最多的3名球员。这些球员在每个60分钟的比赛中有机会上场20分钟以上。他们很可能在关键时刻被换上场夺分。作为球队中技术最好的3名球员,他们很可能被安排在特殊球队场合（如多打少和少打多）上场。在赛季中，这些球员需要花费更多时间从比赛中恢复，因而参加场外训练的时间不及其他队友那么多。尽管赛季中的体能训练对于第 1 组前锋来说依然很重要，但是他们在比赛之间的恢复能力更为关键，因为整个赛季他们上场的时间最长。他们的体能训练应该包括一些在功率自行车上的简单的、稳定状态的赛后 10 分钟骑车练习。这可以帮助开启恢复过程。然后他们会进行一些力量训练（如果第 2 天没有比赛的话）和一些伸展运动，之后进行几分钟的冷水浴。

第 2 组

第 2 组前锋在每场比赛中通常会上场 15~20 分钟。尽管他们上场时间没有第 1 组多，但是对他们的期望跟对第 1 组的是一样的。他们必须赢得场上对峙、进球得分并做好防守任务。由于他们的比赛时间不如第 1 组多，他们需要进行较多的赛季中场外训练。他们的赛后训练应该包括自行车上的间歇训练，例如 4~6 次 ×30~45 秒的冲刺和 60~90 秒休息。这将有助于他们保持较高的体能水平，弥补比赛中没有上场的分钟数。和第 1 组前锋一样，他们也需要进行力量训练（如果第二天没有比赛的话）、伸展运动以及冷水浴。

第 3 组

第 3 组球员通常比第 1 组和第 2 组球员的进攻技能弱。依据教练是否喜欢匹配组别，第 3 组球员最有可能成为对抗对方球队最佳前锋组的匹配组别。他们也最有可能成为最佳的少打多球员。这些球员在整场比赛中可能上场 12~18 分钟。第 2 组和第 3 组有类似的体能训练要求。他们的赛后训练应该包括自行车上的间歇训练，例如 4~6 次 ×30~45 秒的冲刺和 60~90 秒休息。这将有助于他们保持较高的体能水平，弥补比赛中没有上场的分钟数。和第 1 组一样，他们也需要进行力量训练（如果第 2 天没有比赛）、伸展运动以及冷水浴。

第 4 组

第 4 组通常不如其他组别上场时间多。在所有级别的冰球运动中，如果球队匹配组别，他们每场比赛上场时间最多为 12 分钟。这些球员负责在位移过程中给队友提供能量，他们的位移简单而剧烈。第 4 组通常被安排依靠激烈的身体碰撞来改变赛场局势。他们在赛季中的场外体能训练需要大大增加。尽管他们很可能上场时间比其他队友都少，但是他们也需要保持充足的体能，以便一旦比赛中有队员受伤或者有必要时，或者他们被提升到较高组别时，能够保证上场发挥最佳水平。这些球员必须进行8~12次重复范围内的赛后自行车冲刺训练。这能够保证他们的体能在整个赛季中都保证满足速度的需要。另外，他们也要进行较多组别和重复次数的力量训练，然后进行伸展运动和冷水浴。

后卫

在整个比赛过程中，冰场上有2名后卫。尽管他们的任务是在守门员的前方位置提供防守，但是他们也负责守住蓝线及确保冰球不被对方球队的后卫打出进攻区，以保持进攻区的压力。他们也可以从蓝线区域（争球点）袭击球门，或者从防守区域冲上来，以在进攻攻击中发挥重要作用。

后卫需要在45秒到1分钟的范围内进行频繁位移。尽管当对方球队试图攻门得分时，他们需要在防守区域积极滑行，努力防守，但是当自己的球队试图得分时，他们则不需要像在进攻区域那样拼命。唯一的例外情况是，当一个进攻型的后卫冲出来加入了进攻区域的进攻。

通常一场比赛有6名后卫，他们2人一组互相配合。不过，有时候一个球队会安排7名后卫和11名前锋（而非12名）。和前锋一样，后卫也会根据他们的打法和球队的要求进行分类。

每组后卫都比更低级别的一组后卫上场时间更多。例如，第1组（第1后卫、第2后卫）比第2组（第3后卫、第4后卫）上场时间多。第3组（第5后卫、第6后卫）比前两组的上场时间少。

第1组通常是球队中的2名最佳防守球员。他们必须既负责防守，又同时能够进攻。这些球员可能会在集中攻势的位置上，同时也可能成为少打多情况下的关键球员。在比赛中，他们的上场时间是18~30分钟。第2组担任跟第1组类似的角色，不过上场时间略少。他们每场比赛可能上场15~20分钟。第3组上场时间很可能少于前两组。他们每场比赛可能共计上场10~12分钟（有时候少些，有时候多些）。这些球员的心态通常更加偏向于守住阵地、防守第一，可能没有前两组那样的攻击技能。

具备进攻意识的后卫会在全场范围内滑行，上场时间也可能很多。这些球员的场外训练和前锋第 1 组的安排类似。赛季中的体能训练依然很重要，但更重要的是休息和恢复。他们的体能训练应该包括一些简单的、稳定状态的赛后 10 分钟骑车练习。然后他们花费一些时间进行力量训练（如果第 2 天没有比赛安排的话）、做伸展运动和洗冷水浴。

被安排击退对方球队最强组别的球员上场时间较长，并且都是在最艰难的时间段。随着赛季的进行，与场外训练比起来，这些球员更需要注重恢复。

如上所述，第 1 组上场时间最多，其次是第 2 组，之后是第 3 组。第 1 组球员应该在功率自行车上进行最少的额外体能训练。他们的赛后体能训练仅仅是 10 分钟的恢复性缓冲骑车，目的是为下一场比赛做准备而开始恢复过程。

第 3 组需要投入更多的时间和努力来进行赛季中场外训练。根据比赛中的上场时间多少，他们也应该进行自行车冲刺、力量训练、伸展运动和赛后即时恢复。第 5、第 6 后卫在功率自行车上的赛后体能训练应该包括：

- 6~8 次 × 45 秒冲刺加 1 分 15 秒休息。
- 6~8 次 ×1 分钟冲刺加心率恢复到 130 次 / 分钟。冲刺时，球员需要戴上心率测试仪。他们要以最大阻力级别冲刺 1 分钟，然后以最小阻力级别恢复 1 分钟。当心率降到 130 次 / 分钟时，再次冲刺。

守门员

守门员是冰场上最重要的球员。作为最后一道防线，守门员在比赛中的表现水平对于比赛结果有着巨大的影响。在名册上有 2 名或 3 名守门员（大学级别的比赛有时候是 3 名）。他们会参与整场比赛，也有例外情况，例如当进行加时赛时发起集中攻势时，他们会滑到休息区，或者当球队试图在比赛第 3 局后期扳平比分时，他们会被当作另外的进攻球员。

尽管整场比赛都在冰场上，守门员的体能训练要求与前锋和后卫有所不同。首先必须解决守门员的移动需求。守门员不是一个普通的滑冰运动员。大部分比赛时间他们基本上都会待在球门区。他们的职责是尽其所能地挡住冰球。从运动的角度看，守门员必须能够尽可能爆发性地从站立状态转换到膝盖触地姿势，然后再恢复原位，以及从冰场一侧移动到另一侧，而且全程都穿着数磅（1 磅约为 0.45 千克）重的防护装备。

在 5 对 5 的情况下，冰场上会出现更多的来回争夺战。守门员要随时为朝着他的方向射来的冰球做好准备。在少打多的情况下，守门员会更加辛苦，因为冰球可能长时间都在防守区传球。少打多会非常艰难，所以守门员必须集中注意，保持良好状态。当球队处于集中攻势时，守门员也必须时刻准备好。当对方球队解围时，他必须捡回冰球，而且必须随时抓住对方球队少打多的机会。当然，比赛中也会有守门员比较轻松的时候。

尽管在冰场上守门员有着完全不同的职责、运动模式和体能需求，在整个赛季中，他们依然需要进行力量训练以及保持充足的体能。我的观点是，守门员没有理由在力量训练计划中进行不同的训练。无论如何，强壮就是强壮，快就是快。在健身房进行守门员专项练习，加之技术练习中的冰场训练，以及比赛场上的运动，可能会过度训练导致伤病。

对于场外训练来说，首发守门员的赛季中训练更应该注重恢复，而不是冰上训练。如果球队有一个确确实实的最佳守门员，那么应该像对待前锋第 1 组和后卫第 1 组一样对待该守门员。尽管体能训练很重要，但是有时候最佳守门员更需要恢复，尤其是在比赛中挡住了大量射门之后。另外，守门员需要注意维持他们身体的水合作用， 在比赛过程中一个守门员体重减轻 10 磅（约 4.5 千克）并不罕见。守门员身体的水合作用和体重需要随时监测。

从体能训练的角度来看，首发守门员赛后不需要进行很多训练。如果球队正在做力量训练，那守门员也应该做力量训练。如果球队没有做，那守门员应该像其他上场时间多的球员一样做一些恢复性骑车训练。替补守门员赛后需要进行较长时间的体能训练，除非他在比赛日进行了大量的训练。如果球队正在进行力量训练，那替补守门员应该至少进行 30 分钟左右的骑车训练，然后做一些力量训练。替补守门员有很多不同的项目可以选择：

- 在自行车上进行 30 分钟预备健身训练。这个可以很好地替代自行车冲刺。
- 进行 30 分钟心输出量骑车训练，阻力级别调整为可以使心率维持在 120~140 次 / 分钟。这个过程包括手动模式骑车和增加阻力，直到达到适当的心率范围。
- 6~8 次 ×1 分钟冲刺加心率恢复到 130 次 / 分钟。如果守门员一整天没有上场，赛后也没有很多时间的冰上训练的话，可以选择这个项目。冲刺时，球员需要戴上心率测试仪。他们先要以最大阻力级别进行 1 分钟的冲刺，然后以最小阻力级别恢复。当心率降到 130 次 / 分钟时，再次冲刺。

休赛球员、红衫球员和受伤球员

比赛中，并非所有球员都要穿上装备上场，那些不上场的球员也需要保持他们的体能状态。球员错过的比赛越多，越有可能脱离比赛状态。和替补守门员一样，休赛球员需要调整好状态，并准备进行下一场比赛。在某些情况下，休赛球员要参加赛前热身。热身之后是他们在功率自行车上努力训练的最佳时期。理想情况下，热身之后他们将立即进行体能训练，并在比赛第1局结束前完成训练。

休赛球员通常会在比赛当天清早的滑行训练中进行一些艰苦的冰场体能训练。如果当天没有进行艰苦的训练，通常是因为那天早上没有安排滑冰训练，或者是为了进行组别匹配，该球员代替另一位球员，后者被从名册中划掉。例如，对方球队可能有个出名的"攻击手"已经整装上场，这时候主场球队可能选择一个更强壮的球员来代替一个技术高超的球员上场，以进行更好的匹配。

在大学级别冰球运动中，球员可能会成为红衫球员（即一个赛季不能参与竞赛）。尽管不像其他运动（如足球）那么常见，但是红衫球员确实会在大学级别的冰球运动中出现，有时候也会因为 NCAA 转让规则而出现。这种整个赛季都在场外的球员需要有完全不同的体能训练计划。这时适合于选择跟非赛季类似的高强度训练计划。

关于受伤的考虑

受伤是比赛中不可避免的，且在全年内都可能发生。受伤可能是短期的或者长期的。短期受伤，例如腹股沟或髋部屈肌拉伤，可以由物理治疗师来治疗，通过正确的疗法，球员可以安全而快速地返回赛场。其他受伤，例如肩伤、膝盖扭伤、踝关节扭伤、轻微骨折和脑震荡，可能需要球员耽误相当长的时间。有时候，如果伤痛不能通过传统的康复方法解决，则需要进行外科手术，这会导致错过大量的时间（最少 10 周）。其他的长期受伤包括 ACL 撕裂和大骨头骨折，例如胫骨骨折。

体能教练是帮助这些受伤球员重返冰场的最重要人物之一。一个球员没有理由不持续进行体能训练。在 2008 年新英格兰爱国者队和纽约巨人队之间的橄榄球超级杯大赛的前几天，美国国家橄榄球联盟网发布了一则关于当时爱国者队体能教练迈克·沃利克的短讯。这则短讯是关于沃利克教练的 6 个超级杯戒指和他在爱国者队以及 20 世纪 90 年代在达拉斯牛仔队的工作的。短讯专门记录了沃利克目前指导的和以往指导的几名球员对他的描述。其中边侧接应队员迈克尔·欧文讲述了他在 1988 年发生 ACL 受伤后与教练的一段对话。沃利克教练告诉他"跑步需要 6 个身体部位共同作用：

2个踝关节、2个膝关节和2个髋关节。尽管其中的一个不能百分之百使用了，但是我们没有理由不让你继续。"这就是作为一个体能教练的典型特点。显然，每个教练都希望他的训练计划能够让运动员避免受伤，但是他必须做好运动员受伤时的准备，并尽其所能为他们安排好一切。

当运动员受伤时，体能教练认为，运动员一旦康复，就应该能够快速地恢复运动中。因此，体能教练与体育部或团队体育训练和医务人员一定要建立良好的关系。当有了信任关系后，其他专业人员就能够认识到体能训练计划对于运动员的重要性。这样大家就会同舟共济，互相合作，一起解决运动员和团队的需求问题。

从运动员的角度来看，受伤可能是其职业生涯中最具挑战性的时期，尤其是第一次遇到长期伤痛。球队需要在受伤运动员不能上场的情况下做好每日的工作并努力赢得比赛。这时候，体能教练需要给予受伤运动员支持和理解，同时应该指导伤员度过艰难时期。对于体能教练来说，每周花费几天，每天 3~4 小时来指导受伤的运动员并非罕见。有趣的是，迈克尔·欧文在最近受邀参加职业橄榄球名人堂时，曾公开感谢迈克·沃利克，称他为全美橄榄球联赛中最优秀的教练。

第4章

动作准备

动作准备是指非赛季训练计划的每个训练课程中在速度、爆发力和力量训练之前进行的训练。这个阶段最多占用1小时时间，聚焦于赛季中训练无法解决的一些问题。此外，运动员也可以重点关注在赛季中无暇关注太多的事情。

动作准备

本书建议动作准备应该包含几个部分，即软组织松解、柔韧性练习、灵活性练习、动作模式练习、核心激活、弹力带训练、药球训练、快速伸缩复合训练、速度和加速训练、动态热身和雪橇训练。本章介绍软组织松解、灵活性练习、弹力带训练和动态热身，其余部分见本书其他各章。

软组织松解

软组织松解有助于运动员更好地了解自己的身体，这是解决潜在运动损伤问题的良好时机。有些人可能不知道某些轻微的疼痛和不适来自哪里，直到他们开始进行软组织松解练习。

对于团队训练中的软组织松解练习，推荐使用泡沫轴。泡沫轴应该在全年中被广泛使用。每天使用泡沫轴有助于维持肌肉组织的质量。软组织松解练习通常应该在运动员刚刚进入场馆、开始训练之前进行。这使球员针对肌肉紧张的部位进行训练并解决触痛点问题，这些可能是冰球运动赛季或非赛季计划中常见的问题。

市场上的泡沫轴有两种尺寸——长3英尺（约91.4厘米）、直径6英寸（约15.2厘米），或者长1英尺（约30.5厘米）、直径6英寸（约15.2厘米）。较小的这种可以放到球员的冰球袋里，所以非常适合出行携带，方便球队在冰场或酒店进行泡沫轴松解练习。越贵的泡沫轴越结实，便宜的使用久了会变软。购买一个优质的泡沫轴是一项明智的投资。

泡沫轴练习

运动员通过泡沫轴和自身体重来对肌群施加压力（见图4.1~图4.11）。由于肌肉的长度和密度不同，滚压过程中各部位肌肉的感觉也有所区别。总体的建议是，在目标肌肉下面简单地滚动泡沫轴，重复10次。不过，肌群的紧张程度越高，需要的重复次数越多。

图4.1 泡沫轴练习：腘绳肌

图4.2 泡沫轴练习：腓肠肌

图4.3 泡沫轴练习：髂胫束

图4.4 泡沫轴练习：股直肌

图4.5 泡沫轴练习：胸大肌

图4.6 泡沫轴练习：背阔肌

图4.7 泡沫轴练习：胸椎

图4.8　泡沫轴练习：三角肌后束

图4.9　泡沫轴练习：臀大肌

图4.10　泡沫轴练习：臀中肌

图4.11　泡沫轴练习：内收肌

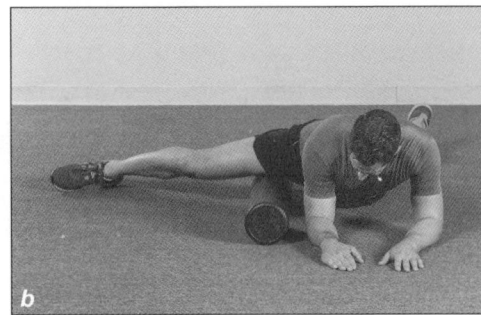

灵活性练习

灵活性练习的目的是改善关节活动度。需要重点关注踝关节、髋关节和胸椎，因为在参加比赛时，冰球运动员大部分时间都处于髋关节、胸椎屈曲的姿势。因此，这些部位会变得僵硬。松动这些关节有助于运动员有更好的表现。

在进行其他运动（如跳跃、短跑及力量训练）之前，需要进行关节灵活性训练。可以根据动作发生的运动平面——矢状面、冠状面和水平面对其分类。所有这三个平面的动作都应该通过灵活性练习来调整。矢状面包括从前到后或向正前方的运动。冠状面包括从一侧到另一侧或从左到右的运动。水平面包括旋转运动或矢状面和冠状面相结合的运动。

三点支撑胸椎旋转

准备

运动员双膝和一侧肘部着地，肘部位于肩关节下方，臀部一直向后压直到与足跟接触。另一只手置于背部肩胛骨的位置（见图 4.12a）。

动作

一只手置于背部，运动员向一侧旋转脊柱（见图 4.12b）。重点是，向另一侧旋转脊柱的同时，手肘推地。尝试通过横膈膜而非胸腔进行呼吸，通过鼻子吸气，伸展时通过嘴巴呼气。每侧重复 10 次，每次重复应该在 2~3 秒内完成。

图4.12　三点支撑胸椎旋转

踝关节灵活性练习

准备

运动员面对墙站立，脚趾距离墙面3英寸（约7.6厘米）。

动作

保持足跟与地面接触，运动员膝盖碰触墙面，然后回到起始位置（见图4.13a和4.13图b）。重复10次。

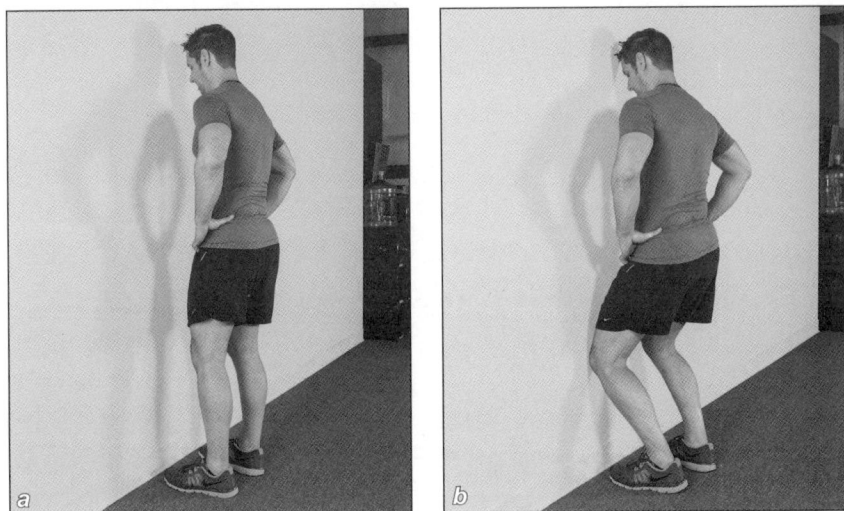

图4.13 踝关节灵活性练习

分腿蹲

准备

运动员一条腿尽量向前跨一大步，另一条腿尽量向后伸，且双腿都保持伸直（见图4.14a）。

动作

运动员下降后腿的膝盖，直至其接触地面（见图4.14b），然后回到起始位置。每一侧重复5次。

图4.14　分腿蹲

侧蹲

准备

　　运动员采取分腿姿势站立，挺胸抬头，目视前方（见图 4.15a）。双脚平放且脚尖朝前。

动作

　　运动员向一侧深蹲，同时保持另一条腿伸直（见图 4.15b）。双腿交替进行，各重复 10 次。

图4.15　侧蹲

水平面深蹲

准备

运动员一只脚尽量向前伸出，另一只脚位于相对前脚45度的位置（见图4.16a）。例如，如果左脚在前，则右脚位于4~5点钟方向，脚趾正对此方向；如果右脚在前，则左脚位于7~8点钟方向。

动作

运动员向后腿方向深蹲，仿佛将要坐在足跟上（见图4.16b），然后返回起始位置。每侧重复5次。

图4.16 水平面深蹲

迷你弹力带训练

对于冰球运动员来说，迷你弹力带是动作准备阶段非常好的一个工具。在非赛季计划的热身训练日，它是热身训练的常用工具，同时也被用来加强髋外展肌，以稳定髋关节和膝关节。

迷你弹力带有许多阻力级别。一般来说，阻力级别最小的是黄色，其次是绿色，然后是蓝色，阻力级别最大的是黑色。年龄较小和力量较弱的运动员要从黄色或绿色开始。

怪物行走

准备

运动员采取运动预备姿势。双脚分开，略宽于肩，将迷你弹力带固定于双脚脚踝部位（见图 4.17a）。

动作

保持迷你弹力带拉紧，运动员向前移动 20 米，然后后退 20 米（图 4.17b 是向前走的示例）。运动时保持胸部挺起，臀部向下。

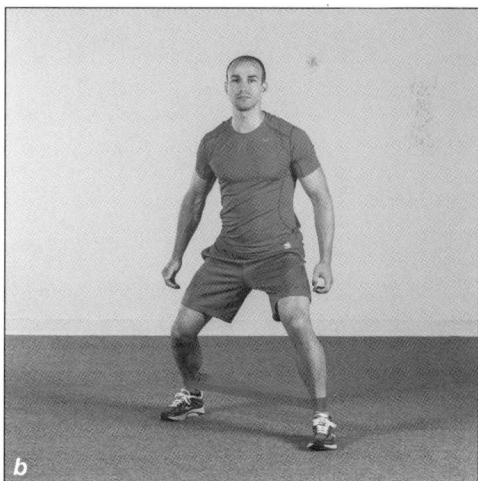

图4.17 怪物行走

迷你弹力带侧向拖步

准备

运动员采取侧向运动预备姿势，双脚分开，略宽于肩，将迷你弹力带固定于双脚脚踝部位（见图4.18a）。

动作

保持迷你弹力带拉紧，运动员右脚向右跨出一大步，同时左脚保持不动（见图4.18b）。然后左脚快速向右跨出而右脚保持不动，双脚距离保持与肩同宽。运动时保持胸部挺起，臀部向下。运动员大步走20米。

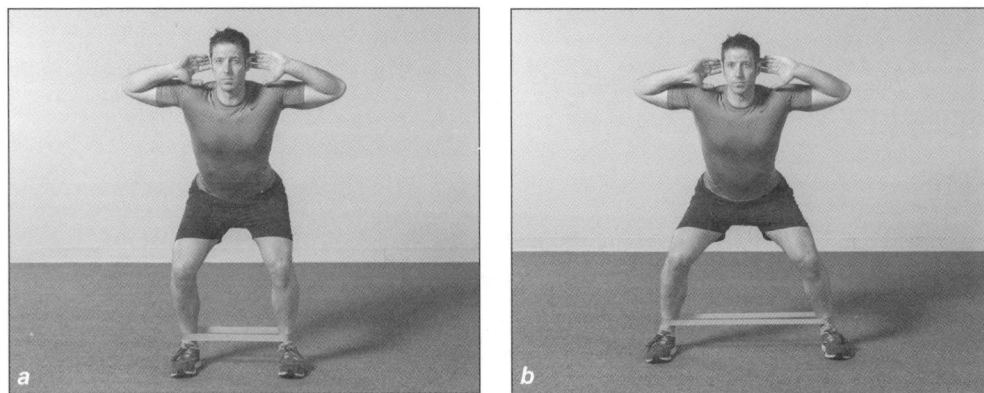

图4.18 迷你弹力带侧向拖步

移动准备

移动准备序列应该在整个非赛季核心激活完成之后进行，也可以在整个冰球赛季所有技术训练和比赛之前进行。对于这部分训练计划，一定要注重动作的规范性，而不要只是简单地过一遍。移动准备的主要目的是提高核心部位体温以使肌肉和神经系统能够正常工作，从而增加柔韧性，预防运动损伤。

这些移动准备序列的推荐距离是20米。理想情况下，这些练习应该在安全、平坦的表面进行，如天然草地、人工草坪、田径跑道或橡胶地板。

线性移动准备

线性移动准备可以帮助运动员为矢状面内进行（向前和向后）的运动做好准备。应该在做线性移动准备的同一天，进行直线向前的快速伸缩复合训练和速度训练。

抱膝行走

准备

运动员以运动准备姿态站立，双脚分开，与肩同宽（见图 4.19a）。

动作

运动员将一侧膝关节上提至尽量靠近胸部的位置，同时另一条腿保持直立（见图 4.19b）。另一条腿重复此动作，双腿交替，向前移动 20 米。

图4.19　抱膝行走

"超人"前行

准备

运动员以运动准备姿势站立，双脚分开，与肩同宽（见图4.20a）。

动作

运动员用一只手抓住对侧脚，尽力使足跟接触与其同侧的臀部，同时抬高对侧手臂，并保持两膝贴紧（见图4.20b）。抬起腿的股四头肌要有拉伸感。双腿交替进行，向前移动20米。

图4.20 "超人"前行

燕式平衡

准备

运动员以运动准备姿势站立，双脚分开，与肩同宽。双臂侧平举，肩胛骨内收（见图4.21a）。

动作

运动员单腿站立，保持胸部挺直并挤压肩胛骨，主动屈髋直到支撑腿股后肌群有明显的拉伸感（见图 4.21b），然后返回起始位置。支撑腿的膝关节微屈。双腿交替进行，向前移动 20 米，然后向后重复进行。

图 4.21　燕式平衡

伟大拉伸

准备

运动员以运动准备姿势站立，双脚分开，与肩同宽。

动作

运动员一条腿向前跨出一大步，将对侧手放到地面上，与前脚平齐(见图 4.22a)。前脚同侧手臂的前臂触碰地面，并保持 3 秒（见图 4.22b）。

运动员抬起同侧手臂，向上伸展，同时视线随手移动，保持这个姿势 3 秒（见图 4.22c）。用同侧手放于脚外侧将脚趾扳向胫骨，同时前腿伸直（见图 4.22d）。

双腿交替，每侧进行 3~5 次。

图 4.22　伟大拉伸

反向弓步

准备

运动员以分腿姿势站立，双脚分开，与肩同宽。

动作

运动员双手互握，向头部上方伸展，然后一条腿尽力向后跨一大步（见图4.23a），同时将手臂向身体左侧伸展并保持后腿收紧（见图4.23b）。保持3秒，两侧交替进行，向后移动20米。

图4.23　反向弓步

高抬腿跑

准备

运动员以运动姿势站立，双脚分开，与肩同宽。

动作

运动员将一侧膝盖抬高至胸部，双腿交替进行（见图 4.24a 和图 4.24b），并以中等到较快的速度向前移动 20 米。

图4.24 高抬腿跑

后踢腿

准备

运动员以运动姿势站立，双脚分开，与肩同宽。

动作

运动员足跟后踢至臀部，同时摆动手臂（见图 4.25）。双腿交替进行，以中等到较快的速度向前移动 20 米。

图4.25 后踢腿

高抬腿跳跃

准备

运动员以运动姿势站立，双脚分开，与肩同宽。

动作

运动员提膝跳跃（见图 4.26a 和图 4.26b），双腿交替进行，以中等到较快的速度向前移动 20 米。

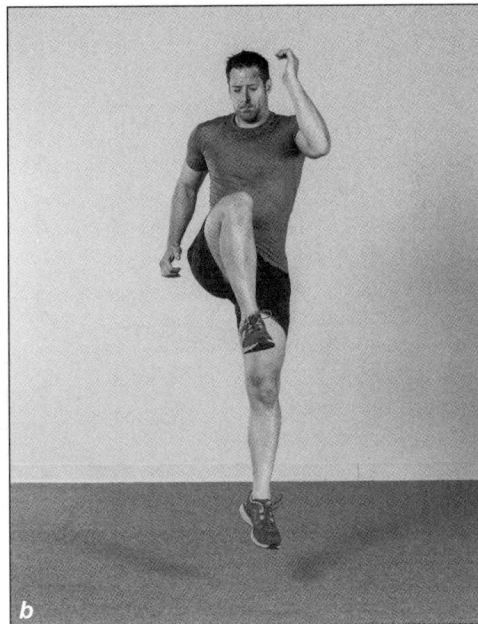

图 4.26　高抬腿跳跃

直腿垫步跳

准备

运动员以运动姿势站立，双脚分开，与肩同宽。

动作

运动员直腿跳跃，踝关节保持背屈（见图4.27a和图4.27b）。双腿交替进行，以中等到较快的速度向前移动20米。

图 4.27　直腿垫步跳

后转髋步

准备

运动员以运动姿势站立，双脚分开，与肩同宽。

动作

运动员单腿支撑身体，另一条腿屈膝 90 度并向外旋，两腿交替进行（见图 4.28a 和图 4.28b）。以中等到较快的速度移动 20 米。

图 4.28　后转髋步

倒退跑

准备

运动员以运动姿势站立，双脚分开，与肩同宽。

动作

运动员倒退慢跑，尽量提高步幅，双臂自然摆动。以中等到较快的速度移动 20 米。

向前慢跑

准备

运动员以运动姿势站立，双脚分开与肩同宽。

动作

运动员向前慢跑，步伐要大，同时摆动手臂。以中等到较快的速度移动 20 米。

侧向移动准备

侧向移动准备可以帮助运动员为冠状面（从身体一侧到另一侧）的运动做好准备。应该在做侧向移动准备的同一天，进行从身体一侧到另一侧的快速伸缩复合训练和速度训练。

侧蹲行走

准备

运动员以运动姿势站立，双脚分开与肩同宽。

动作

运动员向右侧跨出一大步（见图 4.29a），保持胸部挺起的同时，将重心移到右侧，同时保持左腿伸直及左脚着地（见图 4.29b）。运动员将左脚移至右脚旁边，成初始运动姿势。重复该动作并移动 20 米，然后反方向返回，用另一条腿重复该动作。

图 4.29　侧蹲行走

直立歇步行走

准备

运动员以运动姿势站立，双脚分开，与肩同宽。

动作

运动员双腿伸直，将左脚跨过右脚（见图4.30a）。臀部向右移动并保持双脚与地面接触。运动员将左臂向左侧伸展。重复此动作并移动20米，然后交换双腿位置向反方向返回（见图4.30b）。

图4.30 直立歇步行走

侧向并步

准备

运动员采取运动站姿，胸部挺起，臀部向后，双脚分开，与肩同宽（见图4.31a）。

动作

运动员右脚向右跨出一大步，同时左脚保持不动（见图4.31b）。然后左脚快速跨出而右脚保持不动，双脚距离保持与肩同宽（见图4.31c）。重复该动作并移动20米，然后重复该动作向相反方向返回。

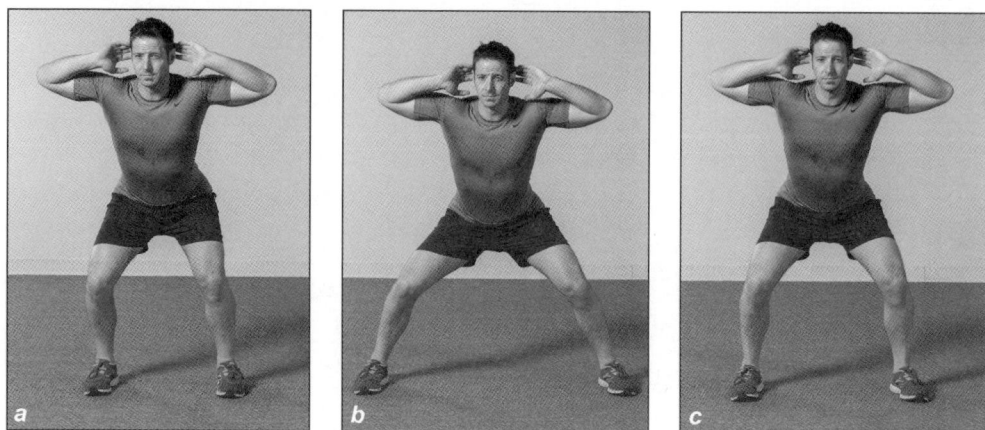

图4.31 侧向并步

卡里奥卡步伐

准备

运动员采取运动站姿,胸部挺起,臀部向后,双脚分开,与肩同宽(见图4.32a)。

动作

运动员左腿在身前跨过右腿,然后右腿向右迈,接着左脚移步到右脚后面,左脚依此步骤交替放在右脚前面(见图4.32b)和后面(见图4.32c)。以中等到较快的速度移动20米。然后反方向返回,右腿跨过左腿做此动作。

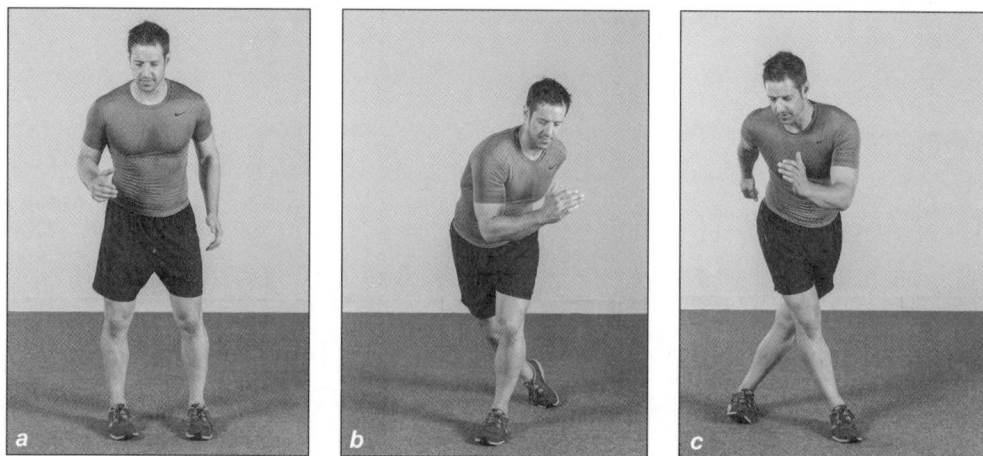

图4.32 卡里奥卡步伐

第 5 章

核心部位

冰球是一项快节奏的运动，经常变换方向，互相冲撞。如今的冰球比赛非常多，运动员变得更加高大、强壮，因冲撞和过度疲劳导致的伤病在所难免。像骨折和其他由冰球和对手冲撞引起的伤病难以预防，然而因过度疲劳导致的伤病可以通过核心部位练习与合理的体能训练计划结合得以减少。

臀大肌（髋部伸肌和外旋肌群）、髋外展肌和内收肌、髋部屈肌、腹肌和下背部肌肉组成了冰球运动员的核心部位。这些肌肉需要变得强壮，以便在关键时候能发挥作用以预防伤病。核心部位训练应该贯穿全年，并以预防伤病为目的。

核心部位训练

本书运用了多种方法来进行核心部位训练。这些方法以不同的方式来训练核心部位，虽然它们有重复之处，但有着同样重要的作用。

核心反射性稳定性

在开始传统的核心部位练习之前，例如躯干的弯曲或伸展（或其他的动作就此而论），运动员要证明具有其反射性稳定性，它可以在运动中减少肌肉代偿的概率。肌肉代偿的发生机制是，如果一块肌肉是虚弱的、受伤的、绷紧的或是酸痛的，则另一块有类似作用的肌肉就需要代替它发挥作用，导致过度疲劳。在反射性核心稳定性中，较小的稳定肌（包括腹横肌、多裂肌、腹内斜肌、膈肌和盆底肌）需经过训练以提供稳定性，之后才能在运动中使用较大的肌肉。这一点非常重要，由于腹部和腰部稳定性差引起的下背部姿势不良或者无法维持合适的脊柱前曲（弯曲度），已被证明与下背部疼痛有关（Hodges et al., 1996；Christie et al., 1995）。

我们天生具有运动的能力，这些能力来源于一系列正确的动作。当我们还是婴儿的时候，反射性核心稳定性是身体发挥作用允许我们运动的首要部分。在我们做翻滚身体以及抬头、爬行、下蹲等动作之前，大脑会自动地给核心部位肌肉发送信号。不知何故，大部分人丧失了小时候的所具有运动能力。这期间发生了什么？作为一个社会群体，其实大部分时间里我们并没有运动。你只需环顾四周，就不难发现原因：人坐着时候越来越多，运动却越来越少。

久而久之，随着人们的运动越来越少，曾经的运动能力也可能会丧失。我们很容易忘记年少时是怎么运动的。然而，运动员却需要进行运动来完成他们的工作。结果就是他们成了非常好的运动补偿者。运动员想出了各种不同的运动方式，因为他们不再拥有年少时自动学到的初始运动方式。当你没有进行足够的运动来维持正确的模式，结果就是由于过度补偿作用而使肌肉和关节紧绷和僵硬。所以运动员需要深入问题的根源，消除补偿作用，以更好的方式来运动。

蒂姆·安德森和迈克·麦利夫编写的 *Becoming Bulletproof* 解释了这一概念，并指明了重建正确动作模式的路径。本书中，笔者讨论了人们应该怎样成为更好的运动者，以及通过一系列模仿婴儿时运动方式的练习来激活反射性核心。这些练习被称为"重置动作"。运动员利用这些动作在运动之前激活反射性核心。笔者建议每天练习"重置动作"来对抗日常的习惯和行为模式，包括不良的坐姿和运动方式。这是在训练课程之前开启反射性核心的一种方法。

冰球运动中可能存在的运动障碍

冰球运动员在场上比赛时，髋关节、膝关节和脊柱都是屈曲的。在场上他们处于直立状态的唯一时间可能是滑行时或者比赛暂停的哨音之间。实际上，他们大部分时间身体都是处于弯曲状态，无论在比赛期间，坐在长凳上，还是中场休息时坐在更衣室里。

即使是一天中的其他很多时间里，运动员的身体也是处于弯曲状态。值得一提的是出行时间。少年职业球队联盟初级和大学级别的球队的一次长途客运出行时间可能达到15小时。全年中冰球运动员还会因为种种原因，例如热身、体能训练和赛后缓冲骑行等，在固定式自行车上花费大量的时间进行训练。所以，在比赛、实践练习、训练和出行期间，冰球运动员一直在坐着或滑行，而他们的关节总是处于弯曲状态。

从预防伤病的角度观察运动员在每天的大部分时间内，膝关节、髋关节和脊柱在弯曲状态下会发生什么。下一步是寻找对策来努力消除弯曲状态下肌肉紧绷或虚弱而导致的种种问题。大多数情况下，这些肌肉包括屈髋肌群、腹肌、腹股沟肌肉（内收肌）和下背部肌肉。根据之前的评估和过去的经验，有些冰球运动员显示有下交叉综合征（见图5.1a）或上交叉综合征（见图5.1b）。这些综合征由捷克共和国神经学家弗拉基米尔·简达分析归类，用来描述上半身（上交叉）和下半身（下交叉）的肌肉不平衡（Page，2010）。

上交叉综合征中虚弱的肌肉包括颈屈肌、菱形肌和斜方肌下束，紧绷的肌肉包括肩胛下肌、上斜方肌、肩胛提肌和胸肌。下交叉综合征中虚弱的肌肉组包括腹肌和臀大肌，紧绷的肌肉包括胸部伸展肌、腰部伸展肌和髋部屈肌。

图中标注：
虚弱的腹肌
紧绷的胸部、腰部外展肌
紧绷的屈髋部屈肌
虚弱的臀大肌
a

虚弱的颈屈肌
紧绷的枕骨下的上斜方肌、肩胛提肌
紧绷的胸肌
虚弱的菱形肌、斜方肌下束
b

图5.1 a.下交叉综合征；b.上交叉综合征

核心部位训练的主要目的是努力消除肌肉不平衡，并防止它们发生。通过拉伸紧绷的肌肉组及增强虚弱的肌肉组来实现目的。核心部位训练可以在增强核心部位其他肌肉的同时，增强这些可能变得虚弱的肌肉组。

除了解决这些肌肉失衡问题和防止可能的综合征外，有一点很重要，就是确保设计合理的力量训练计划不会产生或助长肌肉失衡。力量训练计划需要平衡选定的练习方式。

在描述她看到的经常参与体力活动的人时，说："经常发现变得虚弱的肌肉包括斜方肌下束、腹外斜肌、臀大肌和臀中肌。甚至经常参加体育运动的个人也表现出协同肌肉中的力量差异；一块肌肉明显比其协同肌虚弱"。最好的办法是增强这些肌肉，防止它们变得虚弱或造成伤害。一个没有参加有规划的核心部位训练及体能训练的冰球运动员很可能出现核心肌肉虚弱问题。

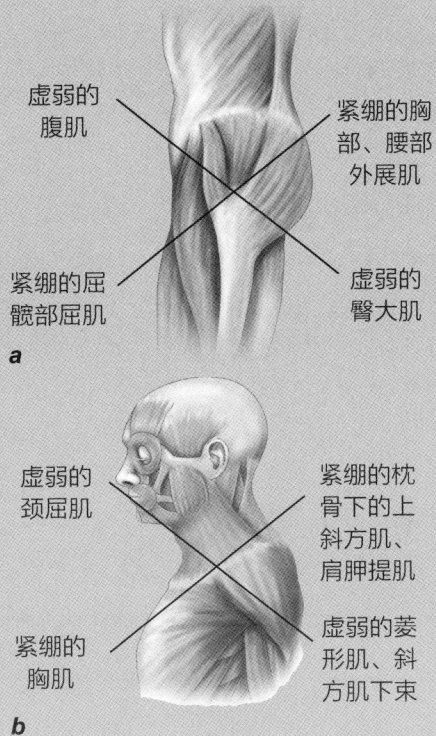

肘膝触碰

交叉爬行练习是从 *Becoming Bulletproof* 中借鉴的。该练习能够帮助冰球运动员在进行身体交叉运动时，激活或重置他们的腹部内肌肉组织，例如腹横肌和腹内斜肌。这对于冰球运动员来说是有益的，因为这些动作发生于核心部位和躯干上。

仰卧肘膝触碰

准备

运动员背部着地，仰卧，双手置于脑后。

动作

在不拉伸头部的情况下，运动员交替用一侧肘部碰触另一侧膝盖，同时保持背部平放（见图 5.2a 和图 5.2b）。重点是肘部和膝盖在身体中线处碰触，手臂和双腿每次都要回到正确的起始位置。按照规定次数重复这个动作。

图5.2 仰卧肘膝触碰

坐姿肘膝触碰

准备

运动员采取坐姿，双手置于脑后（见图5.3a）。

动作

运动员双肘交替碰触异侧膝盖（见图5.3b）。重点是肘部和膝盖在身体中线处碰触，手臂和双腿每次都要回到正确的起始位置。按照规定次数重复这个动作。

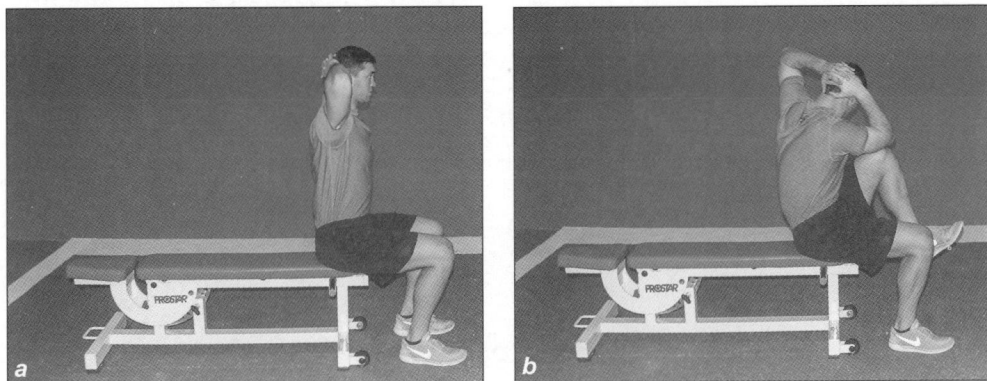

图5.3 坐姿肘膝触碰

站姿肘膝触碰

准备

运动员采取站姿，双手置于脑后（见图5.4a）。

动作

运动员双肘交替碰触异侧膝盖（见图5.4b）。重点是肘部和膝盖在身体中线处碰触，手臂和双腿每次都要回到正确的起始位置。按照规定次数重复这个动作。该动作的一种变式是闭上眼睛进行该练习。

图5.4 站姿肘膝触碰

翻滚

翻滚是我们还是婴儿时最早学的动作之一，从背部着地平躺翻滚到肚子着地平卧，反之亦然。这是唤醒反射性核心的一个重要练习。翻滚练习对冰球运动员的好处是可以教会他们在翻滚前让核心肌肉参与进来，学会之后就可以转移到其他形式的运动中（滑行、传球、射门等）。

上半身翻滚

准备

运动员采取仰卧姿势，双臂在头上方伸展，双腿尽量伸长。

动作

运动员仅用上半身将身体从背部着地向一侧翻滚到腹部着地（见图5.5a）。下半身不允许有任何动作。开始的动作包括举起一只手臂

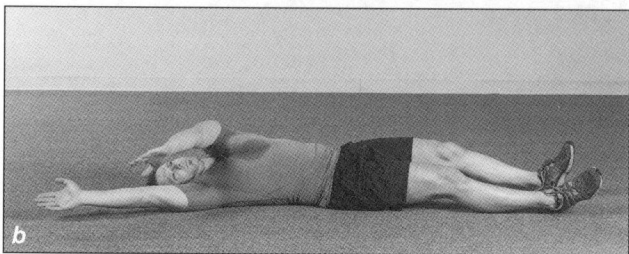

图5.5 上半身翻滚

伸展过中线，以产生足够的动量来翻滚到腹部着地。从腹部着地翻滚到背部着地时，开始的动作包括举起一只手臂伸过中线，以产生足够的动量来翻滚到背部着地（见图5.5b）。朝着身体两侧按照规定的次数重复该动作。

下半身翻滚

准备

运动员采取仰卧姿势，双臂在头上方伸展，双腿尽量伸长。

动作

运动员仅用下半身将身体从背部着地向一侧翻滚到腹部着地（见图5.6a）。上半身不允许有任何动作。开始的动作包括抬起一条腿伸过中线和另一条腿，以产生足够的动量来翻滚到腹部着地。从腹部着地翻滚到背部着地时，开始的动作包括抬起一条腿伸过中线（见图5.6b）。朝着身体两侧各按照规定的次数重复该动作。

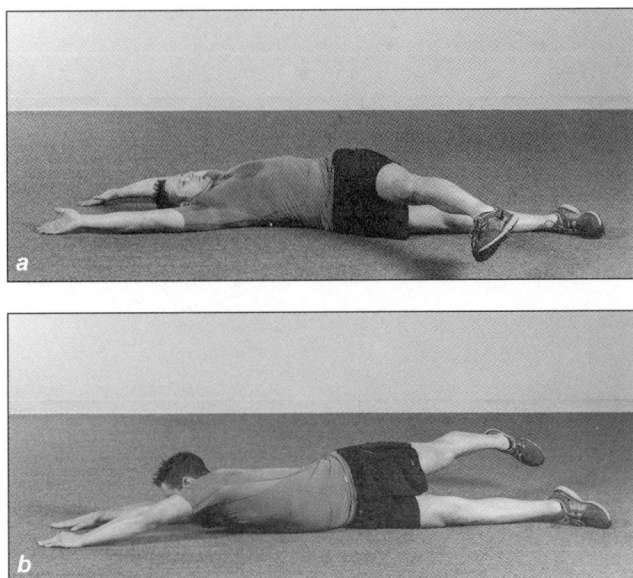

图 5.6 下半身翻滚

摇摆

摇摆是一种训练反射性核心的好方法，同时也能进行臀部训练。这也是冰球运动员在进行其他训练之前可以激活深层腹肌的另一种方式。

前臂摇摆

准备

运动员采取四肢着地的姿势，前臂、膝盖和脚趾都要着地（见图 5.7a）。

动作

运动员的头部抬起，眼睛望向天花板，将臀部向后摆到足跟处（见图 5.7b），然后返回起始位置。按照规定的次数重复该动作。

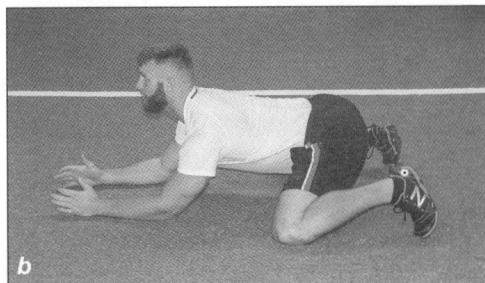

图 5.7 前臂摇摆

直臂摇摆

准备

运动员采取四肢着地的姿势,双手、膝盖和脚趾都要着地(见图 5.8a)。

动作

运动员的头部抬起,眼睛望向天花板,将臀部向后摆到足跟处(见图 5.8b),然后返回起始位置。按照规定的次数重复该动作。

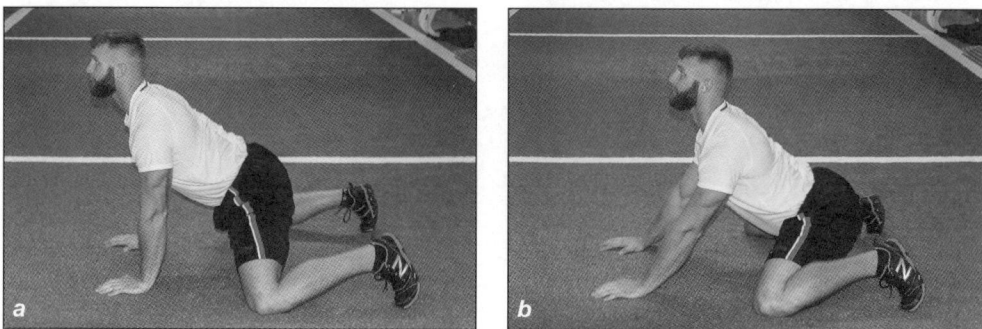

图 5.8 直臂摇摆

核心部位激活

单关节肌肉增强练习被认为是激活练习。在即将来临的训练课程或比赛中,运动员将进行各种练习和运动模式,而这些激活练习应在"重置动作"之后立即进行,以激活稳定肌(稳定一个关节以使另一个关节活动的肌肉)或原动肌(产生动作的肌肉)。目的是使运动员能够表现出色,并防止受伤。

对冰球运动员来说,让所有可能变得虚弱的肌肉保持强壮非常重要。例如,臀大肌本是强有力的髋部外展肌,但可能由于冰球运动员长期保持髋关节屈曲而变得虚弱。有些教练和训练者规定了对于臀大肌的激活或增强训练,包括仰卧挺髋、仰卧单腿挺髋和其他强调肌肉收缩质量的练习方法。然而,有些教练和训练者却认为激活练习除了浪费时间外并没有什么作用。他们总以为,如果自己的运动员在进行深蹲、弓步、单腿蹲和分腿蹲训练,那就能同时增强臀大肌的力量。

本书规定每天都要进行臀大肌激活练习。所有运动员都应该进行激活练习,即使过去的姿势正确并且很少受伤。我认为,既然物理治疗师通过康复练习来治疗伤病,那为什么健康的运动员不能进行一些康复练习来预防伤病呢?核心部位练习不需要花很长时间就可以帮助运动员保持健康。

髋关节伸展

在下面的训练中，运动员通过臀大肌收缩进行髋关节伸展动作。教练的提示包括让运动员支撑起核心部位（这样可以阻止腰部塌陷），足跟蹬地并抬起臀部。训练目的是防止麦吉尔所说的臀大肌遗忘症。当臀大肌虚弱时会出现该症状。运动员需要利用股后肌群、下背部，或两处肌肉共同来使髋关节伸展。这个练习可以缓解下背部疼痛。

仰卧挺髋

准备

运动员采取仰卧姿势，手臂放于两侧，膝盖屈起，双脚并拢（见图 5.9a）。

动作

运动员收缩臀大肌以使髋关节伸展，膝盖到肩膀成一条直线，保持3秒（见图5.9b）。股后肌群将会开始起作用，但运动员要保持收缩臀大肌。按照规定次数重复此动作。

图5.9 仰卧挺髋

仰卧单腿挺髋

准备

运动员采取仰卧姿势，一侧膝盖上拉到胸部，另一只脚平放地面，膝盖屈起（见图 5.10a）。

动作

运动员收缩支撑腿一侧的臀大肌，使髋关节伸展，膝盖到肩膀成一条直线，保持 3 秒（见图 5.10b）。两侧都按照规定次数重复此动作。

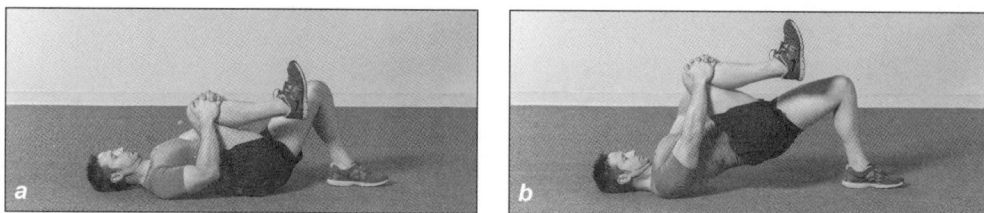

图 5.10 仰卧单腿挺髋

仰卧夹球单腿挺髋

准备

运动员采取仰卧姿势，一侧膝盖贴近胸部，另一只脚平放于地面上，膝盖屈起。在贴近胸部的那条腿髋关节处放一个网球（见图 5.11a）。

动作

运动员不使用双手而必须保持网球不落地，同时收缩臀大肌，使髋关节伸展，膝盖到肩膀成一条直线，保持 3 秒（见图 5.11b）。两侧都按照规定次数重复此动作。

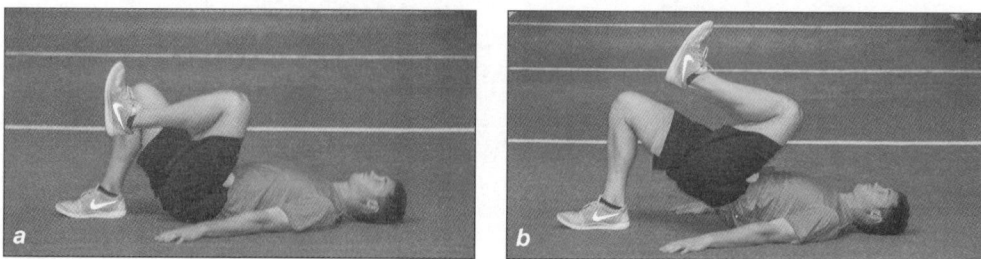

图 5.11 仰卧夹球单腿挺髋

药球单腿挺髋

准备

运动员采取仰卧姿势，一只脚踩在实心球上，另一条腿平放在地面上（见图 5.12a）。

动作

运动员收缩踩在药球同侧的臀大肌，使髋关节伸展，膝盖到肩膀成一条直线，保持 3 秒（见图 5.12b）。两侧都按照规定次数重复此动作。

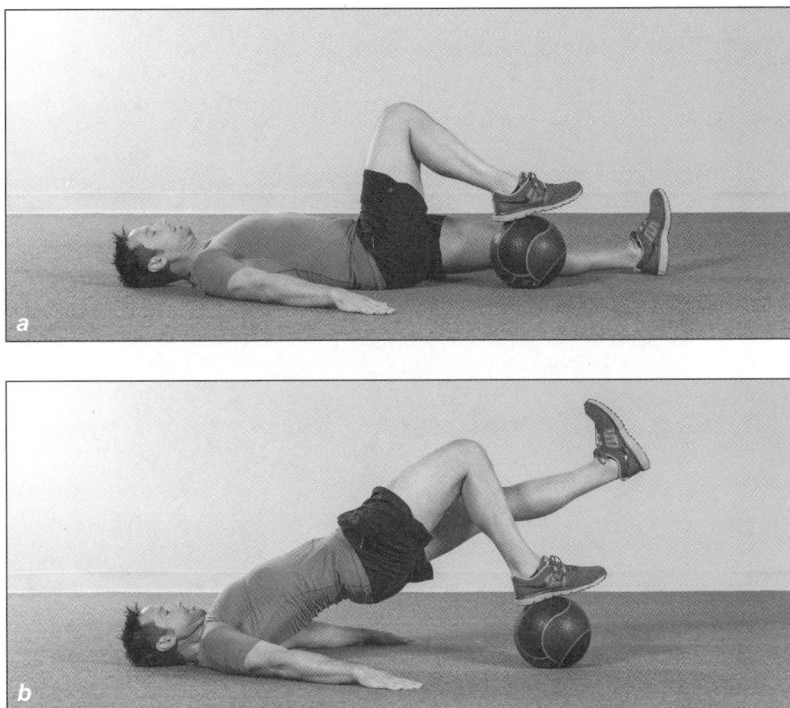

图 5.12　药球单腿挺髋

四肢触地式屈膝髋关节屈伸

准备

运动员采取四肢触地姿势，双手和膝盖着地，双手在肩膀下方且膝盖在臀部下方（见图5.13a）。头部处于中间位置，既不向上也不向下。运动员在进行髋关节伸展前需要稳定核心部位。通过呼气在运动前实现核心部位的稳定。

动作

当姿势稳定，呼气之后，运动员抬起一侧膝盖直到小腿垂直于地板，保持3秒（见图5.13b）。身体唯一的动作就是抬起一条腿。每侧按照规定次数重复该动作。

图5.13 四肢触地式屈膝髋关节屈伸

四肢触地式直腿髋关节屈伸

准备

运动员采取四肢触地姿势，双手和膝盖着地，双手在肩膀下方且膝盖在臀部下方（见图5.14a）。头部处于中间位置，既不向上也不向下。运动员在进行髋关节伸展前需要稳定核心部位。通过呼气在运动前实现核心部位的稳定。

动作

当姿势稳定，呼气之后，运动员抬起一侧膝盖直到小腿垂直于地板。然后伸展这条腿，直到小腿平行于地面，保持3秒（见图5.14b）。身体唯一的动作就是抬起一条腿。每侧按照规定次数重复该动作。

图5.14 四肢触地式直腿髋关节屈伸

四肢触地式手腿交替屈伸

准备

运动员采取四肢触地姿势，双手和膝盖着地，双手在肩膀下方且膝盖在臀部下方（见图 5.15a）。头部处于中间位置，既不向上也不向下。运动员在进行髋关节伸展前需要稳定核心部位。通过呼气在运动前实现核心部位的稳定。

动作

当姿势稳定，呼气之后，运动员抬起一侧膝盖，直到小腿垂直于地板。然后伸展这条腿，直到小腿平行于地面，同时将另一侧手臂伸出到平行于地面的位置，保持 3 秒（见图 5.15b）。例如，如果右腿伸展，则左臂向前伸出。

保持3秒后，运动员将伸出的手臂这一侧的肘部和另一侧腿的膝盖移动到身体下方，并且互相碰触，然后返回起始位置，保持3秒。每侧按照规定次数重复该动作。

图 5.15 四肢触地式手腿交替屈伸

髋关节外展

冰球运动员在冰场上会做大量的髋关节内收动作。进行髋关节外展练习是为了帮助平衡髋关节的力量。本书中的几项练习都包含髋关节外展动作。不过,这些练习可以起到激活作用,但未必能增强髋关节的力量。

屈膝侧桥式外展

准备

运动员侧面平躺,双膝弯曲,单肘撑地。

动作

运动员抬起臀部,保持这个位置足够长的时间直到稳定(见图5.16a)。然后将上侧腿外展,保持这个姿势30秒(见图5.16b)。年龄较小的运动员不需要使用任何阻力设备——重力就足够了。而年龄较大和强壮的运动员应该在膝盖上使用一条弹力带。每侧按照规定次数重复该动作。

图5.16 屈膝侧桥式外展

直腿外展

准备

运动员侧面平躺,下侧腿弯曲90度,上侧腿伸展,与臀部在一条直线上。

动作

运动员将上侧腿抬起,脚趾指向地面(见图5.17)。在整个动作中,核心部位保持绷紧。每侧按照规定次数重复该动作。

图5.17 直腿外展

四肢触地式屈膝外展

准备

运动员采取四肢触地姿势，双手和膝盖着地，双手在肩膀下方且膝盖在臀部下方（见图 5.18a）。通过呼气使核心部位绷紧，直到核心部位保持稳定。

动作

运动员将腿向一侧外展（见图 5.18b），然后回到起始位置。年龄较小的运动员不需要施加阻力；而年龄较大的运动员需要使用一条弹力带。每侧按照规定次数重复该动作。

图5.18 四肢触地式屈膝外展

单腿箱式深蹲

准备

运动员单腿站立，靠近一个高度为 14~24 英寸（35.6~61 厘米）的箱子或椅子（见图 5.19a）。

动作

单腿保持平衡的同时，运动员向箱子或椅子做深蹲动作（见图 5.19b），臀部轻触到箱子，然后站起身。这是年龄较大运动员的高级练习方式，较强壮的运动员应该在膝盖上方使用一条弹力带来促进髋关节外展。每侧按照规定次数重复该动作。

图 5.19　单腿箱式深蹲

髋关节屈曲

　　由于激活练习偏重拉伸和外展，屈曲练习也可用于激活髋关节屈肌。深层髋关节屈肌（包括腰大肌和髂肌）需要变得灵活且强壮。髋关节屈曲动作涉及的其他重要肌肉包括股直肌、阔筋膜张肌、缝匠肌和一些内收肌。

仰卧弹力带屈髋

准备

　　运动员采取仰卧姿势平躺于地面，把弹力带固定在踝关节或两脚周围（见图5.20a）。

动作

　　运动员呼气，然后向头部方向抬起一侧膝盖到90度（见图5.20b）。保持这个姿势3秒后按照规定次数重复该动作，然后抬起另一侧膝盖重复该动作。

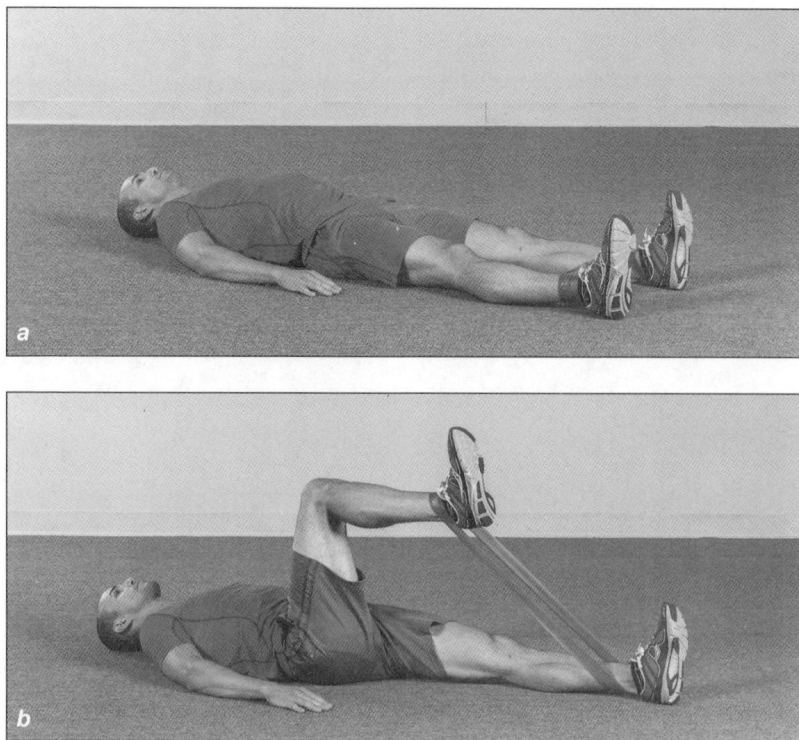

图5.20　仰卧弹力带屈髋

坐姿髋关节屈曲手上举

准备

运动员坐在凳子上，躯干伸直，双膝高于臀部（见图5.21a）。手臂在头上伸展。

动作

运动员呼气，然后将一侧膝盖抬向头部，同时保持脊柱不动（见图5.21b）。保持这个姿势3秒后按照规定次数重复该动作，然后换另一侧膝盖重复该动作。

图5.21　坐姿髋关节屈曲手上举

站姿髋关节屈曲手上举

准备

运动员站立，一只脚踩在箱子上，箱子要有足够高度使膝盖高于臀部（见图 5.22a）。双臂向头上伸展。

动作

运动员呼气，然后将踩在箱子上的一侧腿的膝盖抬向头部，同时保持脊柱不动（见图5.22b）。此时，着地的那条腿要伸直。保持这个姿势3秒后按照规定次数重复该动作，然后换另一侧膝盖重复该动作。

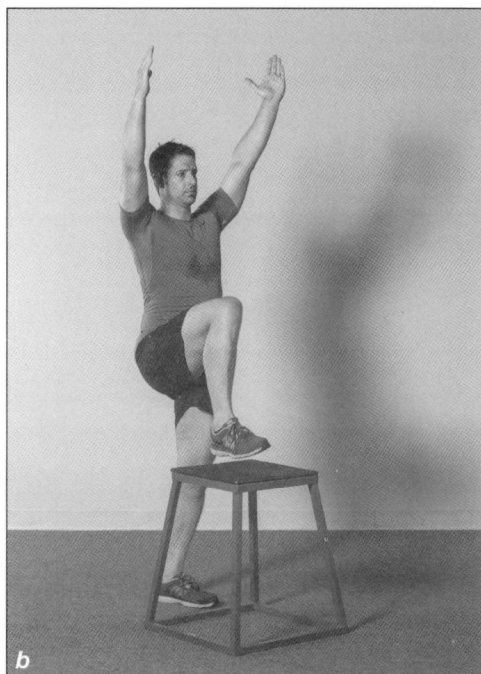

图5.22 站姿髋关节屈曲手上举

登山步

准备

运动员采取俯卧撑姿势。一条腿伸直且抓牢地面，另一条腿进行练习，脚踩在滑板上（见图 5.23a）。

动作

运动员呼气，然后将练习腿的膝盖抬起到 90 度位置，脊柱要保持不动（见图 5.23b）。此时着地的那条腿要伸直。保持这个姿势 3 秒后，按照规定次数重复该动作，然后换另一侧腿重复该动作。

图 5.23 登山步

腹股沟激活

腹股沟可能是冰球运动员软组织损伤最常见的部位。冰球运动员保持腹股沟健康很重要，尤其是在赛季开始时，因为此时滑行量很大。通过核心部位训练，加上泡沫轴滚压、灵活性练习以及体能训练计划，运动员能够非常好地预防内收肌和腹股沟肌肉损伤。

在非赛季的力量训练计划中，通过一些练习，例如侧蹲、前蹲、单腿蹲以及直腿硬拉等，内收肌可以得到增强。在本计划的体能训练部分，使用滑板也可以帮助运动员防止腹股沟的肌肉受伤。滑板不仅能够帮助运动员增强额状面的肌肉，而且还能通过一种比跑步或骑固定式自行车更接近滑冰的运动模式来产生体能训练效果。

在竞争激烈的赛季开始阶段，运动员需要做好准备，以适应集训营的严格要求。集训营包括每天2到3小时的场上训练加赛季前比赛。不论体能训练计划设计得多好，为这个日程做准备都是艰难的。在此期间，训练计划应该包括腹股沟激活练习，可以采用一些简单的仰卧姿势内收肌练习方法。通过改变双腿在地面上的角度，运动员可以对同样的练习应用不同的变式。运动员呼气并绷紧核心部位，然后轻轻地挤压健身球收缩内收肌。结合髋关节肌肉的伸展和激活，腹股沟的激活练习有助于防止软组织损伤。

两种非常好的腹股沟激活练习方法分别是短挤压健身球和长挤压健身球，练习中运动员背部着地平躺，双膝弯曲，双脚平放。运动员呼气，然后在双膝之间轻轻挤压这个球（大概是足球尺寸大小）持续3秒。每次持续挤压后，运动员放松，然后按照规定的次数重复该动作。在短挤压健身球时，双膝是弯曲的（见图5.24a和图5.24b）；在长挤压健身球时，双膝只是稍微弯曲（见图5.25a和图5.25b）。

图5.24 短挤压健身球

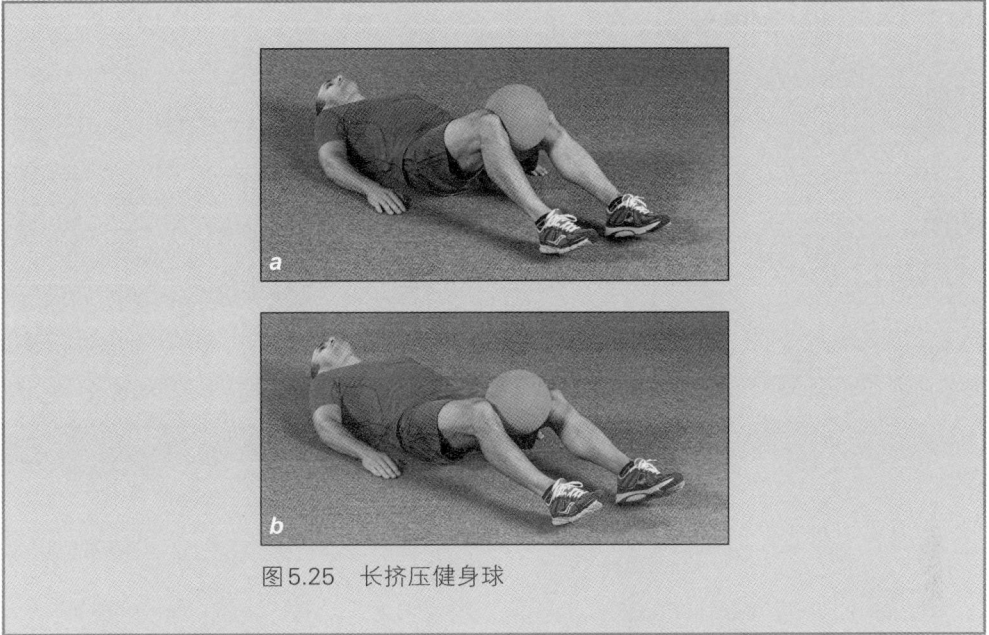

图5.25　长挤压健身球

核心部位力量

根据萨曼所说的，"腹部肌肉最重要的功能是获得所需的控制力，包括（1）适当地稳定脊柱；（2）保持骨盆和脊柱之间的最佳对准和运动关系；以及（3）防止骨盆在极限运动时的过度压力和补偿动作"。制订核心部位训练计划时要考虑到这些要点。

冰球运动员在做其他运动之前必须稳定核心部位。小肌肉群需要经过训练，以便大肌肉群可以发挥作用，即在较高负荷下稳定脊柱。核心部位增强和稳定练习应该在训练课程的力量训练部分进行。

滑跑练习

滑跑练习包含在非赛季计划中的第 1 天和第 3 天里。这些练习应在四组式练习之间进行，以使运动员在进行力量训练（例如颈前深蹲和引体向上）时得到更多的休息。随着非赛季训练的进行，滑跑练习将升级为瑞士球转圈。目的是在手臂或腿移动器材时促进躯干部位的稳定性。

瑞士球腹肌屈伸

准备

运动员双膝着地，前臂放到瑞士球上（见图5.26a）。

动作

运动员将球向前推出，让骨盆旋转，而脊柱保持稳定（见图5.26b）。在髋关节完全伸展后，返回起始位置。按照规定次数重复该动作。

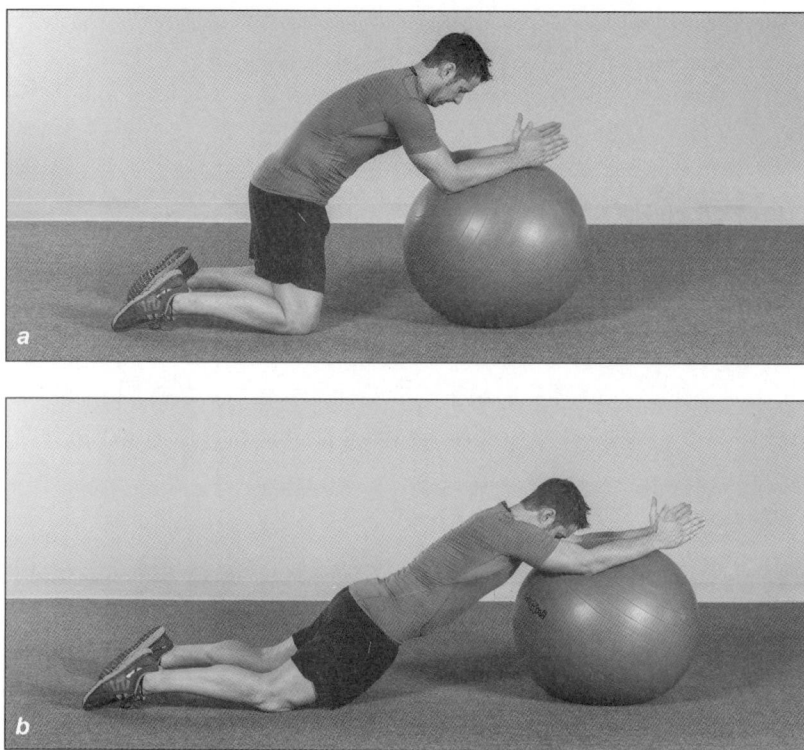

图5.26　瑞士球腹肌屈伸

健腹轮腹肌屈伸

准备

运动员双膝着地，双手握着一个滚轮，例如一个基本的健腹轮（见图5.27a）。

动作

运动员将滚轮向前推出，同时保持骨盆在身后旋转，而脊柱保持稳定（见图5.27b）。在髋关节完全伸展后，返回起始位置。按照规定次数重复该动作。

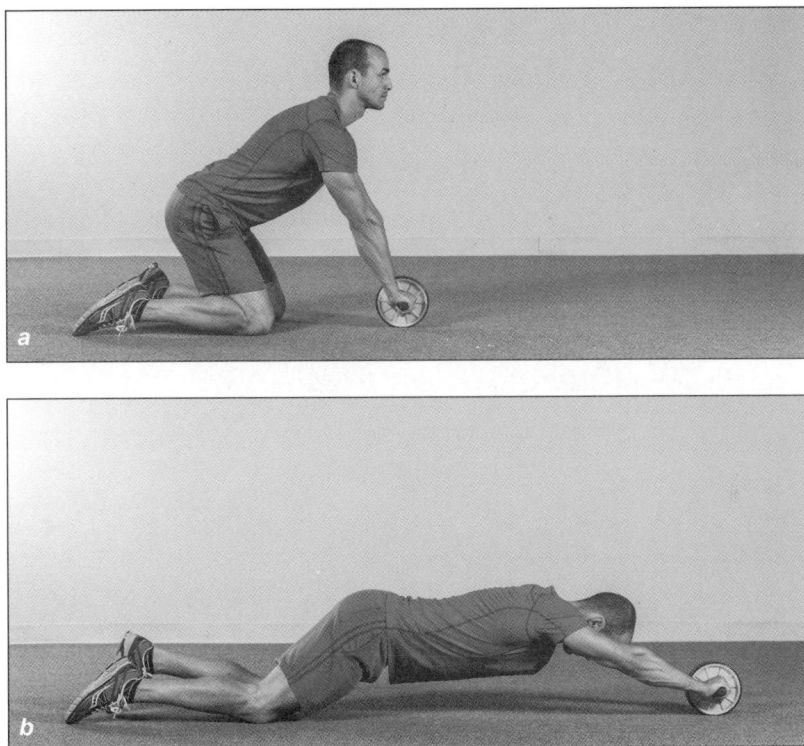

图5.27　健腹轮腹肌屈伸

瑞士球腹肌旋转

准备

运动员双膝着地，前臂放在瑞士球上（见图5.28a）。

动作

运动员将球向前推出，同时保持骨盆在身后旋转，而脊柱保持稳定（见图5.28b）。在髋关节完全伸展后，运动员手臂压紧瑞士球转圈，同时保持脊柱和核心部位稳定（见图5.28c）。每个方向（顺时针和逆时针方向）按照规定次数重复该动作。

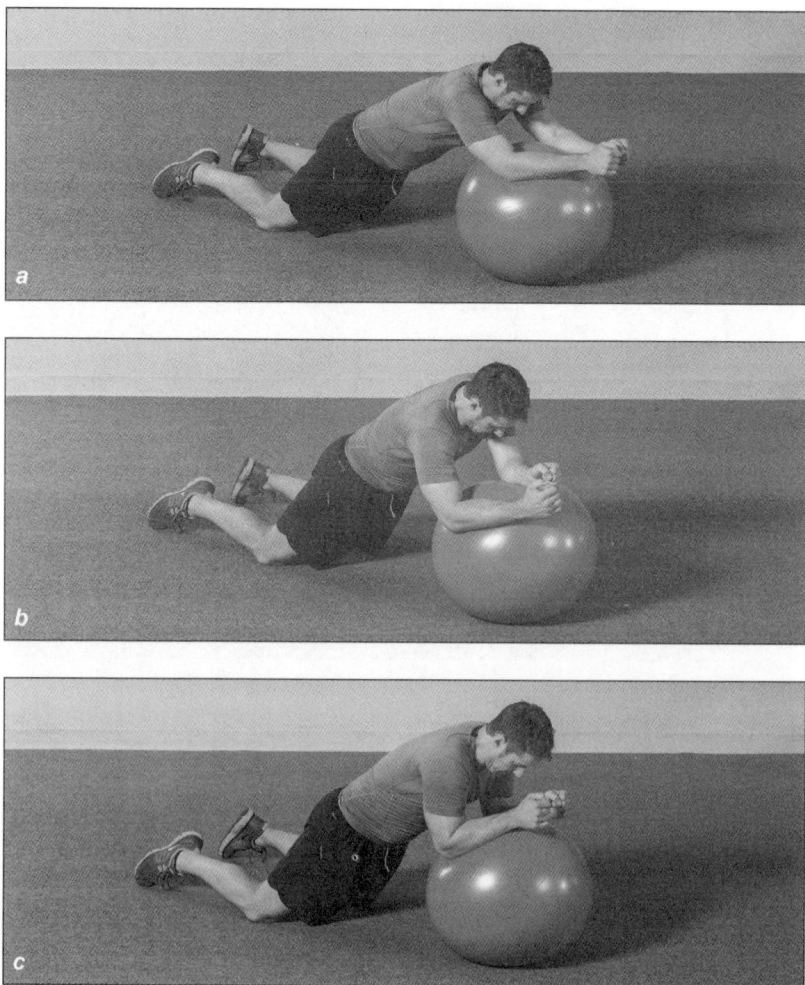

图5.28 瑞士球腹肌旋转

直腿仰卧起坐

直腿仰卧起坐是一种核心部位练习方法，是赛季前期间循环练习的一部分。

准备

运动员背部着地平躺，双腿伸直，胸部放一个杠铃，抱紧（见图5.29a）。

动作

运动员做一个仰卧起坐，同时抬起躯干直到上半身与地面垂直（见图5.29b）。然后返回起始位置。按照规定次数重复该动作。

图5.29 直腿仰卧起坐

下劈和上拉

和本书中其他的核心部位稳定性练习和进展一样，下劈和上拉练习也是在运动之前进行，以使核心部位产生足够的稳定性。准备一个缆绳训练装置是有必要的，如果没有，也可以用弹力带来代替。练习的进展是从双膝跪地姿势到双脚站立姿势。

跪姿下劈

准备

运动员双膝着地，身体伸直，跪立在缆绳训练装置旁边（见图5.30a）。开始时缆绳上端处于高位。

动作

运动员将缆绳拉向另一侧地板（见图5.30b）。如果缆绳训练装置在运动员左侧，则运动员右手应该在缆绳末端，左手靠近上方。做下拉动作时主要是右手发力，而做下推动作时主要是左手发力。每侧按照规定次数重复该动作。

图5.30 跪姿下劈

单腿跪撑下劈

准备

运动员半跪在缆绳训练装置旁边，身体伸直，外侧的膝盖着地（见图5.31a）。开始时缆绳上端处于高位。

动作

运动员将缆绳拉向另一侧地板（见图5.31b）。例如，如果缆绳训练装置在运动员左侧，则运动员右手应该在缆绳末端，左手靠近上方。做下拉动作时主要是右手发力，而做下推动作时主要是左手用力。每侧按照规定次数重复该动作。

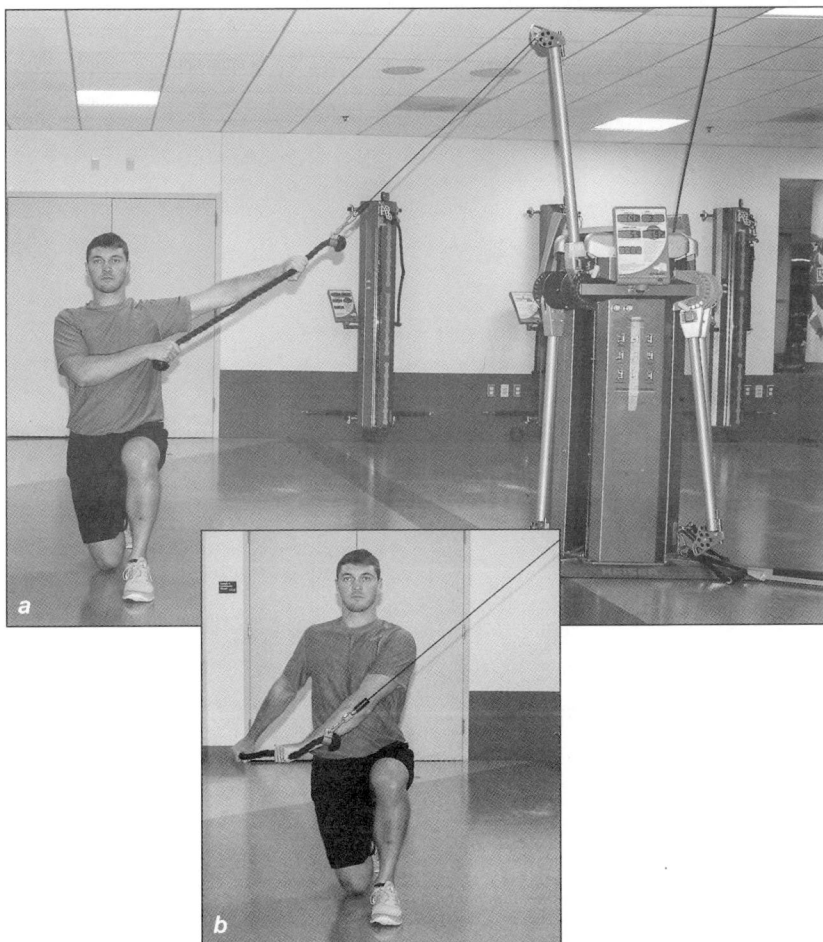

图5.31　单腿跪撑下劈

弓步下劈

准备

运动员在缆绳训练装置旁边摆出一个弓步姿势，身体伸直，双脚一前一后（见图5.32a）。靠近缆绳训练装置一侧的腿在前面，而外侧脚在后面。开始时缆绳上端处于高位。

动作

运动员将缆绳拉向另一侧地板（见图5.32b）。例如，如果缆绳训练装置在运动员左侧，则运动员右手应该在缆绳末端，左手靠近上方。做下拉动作时主要是右手发力，而做下推动作时主要是左手用力。每侧按照规定次数重复该动作。

图5.32 弓步下劈

站姿下劈

准备

运动员以运动姿势站立在缆绳训练装置旁边（见图5.33a）。开始时缆绳上端处于高位。

动作

运动员将缆绳拉向另一侧地板（见图5.33b）。例如，如果缆绳训练装置在运动员左侧，则运动员右手应该在缆绳末端，左手靠近上方。做下拉动作时主要是右手用力，而做下推动作时主要是左手用力。每侧按照规定次数重复该动作。

图5.33 站姿下劈

跪姿上拉

准备

运动员双膝着地，身体伸直，跪立在缆绳训练装置旁边（见图5.34）。开始时缆绳上端处于低位。

动作

运动员将缆绳向另一侧天花板方向上拉。例如，如果缆绳训练装置在运动员左侧，则运动员右手应该在缆绳末端，左手靠近上方。做上拉动作时主要是右手用力，而做上推动作时主要是左手用力。每侧按照规定次数重复该动作。

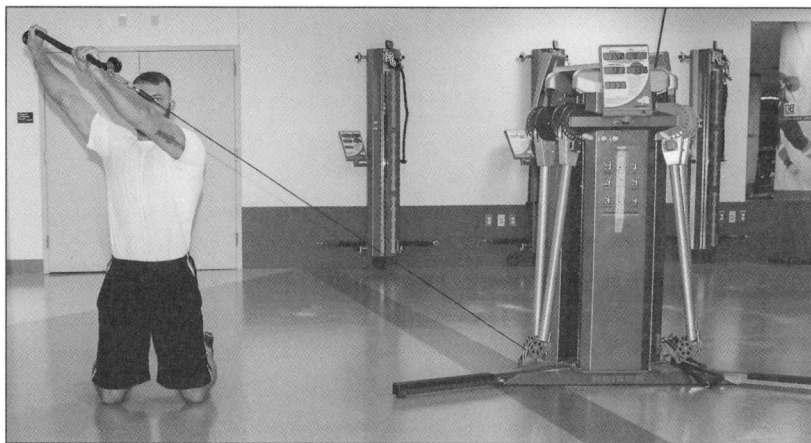

图5.34　跪姿上拉

半跪式上拉

准备

运动员半跪在缆绳训练装置旁边，身体伸直，外侧的膝盖着地。开始时缆绳上端处于低位。

动作

运动员将缆绳向另一侧天花板方向上拉。例如，如果缆绳训练装置在运动员左侧，则运动员右手应该在绳索末端，左手靠近上方。做上拉动作时主要是右手用力，而做上推动作时主要是左手用力。每侧按照规定次数重复该动作。

弓步上拉

准备

运动员在缆绳训练装置旁边摆出一个弓步姿势，双脚一前一后（见图5.35a）。靠近缆绳训练装置一侧的腿在后面，而外侧脚在前面。开始时缆绳上端位于低位。

动作

运动员将缆绳向另一侧天花板方向上拉（见图5.35b）。例如，如果缆绳训练装置在运动员左侧，则运动员右手应该在绳索末端，左手靠近上方。做上拉动作时主要是右手用力，而做上推动作时主要是左手用力。每侧按照规定次数重复该动作。

图5.35　弓步上拉

站姿上拉

准备

运动员以运动姿势站立在缆绳训练装置旁边（见图 5.36a）。开始时缆绳上端位于低位。

动作

运动员将缆绳向另一侧天花板方向上拉（见图 5.36b）。例如，如果缆绳训练装置在运动员左侧，则运动员右手应该在绳索末端，左手靠近上方。做上拉动作时主要是右手用力，而做上推动作时主要是左手用力。每侧按照规定次数重复该动作。

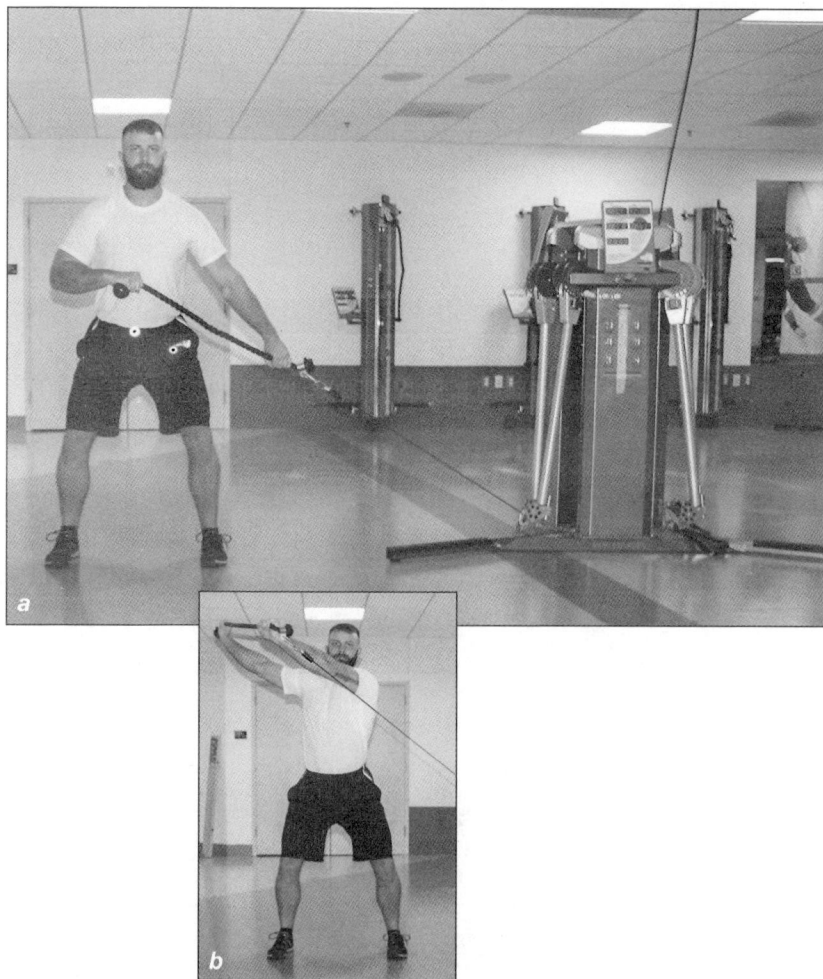

图 5.36 站姿上拉

起立练习

起立练习几乎是一项混合式练习。在对该动作分类时，它被认为是一种核心部位增强练习。然而，也有人认为这是一种全身性提升。这种功能性运动需要身体的所有肌肉互相协调，同时核心部位是牢固而稳定的。此外，起立练习也可以改善运动员僵硬的肌肉，增加其灵活性，例如胸椎和屈髋肌群。起立练习时，身体两侧都要运动，所以也可以解决左右两边的不对称性。

尽管起立练习是一项很难指导的复杂练习方式，特别是针对一大群运动员——但起立练习可以进行分解，用一种安全的方式渐进式指导。重要的是在每个步骤中都要返回到起始位置。运动员需要有合适的身体控制力和离心力量才能完成该练习。

在非赛季训练计划中，每周进行两次起立练习进程。非赛季计划的每三周为一期，应包括这项练习的一个步骤。第一个步骤在第一期（第一周至第三周）进行，而完整的起立练习在第四期（第十周至第十二周）进行。在赛季中，同样的进程也是在不同的时期完成。赛季结束时，运动员应该进行完整的起立练习。

土耳其起立：步骤1——起立到手撑地面

运动员一只手臂伸直，手握壶铃；另一只手臂平放于地，呈45度角（见图5.37a）。持壶铃手同侧的膝盖屈起，脚平放于地。另一条腿伸直，呈45度角且与直臂平行。头部伸直，眼睛注视壶铃。重点是从腹肌到胸椎的运动。运动员将伸直的手臂肘部用力支撑在地面上，停顿一下（见图5.37b）。然后伸展该手臂，把手撑在地面上（见图5.37c）。

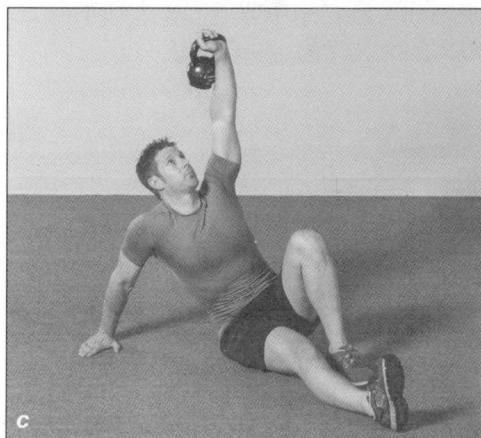

图5.37 土耳其起立：步骤1——起立到手撑地面

土耳其起立：步骤2——起立到髋关节伸展

从筛查问题的角度来看，这一动作是有益的。屈髋肌群和股直肌处于绷紧状态的冰球运动员无法伸展髋关节。需要对屈髋肌群和股直肌进行额外的软组织放松、伸展练习或两者兼而有之的运动员，通过该练习能够被轻松地分辨出来。该练习将把所有的仰卧挺髋和屈髋肌群增强练习结合起来，这对于保持髋部健康是必不可少的。

运动员一只手臂伸直，手握壶铃；另一只手臂平放于地，呈45度角。持壶铃手同侧的膝盖屈起，脚平放于地。另一条腿伸直，呈45度角且与直臂平行。头部伸直，眼睛注视壶铃。重点是从腹肌到胸椎的运动。运动员将伸直的手臂肘部用力支撑在地面上，停顿一下。伸展该手臂，把手撑在地面上（见图5.38a）。然后屈膝的那条腿用力撑起到髋关节伸展的位置（见图5.38b）。

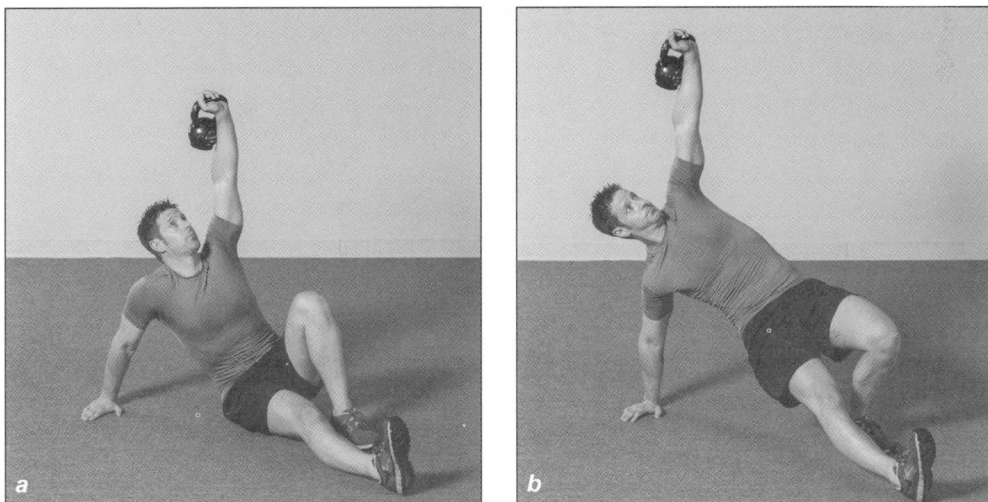

图5.38 土耳其起立：步骤2——起立到髋关节伸展

土耳其起立：步骤3——起立到单膝跪地

这一步需要整个身体的协调、平衡和稳定。结束的姿势是半跪姿势，这个姿势在全年训练中都会经常使用。

运动员一只手臂伸直，手握壶铃；另一只手臂平放于地，呈45度角。持壶铃手同侧的膝盖屈起，脚平放于地。另一条腿伸直，呈45度角且与直臂平行。头部伸直，眼睛注视壶铃。重点是从腹肌到胸椎的运动。运动员将伸直的手臂肘部用力支撑在地面上，停顿一下。伸展该手臂，把手撑在地面上。屈膝的那条腿用力撑起，到髋关节伸展的位置。然后运动员将另一条腿从伸直位置移动到臀部下方屈膝位置（见图5.39a）。最终的姿势是半跪姿势，一侧膝盖着地，另一侧脚着地（见图5.39b）。

图5.39 土耳其起立：步骤3——起立到单膝跪地

土耳其起立：步骤4——完全起立

这是起立练习的最后一个步骤。此时基础已经打好，所以这个进程很容易。

运动员一只手臂伸直，手握壶铃；另一只手臂平放于地，呈45度角。持壶铃手同侧的膝盖屈起，脚平放于地。另一条腿伸直，呈45度角且与直臂平行。头部伸直，眼睛注视壶铃。重点是从腹肌到胸椎的运动。运动员将伸直的手臂肘部用力支撑在地面上，停顿一下。伸展该手臂，把手撑在地面上。运动员将屈膝的那条腿用力撑起，到髋关节伸展的位置。然后将另一条腿从伸直位置移动到臀部下方屈膝位置。最终的姿势是半跪姿势，一侧膝盖着地，另一侧脚着地。现在运动员从半跪姿势完全站立，同时保持手握壶铃的手臂伸直（见图5.40）。双眼看向头顶。

图5.40 土耳其起立：步骤4——完全起立

核心部位稳定性

核心部位稳定性练习通过诸如平板支撑和侧桥之类的练习方法来提升躯干中的肌肉耐受性。建立或重建躯干和下背部耐受性很重要。耐受性比力量更具有保护作用（Luoto et al，1995）。平板支撑和侧桥练习的各种变式和进程都包含在核心部位训练计划中。

平板支撑

平板支撑是在设定时间里保持一个姿势一动不动。在非赛季训练课程计划中，平板支撑进程是从第1期的基本姿势保持，到后面增加了手臂动作、腿动作、手臂和腿部交叉动作以及提拉动作。

平板支撑

准备

运动员双肘于肩前撑地，面朝下俯卧。头部位于中间位置，既不向上看，也不向下看。

动作

运动员呼气以使核心部位达到稳定，并从地面撑起身体（见图5.41）。努力收缩所有可能收缩的肌肉，保持身体稳定30秒。按照规定次数重复该动作。

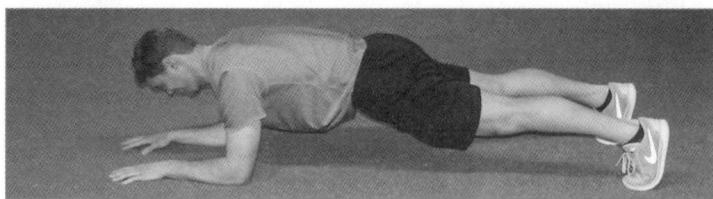

图5.41 平板支撑

平板支撑加单手举起

准备

运动员双肘于肩前撑地，面朝下俯卧。头部位于中间位置，既不向上看，也不向下看。

动作

运动员呼气以使核心部位达到稳定，并从地面撑起身体（见图5.42a）。保持平板支撑姿势，举起一只手臂，保持3秒（见图5.42b），返回起始位置，换另一只手臂重复该动作。关键点是身体要保持足够的稳定性，身上唯一的活动是手臂上下移动。每侧按照规定次数重复该动作。

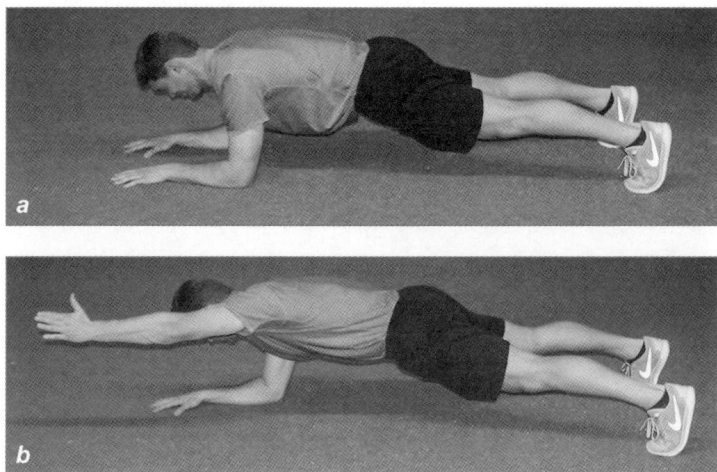

图5.42 平板支撑加单手举起

平板支撑加单腿抬起

准备

运动员双肘于肩前撑地，面朝下俯卧。头部位于中间位置，既不向上看，也不向下看。

动作

运动员呼气以使核心部位达到稳定，并从地面撑起身体（见图5.43a）。保持平板支撑姿势，一只脚朝向天花板抬离地面，保持3秒（见图5.43b），返回起始位置，换另一只脚重复该动作。抬脚时运动员需要保持足够的核心部位稳定性。每侧按照规定次数重复该动作。

图5.43 平板支撑加单腿抬起

平板支撑加手臂和腿交叉举起

准备

运动员双肘于肩前撑地，面朝下俯卧。头部位于中间位置，既不向上看，也不向下看。

动作

运动员呼气以使核心部位达到稳定，并从地面撑起身体（见图5.44a）。保持平板支撑姿势，运动员同时举起一条腿和对侧的手臂，保持3秒（见图5.44b），返回起始位置，换另一条腿和另一只手臂重复该动作。例如，如果右手臂举起，则左腿也要举起；如果左手臂举起，则右腿也要举起。关键点是身体要保持足够的稳定性，躯干唯一活动的部位是手臂和腿。每侧按照规定次数重复该动作。

图5.44 平板支撑加手臂和腿交叉举起

平板支撑加哑铃提拉

准备

运动员双臂伸直撑于肩膀下方，面朝下，类似俯卧撑姿势。头部处于中立位，既不向上看，也不向下看。双手各握一个哑铃（哑铃边缘是平的）。

动作

运动员呼气以使核心部位达到稳定，并从地面撑起身体（见图5.45a）。保持平板支撑姿势，运动员做一个哑铃提拉动作（见图5.45b），返回起始位置，换另一只手臂重复该动作。每侧按照规定次数重复该动作。

图5.45 平板支撑加哑铃提拉

侧桥

在本书中，侧桥作为一种核心部位的训练方式被广泛使用。保持这个姿势并配合核心肌肉力量可以让运动员获得稳定性，避免摔倒。通过深度呼气来激发深层腹肌，使胸腔下降。胸腔下降后，运动员要保持这个姿势，并将臀部抬离地面。在非赛季计划中，侧桥进程是从屈膝侧桥转变为腿部力量增加后由一侧支撑转到另一侧支撑，后者是一种更复杂的变式。

屈膝侧桥

准备

运动员侧身躺下，双腿一上一下叠在一起，膝盖弯曲成 90 度角（见图 5.46a）。

动作

运动员将臀部从地板上抬起，从膝盖一直到头部都处于一条直线上（见图 5.46b）。运动员呼气，保持这个动作 10 秒，然后臀部放松，落到地板上，休息几秒后重复该动作。每侧按照规定次数重复该动作。

图 5.46 屈膝侧桥

双腿重叠侧桥

准备

运动员侧身躺下，双腿一上一下叠在一起，保持伸直（见图 5.47a）。

动作

运动员将臀部从地板上抬起，从双脚一直到头部都处于一条直线上（见图 5.47b）。运动员呼气，保持这个动作 10 秒，然后臀部放松，落到地板上，休息几秒后重复该动作。每侧按照规定次数重复该动作。

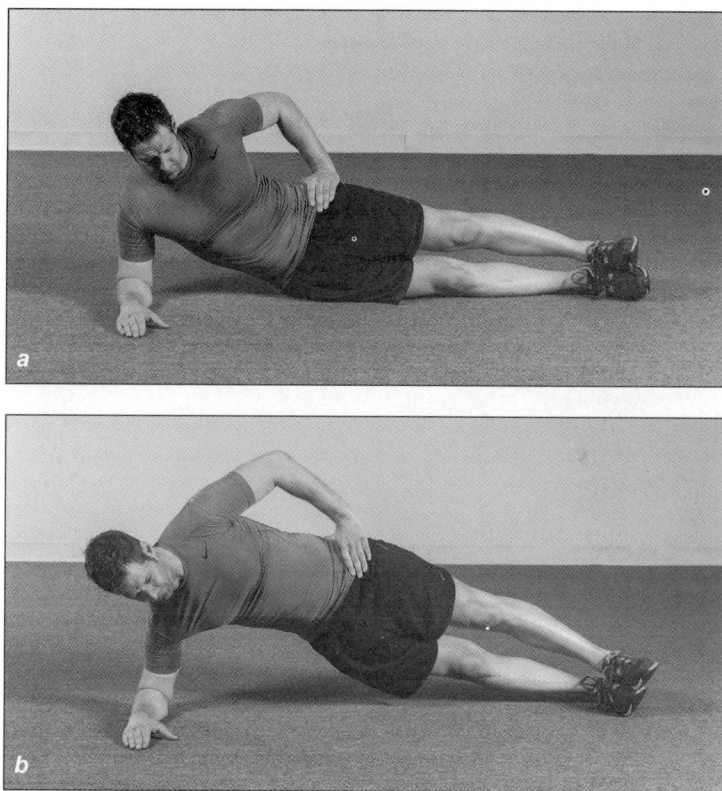

图 5.47 双腿重叠侧桥

交叉腿侧桥

准备

运动员侧身躺下，双腿一上一下交叉，双脚着地，保持伸直。

动作

运动员将臀部从地板上抬起，从双脚一直到头部都处于一条直线上。运动员呼气，保持这个动作10秒（见图5.48）。每次重复后，臀部都不要碰触地面。运动员从一侧前臂着地旋转到另一侧前臂着地，同时保持臀部离开地面，并旋转双脚使其改变位置。例如，当运动员面向左侧躺下时，右脚在前。当运动员面向右侧躺下时，左脚在前。每侧按照规定次数重复该动作。

图5.48　交叉腿侧桥

传统交叉腿侧桥

准备

运动员侧身躺下，双腿一上一下交叉，双脚着地，保持伸直。

动作

运动员将臀部从地板上抬起，从双脚一直到头部都处于一条直线上（见图5.49a）。运动员呼气，保持这个动作10秒后，臀部放松，落到地板上。然后运动员从一侧前臂着地旋转到另一侧前臂着地，同时保持臀部离开地面，并旋转双脚使其改变位置（见图5.49b和图5.49c）。例如，当运动员面向左侧躺下时，右脚在前。当运动员面向右侧躺下时，左脚在前。

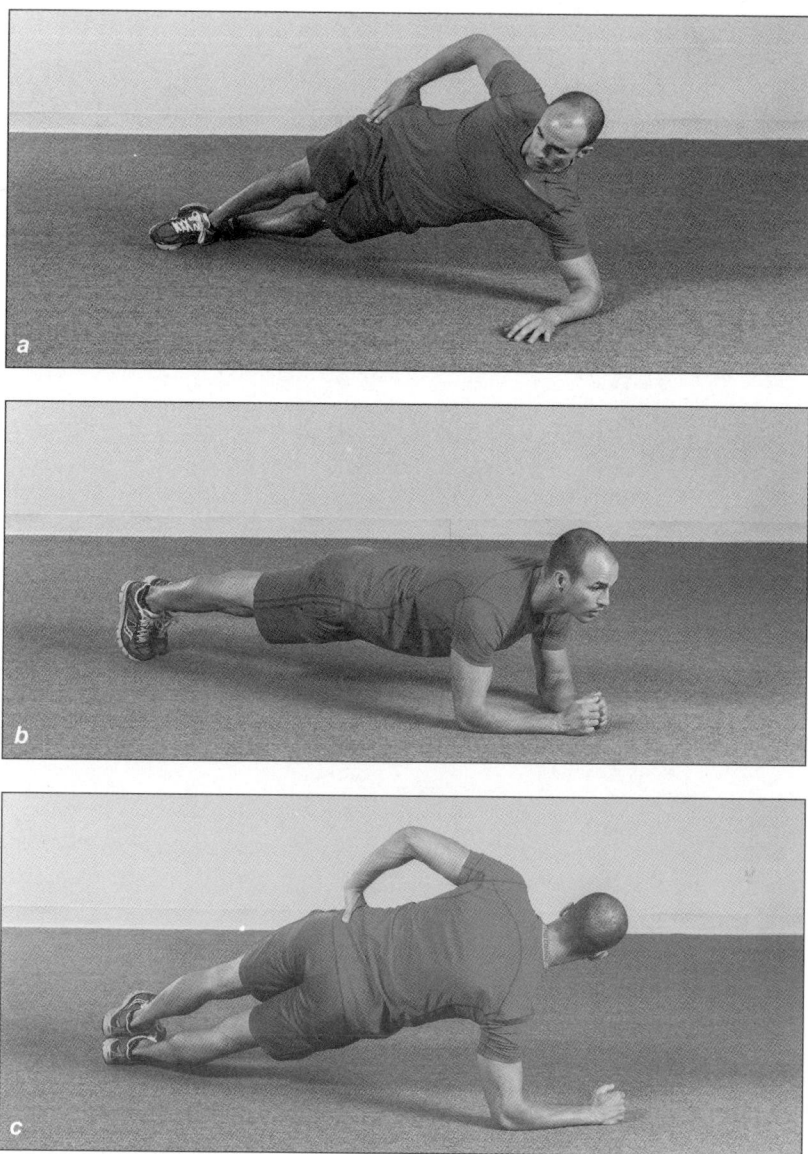

图5.49 传统交叉腿侧桥

核心部位爆发力

冰球射门是一种转体动作，不论是击射、抖腕射门还是传球。冰球运动员可以使用药球来训练更好地做出这些动作所需的爆发力。运动员通过快速伸缩复合训练来提高腿部爆发力。利用药球进行快速伸缩复合训练，可以帮助运动员提高躯干的爆发力。

运动员要尽全力投掷药球，就好像要在墙上砸出一个洞。投掷药球时只能使用混凝土墙。在选择合适尺寸和重量的药球时，要知道对着墙面投掷越重的药球能产生越大的力量。投掷训练并不推荐找个同伴一起进行，因为同伴难以猜测投掷的速度。

投掷药球时，重点不能只放在正手侧。事实上，反手侧动作也非常重要。它不仅能够提高反手力量，还能防止过度疲劳造成的伤害和单侧发力造成的潜在不对称性。另外，投掷动作还可以从头顶位置和胸前传球结合卧推动作来完成。

与本书中其他训练一样，投掷进程是从跪姿到站立。重点是维持站立姿势并使用髋部发力。运动员要在保持躯干稳定的同时，努力产生最大的力量和最快的速度。

在非赛季计划的第1阶段，药球训练要从跪姿开始。后面的3个阶段包括半跪姿、分腿姿和站立。

跪姿侧抛药球

准备

运动员采取跪姿，身体伸直，手持一个药球。

动作

运动员把球放到身体一侧以便发力（见图5.50a），把球投掷到墙上（见图5.50b）。接住返回的球，再次投掷。每侧按照规定次数重复该动作。

图5.50　跪姿侧抛药球

跪姿下抛药球

准备

运动员采取跪姿，身体伸直，双手将一个药球举过头顶（见图5.51a）。

动作

运动员利用全身发力，将球对着墙面向下投掷（见图5.51b）。允许药球从地面上弹起一次。然后接住返回的球再次投掷。按照规定次数重复该动作。

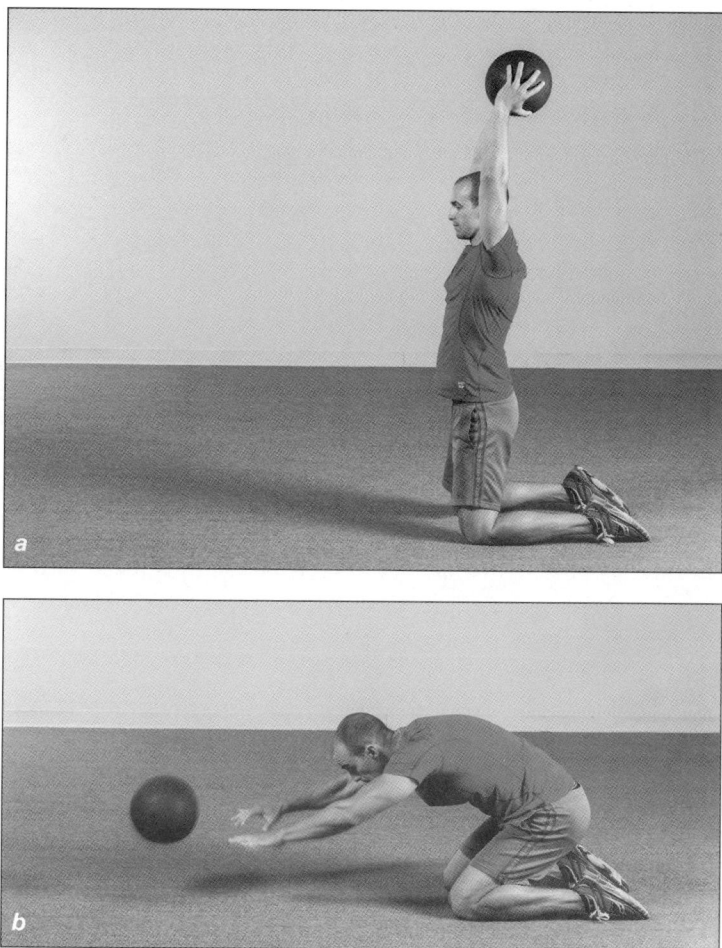

图5.51　跪姿下抛药球

弓步侧抛药球

准备

运动员与墙面垂直侧身半跪，内侧的膝盖抬起，外侧的膝盖着地。双手在着地膝盖一侧的臀部位置持球（见图5.52a）。

动作

保持身体伸直的同时，运动员转体并将球向墙面投砸（见图5.52b），然后接住弹回的药球，再次投掷。重点是保持身体伸直，发力，就好像要在墙上砸出一个洞。每侧按照规定次数重复该动作。

图5.52 弓步侧抛药球

弓步下抛药球

准备

运动员面对墙半跪，一侧膝盖抬起，另一侧着地。把球举过头顶（见图5.53a）。

动作

保持身体伸直的同时，运动员对着墙面向下投掷球（见图5.53b），允许球从地面弹起一次，然后接住弹回的球，再次投掷。重点是保持身体伸直，发力，就好像要在墙上砸出一个洞。每侧按照规定次数重复该动作。

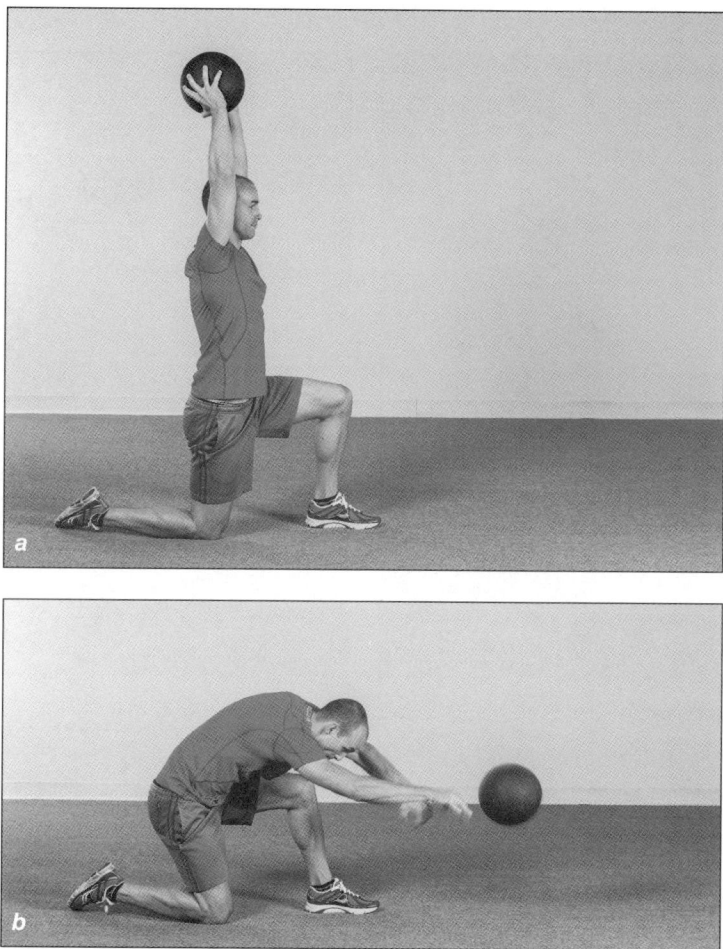

图5.53　弓步下抛药球

分腿侧抛药球

准备

运动员垂直于墙面侧立，内侧的脚向前伸出，外侧的脚向后。双手在对着墙一侧的臀部位置持球（见图5.54a）。

动作

运动员保持身体伸直的同时，转体并向墙面投掷球（见图5.54b），接住弹回的球，再次投掷。同样，重点是保持身体伸直，发力，就好像要在墙上砸出一个洞。每侧按照规定次数重复该动作。

图 5.54　分腿侧抛药球

分腿下抛药球

准备

运动员正对墙面，分腿站立，持球过头顶（见图 5.55a）。

动作

保持身体伸直的同时，运动员对着墙面向下投掷药球（见图 5.55b），允许球从地面弹起一次。然后接住弹回的球，再次投掷。重点是保持身体伸直，发力，就好像要在墙上砸出一个洞，同时避免下背部过度伸展。每侧按照规定次数重复该动作。

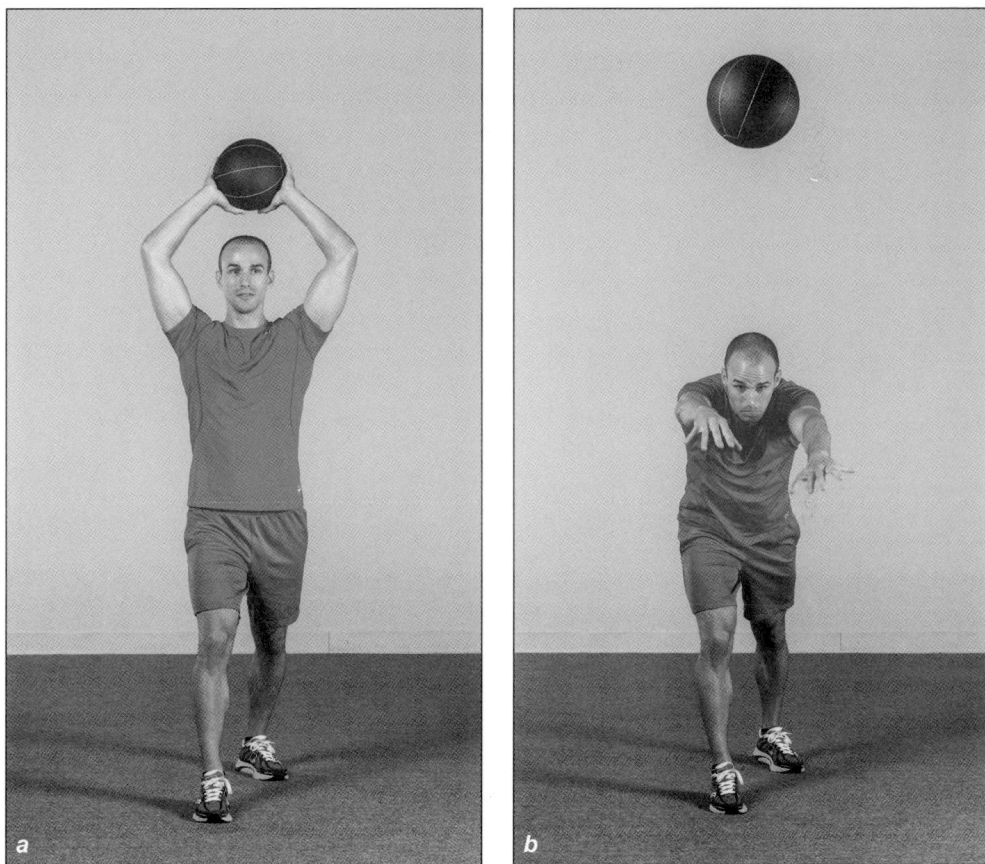

图 5.55 分腿下抛药球

站姿侧抛药球

准备

运动员垂直于墙面侧身站立，双脚分开略宽于肩，屈膝，臀部向后。双手在远离墙一侧的臀部位置持球（见图 5.56a）。

动作

运动员持球在胸前转体，髋部同时旋转。放开并尽最大力将球向墙面投掷（见图 5.56b）。然后接住弹回的球，再次旋转投掷。发力，就好像要在墙上砸出一个洞。每侧按照规定次数重复该动作。

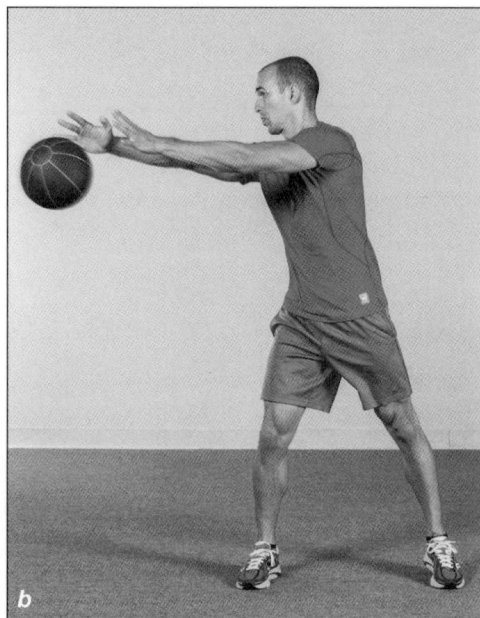

图 5.56　站姿侧抛药球

站姿下抛药球

准备

运动员面对墙站立，屈膝，臀部向后。双手持球过顶（见图5.57a）。

动作

运动员尽最大力对着墙面向下投掷药球（见图5.57b），同时保持躯干处于中间位置，并避免下背部过度伸展。接住弹回的球，再次投掷。每侧按照规定次数重复该动作。

图5.57　站姿下抛药球

站姿前推药球

准备

运动员以运动姿势面对墙站立。双手持球于胸前（见图 5.58a）。

动作

在保持身体伸直的同时，运动员将药球从胸前猛力推向墙面（见图 5.58b）。球撞击到墙后弹回，将球接住。手臂稍稍弯曲，然后再次把球猛推向墙。按照规定次数重复该动作。

图 5.58　站姿前推药球

第6章

力量和爆发力

　　冰球运动力量训练的方法非常简单，目的是帮助运动员变得更强壮以防止受伤和提高表现技能。进行力量和爆发力训练以满足整个赛季的体能消耗。就团队运动而言，在连续高强度比赛中，耐力是衡量一个球队是否优秀的标准。运动员保持良好的竞技状态是比赛获胜的基础。

　　全年都需要进行力量训练，只是根据阶段不同，训练的侧重点也不同，相同的是每次训练课都要努力让自己变得更强壮。

　　在非赛季，力量训练每周都将进行4天以上。很多练习都是设计好的，包括从非赛季开始到结束时要完成的多个进程。数量（组数 × 重复次数）、强度（杠铃上的重量、哑铃、壶铃等的重量）以及练习难度都会随着各个阶段的推进而变化。在赛季前期间，相对强度而言，练习数量会更受重视。目的是在更短的时间里完成更多的力量训练。而赛季中的训练则由一些数量较少的运动方式组成，重点是增加（某些情况下维持）训练强度。此阶段更强调基础力量练习，以优化在健身房里的训练时间。

自由重量训练 VS 组合器械训练

　　基于组合器械的力量训练练习能够提供稳定性，并且运动员以预定的模式完成练习包含的动作。例如，将坐姿前踢腿与颈前深蹲做对比。进行颈前深蹲时，杠铃置于运动员身体前侧的肩部。手臂将不得不放在合适的位置以便正确地握紧杠铃，有了杠铃在肩部的作用下，运动员仅仅站立就需要多个肌肉组等距收缩以维持稳定。随着运动员下蹲到大腿与地面平行的位置，更多的要求会施加到身体的多数肌肉组上以维持身体稳定，并使大腿肌肉更有效地工作。而在坐姿前踢腿练习中不会发生这些情况。还有一些其他的组合器械在如今的冰球运动员中很受欢迎。不过本书的计划并不赞成使用腿部拉伸、腿部弯曲、臂部复合训练和下拉动作等的组合器械训练。更多的是要利用自身体重进行训练，因为人体本身就是提供稳定性和力量的良好设备。

力量训练

　　在本书中，力量训练按照如下分类：全身训练、下肢训练、后链训练和上肢训练。

全身力量和爆发力

　　一些练习方式，例如奥林匹克举和壶铃甩摆，可用来提升全身力量和爆发力。这些练习需要众多肌群共同参与才能完成，这对于冰球运动员很重要，因为冰球运动并不是身体局部在运动。在参与运动时，人体需要协调各个肌肉一起工作。这些举重练习的目的是使人体的骨骼肌肉系统和神经系统能够同步以完成这些动作。

爆发式举重

　　传统奥运举重的各种变式是增强全身力量和爆发力的一种方法。一些举重例如膝上高翻、抓举和哑铃抓举等能够增强臀部和腿部爆发力。这些举重练习应用了奥运会举重比赛中常见的方法。奥运会举重运动员是世界上最有力量的运动员之一，冰球运动员可以从他们的训练方法中受益。不过，奥运会举重运动员是将杠铃从地面举起，而在本书介绍的训练方法中，冰球运动员是将杠铃从膝盖上方或悬挂位置举起。这个技巧会使该练习学起来更安全、更轻松，因为从地面上举起杠铃非常有技术性，可能存在受伤风险。而在悬挂位置，运动员胸部挺起，臀部向后，肩部在杠铃前面，手腕向上翻，运动员需要做的全部动作仅仅是跳起、耸肩和停顿。虽然做起来非常简单，但和其他训练一样，也必须经过专业的指导。奥林匹克举需要专门的体能教练进行监督。

优化休息时间

本书中，力量练习按照二重训练法、三重训练法、四重训练法进行。

二重训练法

二重训练法是指连续进行 2 项练习。这样做的目的是在短时间内完成更多的训练。例如，在传统的力量训练课程中，训练计划可能规定 1 项练习要进行 3 组，重复 10 次。这种情况下，运动员会先进行 1 组练习，休息几分钟，再重复 1 组。而配对后，运动员可以把组与组之间的休息时间利用起来，在进行下一组练习前的休息时间里进行另一项练习。运动员进行第 1 项练习的第 1 组，休息 1 分钟（除非该组比较复杂）；进行第 2 项练习的第 1 组，休息 1~2 分钟；再进行第 1 项练习的第 2 组。

三重训练法

三重训练法是指连续进行 3 项练习。运动员进行第 1 项练习的第 1 组，休息 1 分钟（除非该组比较复杂）；进行第 2 项练习的第 1 组，休息 1 分钟；进行第三项练习的第 1 组；休息 1~2 分钟再进行第 1 项练习的第 2 组。

四重训练法

四重训练法是连续进行四项练习。运动员进行第一项练习的第 1 组，休息 1 分钟（除非该组比较复杂）；进行第二项练习的第 1 组；休息 1 分钟；进行第三项练习的第 1 组；休息 1 分钟后，进行第四项练习的第 1 组，休息 1~2 分钟；再进行第一项练习的第 2 组。

膝上高翻

准备

运动员站立，双脚分开，与肩同宽，杠铃放在运动员稍前方。

动作

* 运动员从地面或平台上抬起杠铃（见图6.1a）。注意不要忽略正确的姿势。胸部必须挺起，背部平直，双膝弯曲，手臂伸直，杠铃尽可能接近胫骨。运动员在将杠铃从地面或平台上抬起时，要想象以双脚踩实地面为驱动力。

* 此时双脚在臀部下方，肩向后，运动员握紧杠铃，双手与肩同宽或略宽于肩，然后微微屈膝。将臀部后移，直到杠铃正好位于膝盖上方（见图6.1b）。

图6.1 膝上高翻

- 此时手腕翻转，胸部挺起，肩在杠铃前，运动员跳起，耸肩，停顿以使杠铃回到颈前深蹲、肘部向上的位置（见图 6.1c 和图 6.1d）。
- 运动员控制好杠铃，安全地让其返回膝盖上方位置。
- 按照规定次数重复该动作。

图6.1　膝上高翻（续）

膝上抓举

准备

　　运动员站立，双脚分开，与肩同宽。杠铃放在运动员稍前方。

动作

　　• 运动员从地面或平台上抬起杠铃（见图6.2a）。注意不要忽略正确的姿势。胸部必须挺起，背部平直，双膝弯曲，手臂伸直，杠铃尽可能接近胫骨。运动员在将杠铃从地面或平台上抬起时，要想象以双脚踩实地面提供驱动力。

　　• 此时双脚在臀部下方，肩向后，运动员握紧杠铃，双手与肩同宽或略宽于肩，然后微微屈膝。将臀部后移，直到杠铃正好位于膝盖上方（见图6.2b）。

图6.2　膝上抓举

- 此时手腕翻转，胸部挺起，肩膀在杠铃前，运动员跳起，耸肩，当双臂在头顶伸展时停顿（见图 6.2c 和图 6.2d）。
- 运动员控制好杠铃，安全地让其返回膝盖上方位置。
- 按照规定次数重复该动作。

图6.2 膝上抓举（续）

哑铃抓举

准备

运动员站立，双脚分开，与肩同宽。哑铃放在运动员稍前方双脚之间的位置。

动作

- 运动员从地面或平台上拿起哑铃（见图 6.3a）。注意不要忽略正确姿势。
- 此时双脚在臀部下方，肩向后，运动员手持哑铃，微微屈膝，然后臀部后移，直到哑铃位于双脚之间膝盖上方的位置。胸部必须挺起，背部平直，双膝弯曲，手臂伸直，哑铃尽量靠近双腿之间（见图 6.3b）。
- 此时手腕翻转，胸部挺起，肩在哑铃前，运动员跳起，耸肩，当手臂在头顶伸展时停顿（见图 6.3c）。
- 运动员控制好哑铃，安全地让其返回膝盖上方位置。
- 按照规定次数重复该动作。

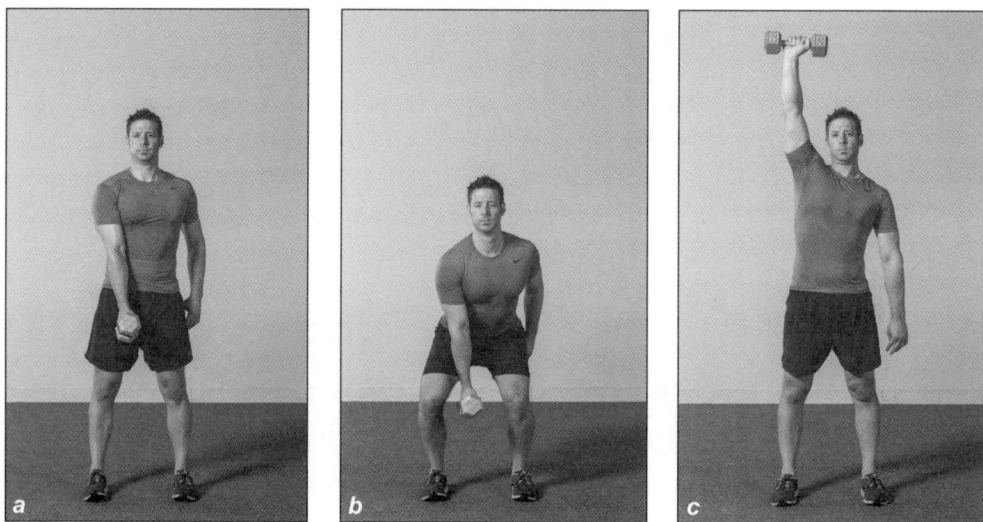

图6.3 哑铃抓举

杠铃复合训练

　　杠铃复合训练是包含 5 个独立练习的一个系列，按照循环模式（每个练习之间不休息）重复 6 次，做 3 组。在本书中，这个训练是规划在赛季前期间。运动员首先使用空杠铃进行这个复合训练。随着赛季前的推进，杠铃上可以增加一些重量。一旦运动员把杠铃从地面上抬起，就不要放回地面，直到完成最后一项练习的最后一次重复。

准备

　　运动员站立，双脚分开，与肩同宽。杠铃放在运动员稍前方。

动作

　　杠铃复合训练的 5 项练习的执行过程如下。

1. 杠铃高拉

- 运动员从地面或平台上抬起杠铃。注意不要忽略正确的姿势。胸部必须挺起，背部平直，双膝弯曲，手臂伸直，杠铃尽可能靠近胫骨。当把杠铃抬离地面或平台到达膝盖以上位置时，运动员要想象以双脚踩实地面以提供驱动力，臀部向后，胸部挺起，手臂伸直。

- 此时双脚在臀部下方，肩膀向后，运动员双手与肩同宽或略宽于肩，手持杠铃的同时，微微屈膝。然后臀部后移，直到杠铃位于膝盖上方位置（见图 6.4a）。

- 运动员将杠铃拉到下颌位置，同时伸展臀部以增强身体力量（见图 6.4b），然后让杠铃下降回到膝盖上方的位置。

- 重复该动作 6 次。

图6.4　杠铃复合训练：杠铃高拉

2. 膝上高抓

- 运动员保持杠铃恰好在膝盖上方的位置，确保双脚在臀部下方，肩向后，手持杠铃，双手与肩同宽或略宽于肩（见图 6.5a）。
- 此时手腕翻转，胸部挺起，肩膀在杠铃前，运动员将杠铃拉起，同时保持尽量靠近身体，耸肩，当双臂在头顶伸展时停顿（见图 6.5b）。
- 运动员控制好杠铃，将其安全地放下到膝盖上方的位置。
- 重复该动作 6 次。

图6.5 杠铃复合训练：膝上高抓

3. 早安式

- 运动员保持双脚分开，与肩同宽，将杠铃放到脑后，横停在肩膀上。双手抓紧杠铃，与肩同宽。肘部应该在杠铃下方（见图 6.6a）。

- 此时微微屈膝，胸部挺起，眼睛向上看，运动员向后推移臀部（见图 6.6b）。一旦腿筋肌肉有拉伸感，就回到起始位置。

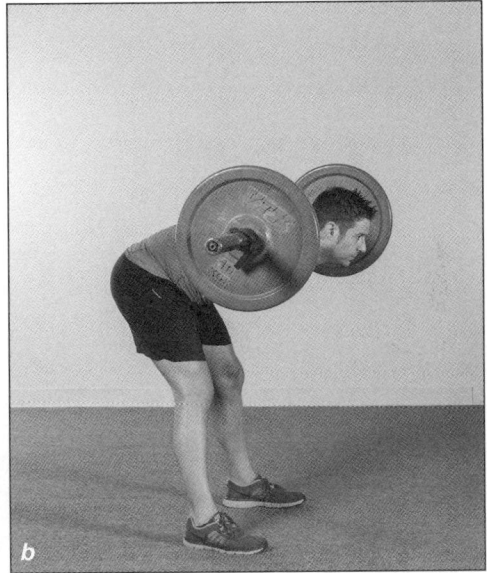

- 重复该动作 6 次。

图6.6　杠铃复合训练：早安式

4. 深蹲加推举

- 运动员调整姿势，双脚分开，与肩同宽，并略偏向两侧（见图6.7a）。以颈后深蹲姿态站立。

- 运动员深吸一口气，下蹲，同时保持臀部向后，重心移动到足跟上，肘部在杠铃正下方，双膝外伸不超过脚趾——双膝不能退回身体中线位置（见图6.7b）。当到达合适深度时，站起身呼气。

- 重复深蹲后，运动员将杠铃推举到头顶，双臂伸直（见图6.7c）。

- 让杠铃下降到起始位置，然后开始下次重复动作。

- 重复该动作6次。

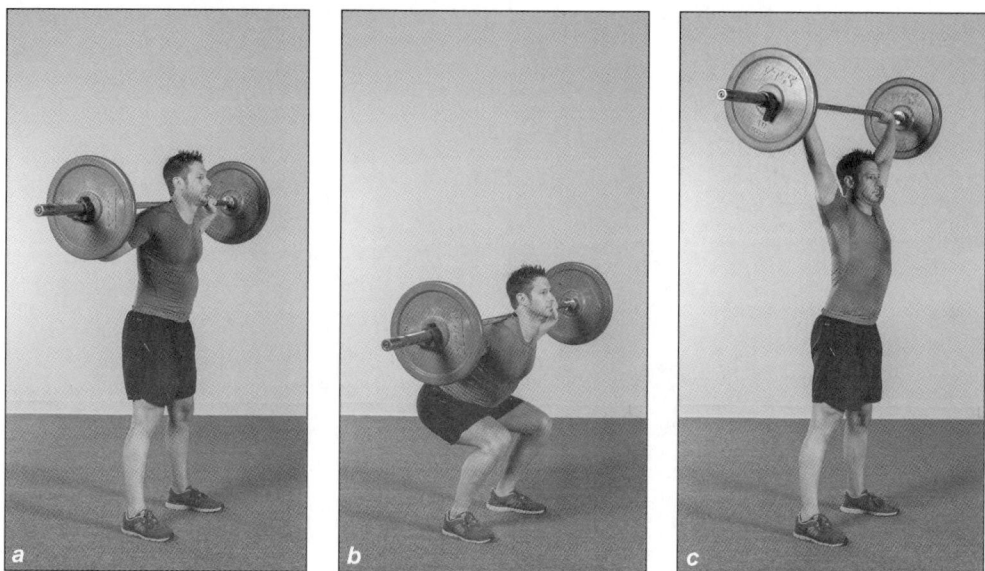

图6.7 杠铃复合训练：深蹲加推举

5. 俯身杠铃背拉

• 运动员屈髋使上身与地面平行。胸部挺起，背部平直，臀部向后，手持杠铃置于胸部下方，双臂伸直。

• 运动员把杠铃拉到胸部位置（见图6.8），然后控制好杠铃，下降。在这项练习中，正确的位置是成功的关键。身体唯一移动的部位是手臂，用于拉动杠铃。

• 重复该动作6次。

图6.8　杠铃复合训练：俯身杠铃背拉

甩摆

壶铃甩摆是爆发性举重训练的一个好方法。它是一种冲击式的举重，要求运动员运用身体后链的最大力量，通过正确的技巧来加速壶铃。冰球运动员在很长的时间里，脊柱、髋部、膝关节和踝关节都处于屈曲位。不论是在比赛中，坐在更衣室里，还是出行坐在飞机或巴士上，他们的身体总是处于一种屈曲状态。甩摆运动可以帮助他们更有效地实现髋部完全伸展，这样能使他们由于身体长时间屈曲而变得收缩的肌肉得到拉伸。

对于伸展髋部有困难的运动员来说，甩摆也是一种评估工具。那些看起来髋部不能伸展至允许其完成完整的壶铃甩摆动作的运动员，可以通过臀肌激活练习来纠正。臀肌激活练习结合髋部屈肌伸展运动可以使运动员在壶铃甩摆时有更好的表现。

当把甩摆作为一种爆发力练习时，本书推荐进行2~3组，每组重复8~10次。而对于受伤的或者还不能完全进行滑行的运动员，甩摆也可以用作体能训练方法。例如，一只手、手腕或一侧肩膀受伤的运动员。甩摆可以用一只或两只手臂来完成。用心率测试仪可以确保休息时间和冰球赛场上的时间类似。根据运动员自身情况和他在团队里的角色，当他的心率达到某个确定的值时，可以停下来恢复，然后再进行下一组甩摆。

壶铃甩摆

准备

运动员站立，双脚分开，与肩同宽。壶铃放置在运动员稍前方两脚之间的位置。

动作

- 运动员从地面上拿起壶铃。注意不要忽略正确的姿势。胸部必须挺起，背部平直，双膝弯曲，手臂伸直，双手握紧壶铃。
- 此时双脚在臀部下方，肩膀向后，运动员屈膝，同时手握壶铃。将臀部后移，直到壶铃可以在两个膝盖之间甩摆（见图 6.9a）。
- 双手握住壶铃，运动员股后肌群收缩，身体回到站立位置，且此时感觉壶铃仿佛飘浮在空中（见图 6.9b）。
- 运动员臀部再次后移，重复甩摆动作。
- 按照规定次数重复该动作。

图6.9 壶铃甩摆

单臂壶铃甩摆

准备

运动员站立，双脚分开，与肩同宽。一个壶铃放置在运动员稍前方两脚之间的位置。

动作

* 运动员从地面上拿起壶铃。注意不要忽略正确的姿势。胸部必须挺起，背部平直，双膝弯曲，手臂伸直，单手握紧壶铃。
* 此时双脚在臀部下方，肩膀向后，运动员屈膝，同时手握壶铃。将臀部后移，直到壶铃可以在两个膝盖之间甩摆（见图 6.10a）。
* 运动员股后肌群收缩，身体回到站立位置，且此时感觉壶铃仿佛飘浮在空中（见图 6.10b）。
* 运动员臀部再次后移，重复甩摆动作。
* 按照规定次数重复该动作。

图 6.10　单臂壶铃甩摆

双壶铃甩摆

准备

运动员站立，双脚分开，与肩同宽。两个壶铃靠在一起，放在运动员稍前方两脚之间的位置。

动作

- 运动员从地面上拿起壶铃。注意不要忽略正确的姿势。胸部必须挺起，背部平直，双膝弯曲，手臂伸直，双手各握一个壶铃。
- 此时双脚在臀部下方，肩膀向后，运动员屈膝，同时手握壶铃。将臀部后移，直到壶铃可以在两个膝盖之间甩摆（见图6.11a）。注意两个壶铃要同步，但不要互相碰撞。
- 运动员股后肌群收缩，身体回到站立位置，且此时感觉壶铃仿佛飘浮在空中（见图6.11b）。
- 运动员臀部再次后移，重复甩摆动作。
- 按照规定次数重复该动作。

图6.11 双壶铃甩摆

下肢力量和爆发力

提高腿部力量和爆发力应该是冰球运动中所有体能训练计划的终极目标。冰球运动员需要有强壮的双腿来提高表现能力，尤其是冰场上的速度。冰刀刀锋嵌入冰面的推力越大，滑行步伐就越有力量。更重要的是，双腿强壮能够防止膝关节和髋关节受伤，这两处关节在冰球运动中很容易受损伤。

高脚杯深蹲

高脚杯深蹲是一项引入了双腿蹲的非常好的练习，它在所有的冰球运动体能训练计划中都能看到。该练习可以使用壶铃或者哑铃。高脚杯深蹲动作非常容易掌握，很难出错，这对于团队训练来说是好事，并且高脚杯深蹲动作是进入深蹲训练的一个安全的方法，因为它不像颈前深蹲那样给脊柱很大的压力。

准备

运动员站立，双脚分开，与肩同宽，双手握紧一个壶铃（或哑铃）（见图6.12a）。

动作

保持胸部挺起，站立时，运动员深吸一口气，然后下蹲直到肘部碰触膝盖（见图6.12b）。然后站起来回到起始位置，同时呼气。按照规定次数重复该动作。

图6.12 高脚杯深蹲

颈前深蹲

双腿深蹲最主要的练习方法是颈前深蹲。从技术角度来看，我认为颈前深蹲比传统的颈后深蹲更好。当需要训练一大批运动员或者一个团队时，这很重要，并且全员必须具备整体的技术熟练度。肘部要抬高，这样躯干就会稳定，脊柱也会随之保持伸直，所以不会发生弯曲。即使是采用大开立姿势，下蹲深度也会做得很好，因为躯干的角度在下蹲过程中并不会改变。颈前深蹲的一个特点是不需要多少重量。这样可以不需要过度负荷而促进力量的提升。进行了一段时间的常规颈后深蹲训练的运动员应该尝试转换为颈前深蹲。

准备

运动员站立，双脚分开，略宽于肩，并略偏向两侧。杠铃置于肩部，肘部向上抬（见图6.13a）。

动作

运动员深吸一口气，下蹲，同时保持臀部向后，重心移到足跟上，肘部向上，双膝外伸不超过脚趾——膝盖不能退回身体中线位置（见图6.13b）。当到达合适深度时，站起身，同时呼气。按照规定次数重复该动作。

图6.13 颈前深蹲

杠铃片头顶深蹲

本书中杠铃片头顶深蹲是一项赛季前练习。这是以杠铃片（用于杠铃训练的杠铃片）为特色的循环训练的一部分。

准备

运动员站立，双脚分开，略宽于肩，并略偏向两侧。手臂伸直将杠铃片置于头顶上方（见图6.14a）。

动作

运动员深吸一口气，下蹲，同时保持臀部向后，重心移到足跟上，手臂伸直，双膝外伸不超过脚趾——膝盖不能退回身体中线位置（见图6.14b）。当到达合适深度时，站起身，同时呼气。按照规定次数重复该动作。

图6.14　杠铃片头顶深蹲

杠铃片头顶深蹲加三头肌屈伸

本书中杠铃片头顶深蹲加三头肌屈伸是一项赛季前练习。这是以杠铃片（用于杠铃训练的杠铃片）为特色的循环训练的一部分。

准备

运动员站立，双脚分开，略宽于肩，并略偏向两侧。将杠铃片置于头顶后面，手臂弯曲（见图6.15a）。

动作

运动员深吸一口气，下蹲，同时保持臀部向后，重心移到足跟上，手臂在头部后面弯曲，双膝外伸超过脚趾——膝盖不能退回身体中线位置（见图6.15b）。当到达合适深度时，站起身，同时呼气（见图6.15c），伸展手臂，将杠铃片置于头顶（见图6.15d）。然后弯曲手臂，开始下次重复动作。按照规定次数重复该动作。

图6.15 杠铃片头顶深蹲加三头肌屈伸

六角杆硬拉

六角杆硬拉是使用一个六角杆完成的。有些六角杆有高低两种手柄。手柄越低，练习起来越难。应该使用常规大小的杠铃片，因为杠铃片高度决定手柄离开地面的高度。六角杆硬拉是双侧硬拉的一种安全版本。它是一种混合型练习，既不是标准的硬拉，也不是深蹲，而是介于两者之间。

准备

运动员在六角杆的中心站立，双脚分开，与肩同宽，双手紧握手柄（见图6.16a）。

动作

此时双臂伸直，胸部挺起，目视前方，运动员紧握手柄，将六角杆拉离地面，重点是以双脚踩实地面提供驱动力。站起身（见图6.16b），控制好杆并放下来，再次重复该动作。按照规定次数重复该动作。

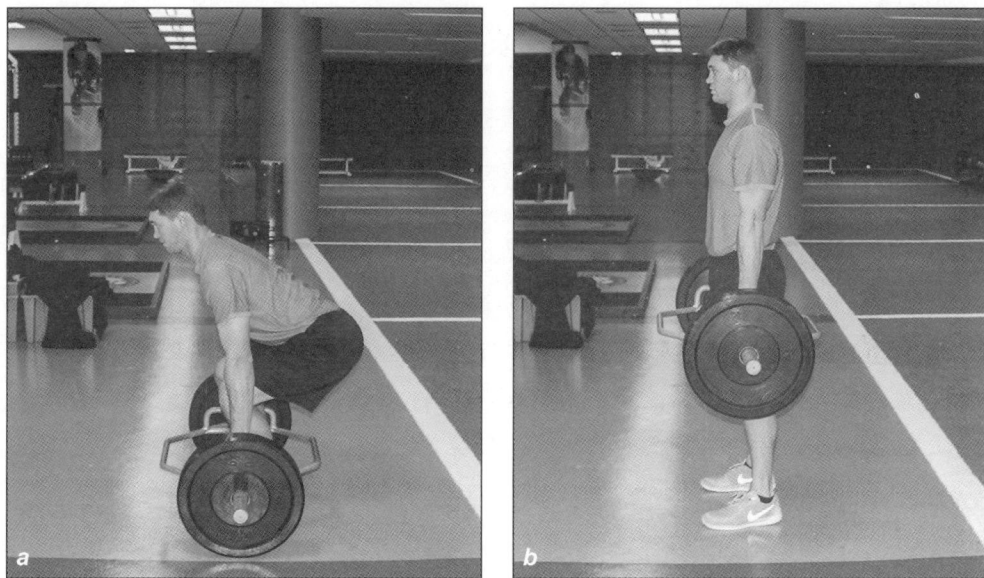

图6.16　六角杆硬拉

杠铃侧蹲

准备

运动员站立，双脚分开，宽于肩宽，处于一种间距宽而舒适的位置。杠铃停在背后，双手与肩同宽，肘部在杠铃下方。

动作

运动员向一侧深蹲，同时保持另一条腿伸直（见图 6.17）。深蹲过程中，另一侧腿部内收肌应有明显的拉伸感。两侧交替按照规定次数重复该动作。

图 6.17　杠铃侧蹲

分腿蹲

准备

运动员采取分腿站姿，一只脚在前，另一只脚在后，同时保持身体直立（见图 6.18a）。双手可以各持一个哑铃（或壶铃）。

动作

运动员的后侧腿的膝盖与地面接触（见图6.18b），然后回到起始位置。挺胸抬头目视前方。前侧腿的膝盖位于脚跟上方，持续设定的时间。如果运动员只是让后侧腿的膝盖着地，就可能不会关注前侧腿的姿势是否正确。每侧按照规定次数重复该动作。

图 6.18　分腿蹲

后脚抬高式分腿蹲

准备

运动员站立，双脚分开，与臀同宽，背后放一个高度为 12~14 英寸（30~35 厘米）的箱子。可以双手各持一个哑铃（或壶铃）。

动作

运动员一只脚向后大步跨出，将其放在箱子上面（见图 6.19a），后腿膝盖跪到地面上（见图 6.19b），然后返回起始位置。挺胸抬头目视前方。前腿膝盖位于前脚跟上方，持续设定的时间。如果运动员只是后腿膝盖简单地跪下，就可能不会关注前腿姿势是否正确。每侧按照规定次数重复该动作。

图6.19　后脚抬高式分腿蹲

单腿深蹲

准备

运动员站在一个箱子或平台上，双脚分开，与髋同宽，然后单腿支撑保持平衡（见图6.20a）。

动作

在单腿保持平衡的同时，运动员坐到下面一条腿的足跟上，同时抬起另一条腿，双臂伸直，与地面平行（见图6.20b）。支撑腿下蹲至大腿低于水平面时即可站起。这个动作对于年轻运动员来说很困难，它需要核心稳定性、灵活性（尤其髋关节和踝关节）和足够的力量。每侧按照规定次数重复该动作。

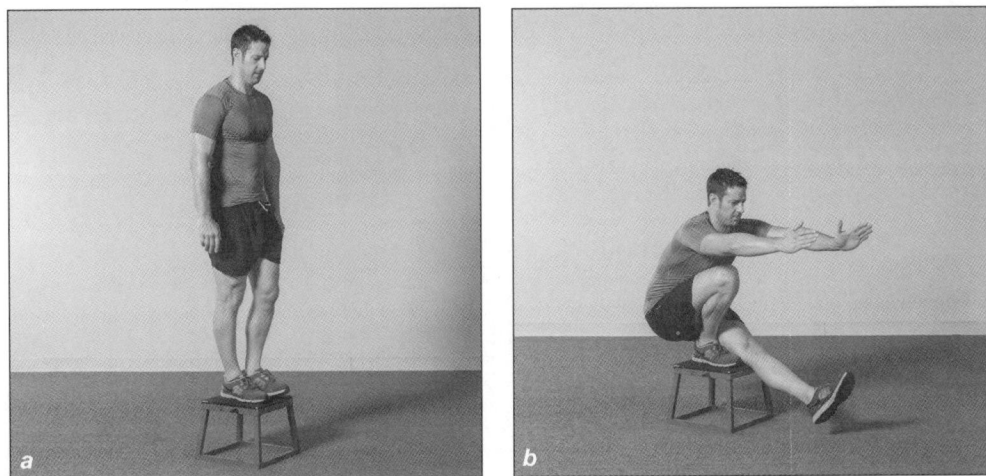

图6.20　单腿深蹲

单腿滑冰式深蹲

准备

运动员站立，双脚分开，与臀部同宽，然后单腿支撑保持平衡，双手各持一个哑铃（见图6.21a）。

动作

摆动腿向后撤步，重心下降，摆动腿让膝关节触地，胸部挺起，且膝盖触地的时候双臂抬高至与地面平行（见图6.21b）。每侧按照规定次数重复该动作。

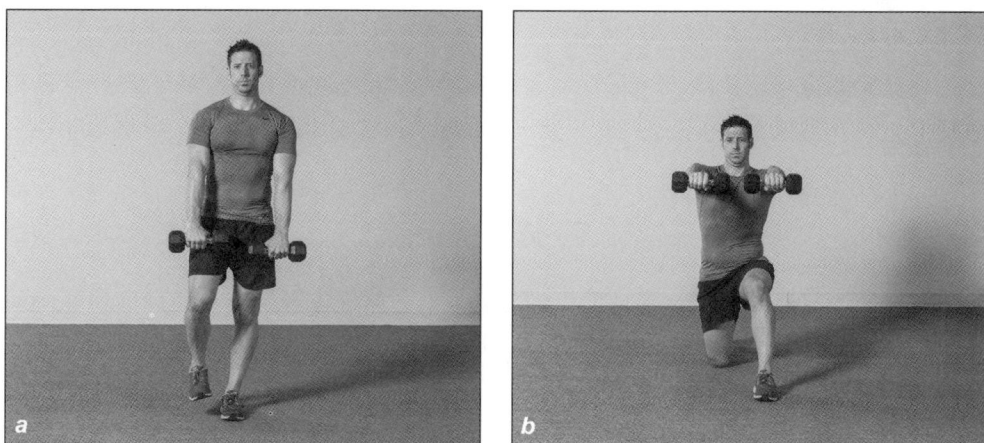

图6.21 单腿滑冰式深蹲

分腿颈前深蹲

准备

运动员站立，双脚分开，与髋同宽，同时将一个杠铃放到肩膀上，肘部向着身体中线位置抬起。

动作

运动员一只脚向后跨一大步，变成分腿姿势（见图 6.22a），后侧腿的膝盖下落到接触地面（见图 6.22b），然后返回起始位置。挺胸抬头，目视前方。前侧腿的膝盖位于前脚跟上方，持续设定的时间。如果运动员只是后侧腿膝盖简单地跪下，就可能不会关注前侧腿的姿势是否正确。每侧按照规定次数重复该动作。

图6.22 分腿颈前深蹲

滑板分腿蹲

滑板分腿蹲可以使用一个常规的滑板或 Valslide 来完成。这项练习与分腿蹲和后腿抬起式分腿蹲非常相似，只有一处不同，就是该练习中后面的一条腿是移动的，以使前面的膝盖弯曲。

准备

运动员一只脚踩在滑板前面的地面上，另一只脚穿上鞋套踩在滑板的顶端（如果在地毯上使用，踩在 Valslide 顶端）。可以将哑铃、壶铃或杠铃放到上背部位置作为外部阻力（见图 6.23a）。

动作

运动员后脚向后滑行，同时保持平衡（见图 6.23b）。保持躯干中立位、挺胸抬头，同时后脚返回起始位置。运动员应该想象使用前腿的股后肌群和臂肌将后腿拉到起始位置。每侧按照规定次数重复该动作。

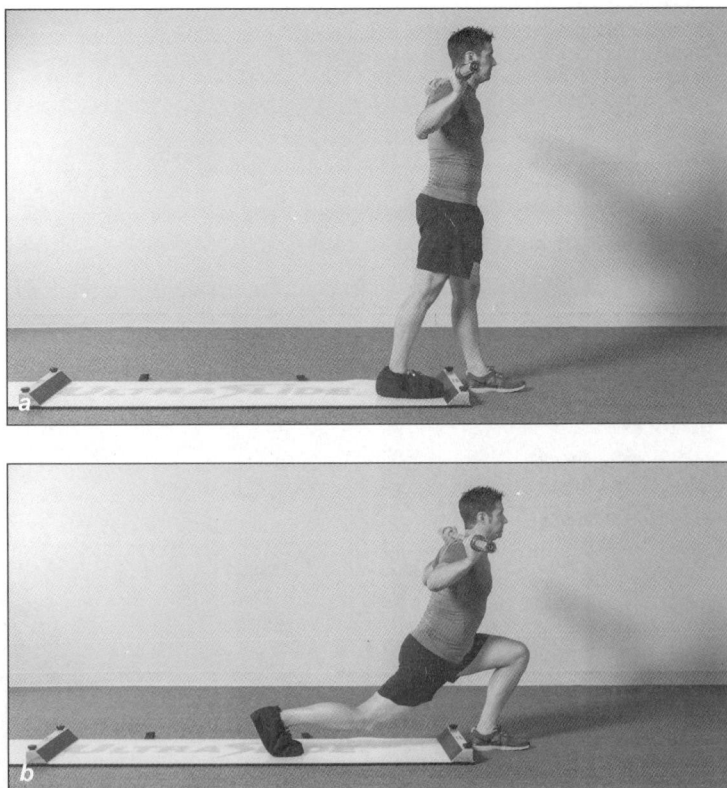

图 6.23　滑板分腿蹲

双腿交替弓步

双腿交替弓步是在赛季前期间的腿部循环训练中进行的。

准备

运动员躯干保持中立位站立，双脚分开，与髋同宽，双手抱头，挺胸抬头（见图6.24a）。

动作

运动员一条腿跨出一步（弓步），且该腿与膝盖成90度，后面一条腿膝盖几乎接触地面（见图6.24b）。前腿用力推离地面，返回起始位置（见图6.24c）。双腿交替，按照规定次数重复该动作（见图6.24d）。

图6.24 双腿交替弓步

上下台阶

上下台阶是在赛季前期间的腿部循环训练中进行的。

准备

运动员站在一个24英寸（约61厘米）的箱子或标准长凳后面。一只脚平放在箱子（或长凳）上，膝盖弯曲至少90度。运动员双手抱头，挺胸抬头（见图6.25a）。

动作

运动员上下台阶，使双腿都伸直，但开始在地面上的那条腿不接触箱子或长凳（见图6.25b）。返回起始位置。按照规定次数重复该动作，然后再换腿重复该动作。

图6.25　上下台阶

后链力量和爆发力

后链是描述身体背后从背部到膝盖之间肌肉的一个总体术语。在镜子里你看不到这些肌肉，但对于运动员，尤其是冰球运动员来说，它们非常重要——所以在本书中会频繁地锻炼这些肌肉。练习方法包括背部拉伸、直腿硬拉和屈腿进阶练习。壶铃甩摆也可以包含在后链练习类别中，但由于它们的核心动作是爆发性的，所以被分类到了爆发性练习中。

由于内收肌和股四头肌在冰球运动中往往会过度疲劳，所以冰球运动员需要加强股后肌群和臀大肌的力量，以促进髋关节和膝关节周围的肌肉平衡和关节完整性。这是必须进行的练习，特别是为了防止受伤。

背部拉伸

准备

运动员俯卧在背肌椅上，双腿伸直，髋关节和脚踝接触器械（见图6.26a）。

动作

运动员股后肌群、臀肌和背部肌肉收缩，上肢抬起与地面平行（见图6.26b）。保持这个姿势1秒，然后上肢返回起始位置，再重复该动作。按照规定次数重复该动作。

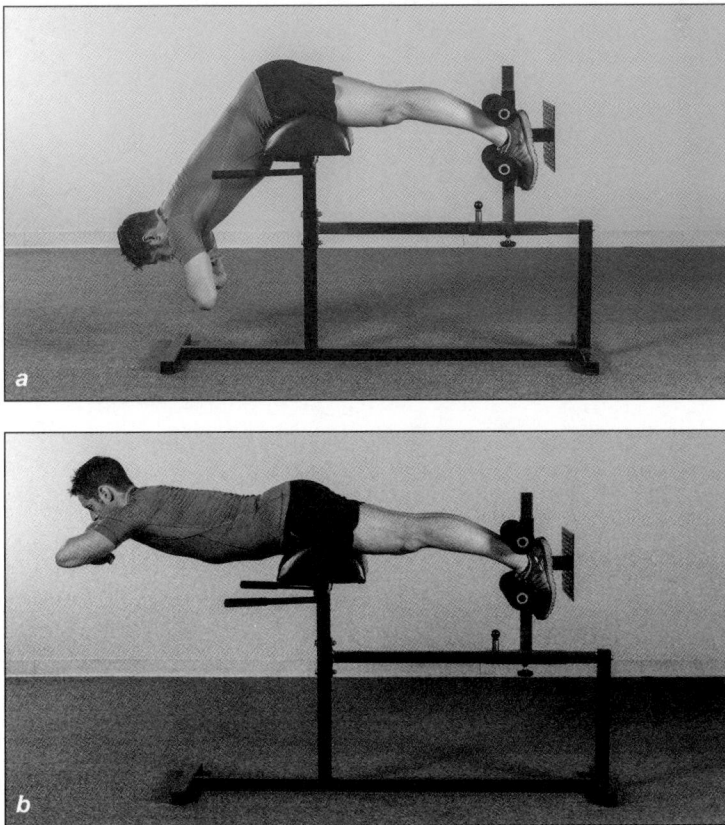

图6.26 背部拉伸

单腿单臂硬拉

准备

运动员单腿撑地保持平衡，膝盖微微弯曲，另一侧的手握一个哑铃（或壶铃）（见图 6.27a）。例如，左脚着地，则右手握着哑铃。

动作

运动员以髋关节为轴，身体前旋，同时保持胸部挺起，背部平直。让哑铃从着地的一条腿的前面滑卜去，直到该腿股后肌群有明显的拉伸感（见图 6.27b）。一旦感觉到拉伸，就返回起始位置，同时保持另一条腿离地。每侧按照规定次数重复该动作。

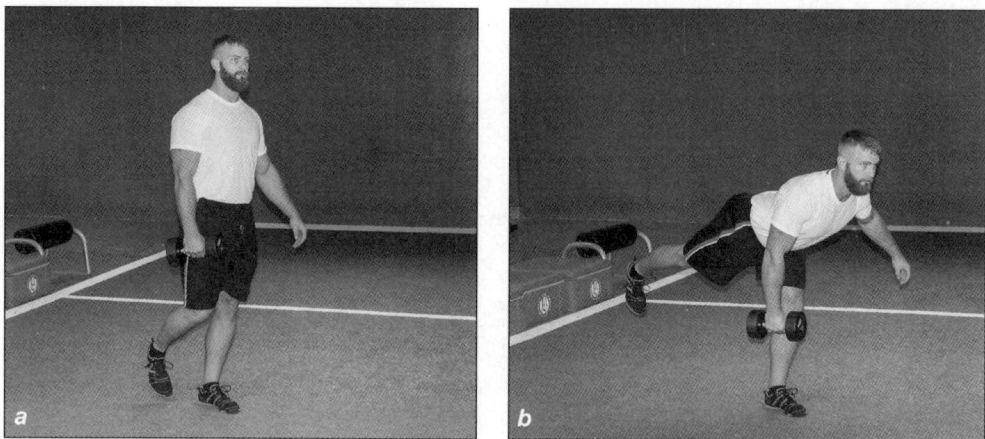

图 6.27 单腿单臂硬拉

单腿双臂硬拉

准备

运动员单腿撑地保持平衡，膝盖微微弯曲，双手各握一个哑铃（或壶铃）（见图 6.28a）。

动作

运动员以髋关节为轴，身体前旋，同时保持胸部挺起，背部平直。让哑铃从着地的一条腿的前面滑下去，直到该腿股后肌群有明显的拉伸感（见图 6.28b）。一旦感觉到拉伸，就返回起始位置，同时保持另一条腿离地。每侧按照规定次数重复该动作。

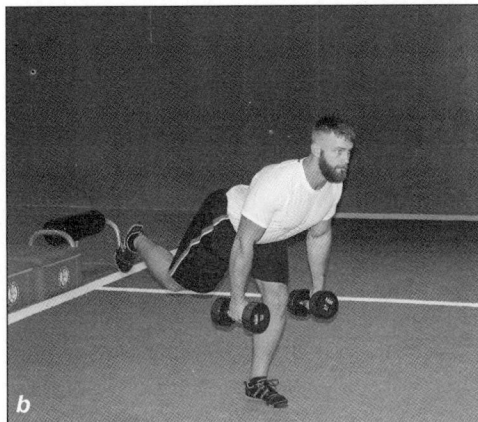

图 6.28　单腿双臂硬拉

双腿双臂硬拉

准备

运动员站立，双脚分开，与髋同宽，两个膝盖都微微弯曲，双手各握一个哑铃（或壶铃）（见图6.29a）。

动作

运动员以髋关节为轴，身体前旋，同时保持胸部挺起，背部平直。让哑铃从双腿前面滑下去，直到双腿股后肌群有明显的拉伸感（见图 6.29b）。一旦感觉到拉伸，就返回起始位置。每侧按照规定次数重复该动作。

图6.29　双腿双臂硬拉

瑞士球后勾

准备

运动员以仰卧姿势躺在地面上，双腿伸直，足跟放在瑞士球上（见图 6.30a）。

动作

运动员将臀部向天花板方向挺起，将瑞士球拉近，同时保持双脚踩在球上（见图 6.30b）。在保持臀部伸展的同时，将球滚回起始位置。进阶练习为单腿后勾，但是需要具备一定的力量基础后才能完成。按照规定次数重复该动作。

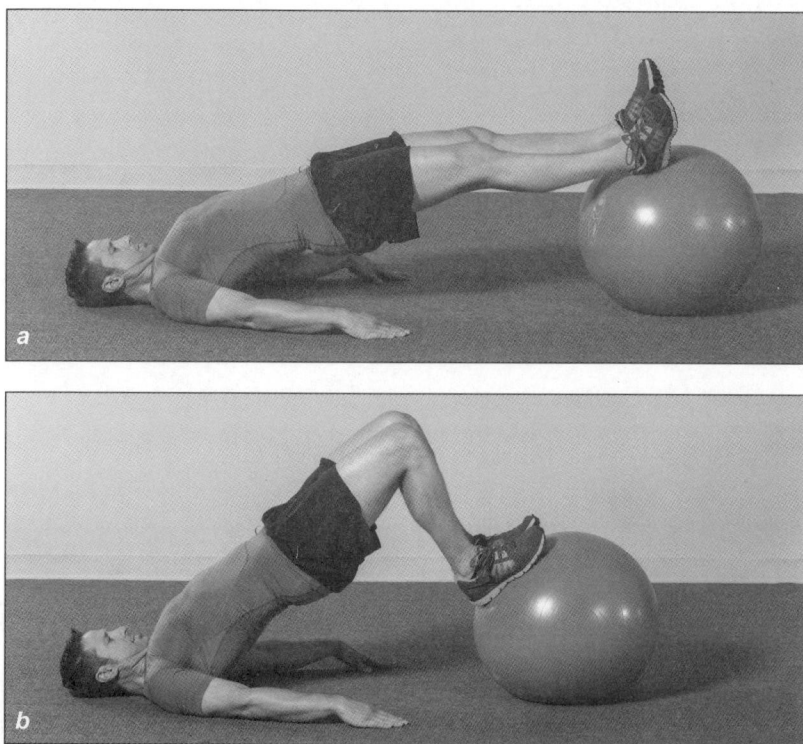

图6.30 瑞士球后勾

滑板后勾

准备

运动员背部着地躺下，双脚（穿上鞋套）踩在滑板顶部（见图6.31a）。

动作

此时双腿伸直，足跟放在滑板上，运动员将臀部向天花板方向挺起，将双腿拉近，同时保持臀部伸展（见图6.31b）。在保持臀部收紧的同时，控制好双腿并滑回起始位置。如果运动员不能保持臀部收紧的话，就让双脚的位置不变，只做髋关节屈伸练习。另外一种方法是髋关节放松，置于滑板上，只做膝关节屈伸练习。进阶练习为单腿后勾，但是需要有一定的力量基础后才能完成。按照规定次数重复该动作。

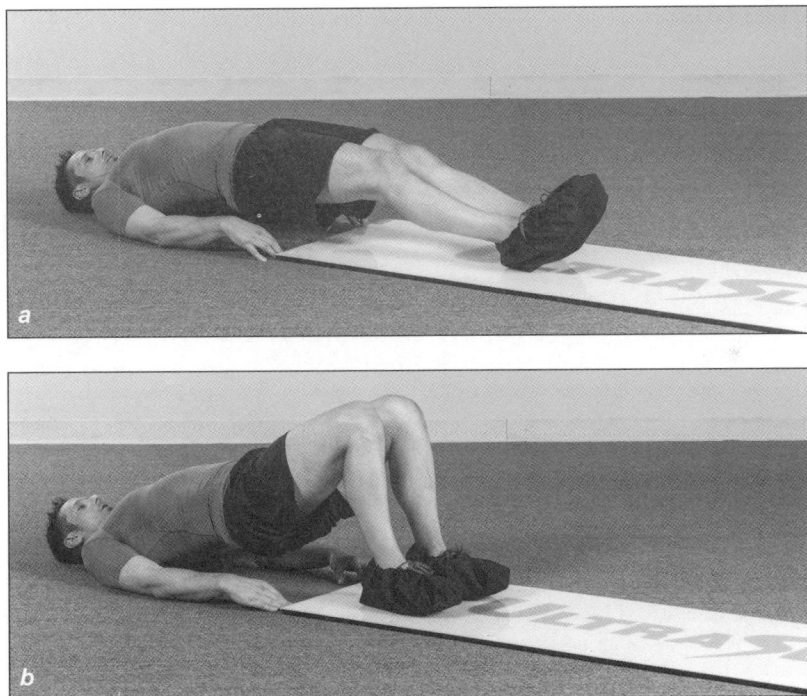

图6.31　滑板后勾

上半身力量和爆发力

尽管腿部力量对于所有冰球运动员来说都是头等重要的，但上半身力量也不容忽视。冰球是一个比赛各个阶段都有身体碰撞的体育运动。上半身力量训练计划能够减少受伤概率，提升表现能力。

引体向上

冰球运动员需要上背部力量。引体向上及其变形是使运动员快速变强壮的好方法。如果不能做好引体向上，说明上背部缺乏力量。上背部力量较弱的运动员更容易受伤，尤其是肩关节。强壮的肩关节对于像冰球这样身体接触型运动的运动员来说很重要。不进行（或者他们认为不能进行）引体向上练习的运动员经常会肩部受伤。

引体向上练习需要正确地完成才能有效。运动员开始时身体要完全伸展，向上拉伸使下颌超过横杠。然后控制好并下降到身体完全伸展，再进行下一次重复动作。

所有的变形都可以在有或者没有负荷的情况下进行，具体取决于运动员的力量。另外，那些不能完成引体向上的人通常是一些力量不足的年龄较小的运动员，可以根据自身情况使用一根弹力带。

正握引体向上

准备

运动员站立，横杠要足够高，使运动员能够自由悬挂。双手从正握的方式紧握手柄，间距宽于肩宽，开始时，双臂伸直（见图 6.32a）。

动作

运动员将自己向上拉升，直到下颌高于横杠或者双手，同时保持身体直立（见图 6.32b）。按照规定次数重复该动作。

图6.32 正握引体向上

反握引体向上

准备

运动员站立，横杠要足够高，使运动员能够自由悬挂。反手紧握手柄，开始时，双臂伸直（见图6.33a）。

动作

运动员将自己向上拉升，直到下颌高于横杠或者双手，同时保持身体直立（见图6.33b）。按照规定次数重复该动作。

图6.33　反握引体向上

平握引体向上

准备

运动员站立，横杠要足够高，使运动员能够自由悬挂。双手紧握手柄且彼此相对，开始时，双臂伸直（见图6.34a）。

动作

运动员将自己向上拉升，直到下颌高于横杠或者双手，同时保持身体直立（见图 6.34b）。按照规定次数重复该动作。

图6.34　平握引体向上

正反握引体向上

准备

运动员站立，横杠要足够高，使运动员能够自由悬挂。双手紧握手柄，一手正向，一手反向（见图 6.35a）。双手间距与肩同宽。开始时双臂伸直。

动作

运动员将自己向上拉升，直到下颌高于横杠或者双手，同时保持身体直立（见图 6.35b）。这个练习对冰球运动员很有用，除了选择如何握紧手柄外，还可以加强较弱一侧手臂的力量。按照规定次数重复该动作，然后两手变换握法。

图6.35　正反握引体向上

卧拉

引体向上属于立式拉伸类，而卧拉属于卧式拉伸类。卧拉是一项非常好的练习，因为它与仰卧推举直接相对，这意味着经常做仰卧推举而没有做足够拉伸练习的运动员可以通过此练习纠正肌肉的不平衡。大部分年龄较小的运动员都是属于推举练习太多而拉伸练习不足的类型。

仰卧背拉

准备

横杠设置在卧推高度。运动员采取仰卧姿势，双手正向紧握横杠，双腿伸直，两脚并拢（见图6.36a）。运动员需要使用臀肌和腹肌来保持这种姿势，身体从头部到脚趾都在一条直线上。运动员可以使用不同的握杆手势来进行这个练习的变式练习。对于那些觉得这个练习太容易的运动员，可以在杠铃前面的地板上放一条长凳，这样可以把双脚放在上面来增加练习难度。仰卧背拉还可以使用悬吊训练带来进行，这可以在大肌肉（如背阔肌）发挥作用之前，更多地锻炼稳定肌。

动作

双脚放在地面或长凳上，臀部收紧，运动员将自己拉起，直到胸部接触到横杠（见图6.36b），然后控制好身体，下落到起始位置。按照规定次数重复该动作。

图6.36 仰卧背拉

站姿提拉

准备

运动员以运动姿势站立，挺胸抬头，目视前方。手持杠铃片放在髋部位置，双手抓住杠铃片顶部（见图 6.37a）。

动作

运动员将杠铃片拉到下颌位置（见图 6.37b），然后让其下落到髋部位置，同时保持身体伸直且直立。按照规定次数重复该动作。

图 6.37 站姿提拉

"锯式"背拉

准备

胸部挺起，背部平直，臀部向后，运动员将一只手放在一个长凳上，同时另一只手抓着一个哑铃（见图6.38a）。

动作

运动员将哑铃上拉到同一侧臀部的位置（见图6.38b），然后控制好身体并放下哑铃。正确的位置是该练习成功的重点。身体唯一活动的部位是拉伸哑铃的手臂。每侧按照规定次数重复该动作。

图6.38 "锯式"背拉

站姿"锯式"背拉

准备

胸部挺起，背部平直，臀部向后，运动员手抓一个杠铃片（见图6.39a）。

动作

运动员将杠铃片上拉到同一侧臀部位置（见图6.39b），然后控制好身体并放下杠铃片。合适的位置是该练习成功的重点。身体唯一活动的部位是拉伸杠铃片的手臂。每侧按照规定次数重复该动作。

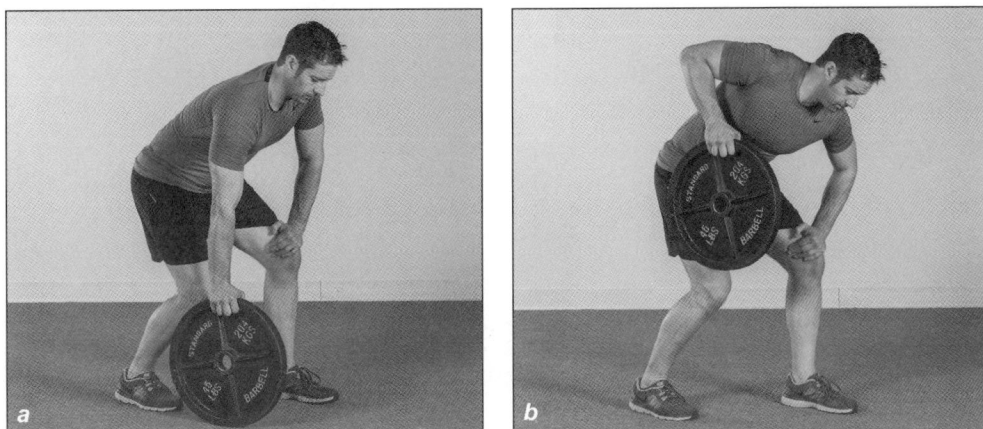

图6.39　站姿"锯式"背拉

肩锁"锯式"背拉

准备

胸部挺起，背部平直，臀部向后，运动员将一只手放在一个长凳上，同时另一只手抓着一个哑铃（见图 6.40a）。

动作

运动员将哑铃上拉到胸部旁边，保持上臂靠近身侧（见图6.40b），然后控制好身体并放下哑铃。合适的位置是该练习成功的重点。与"锯式"背拉不同的是肩关节、锁骨关节增大幅度，身体唯一活动的部位是拉伸哑铃的手臂。每侧按照规定次数重复该动作。

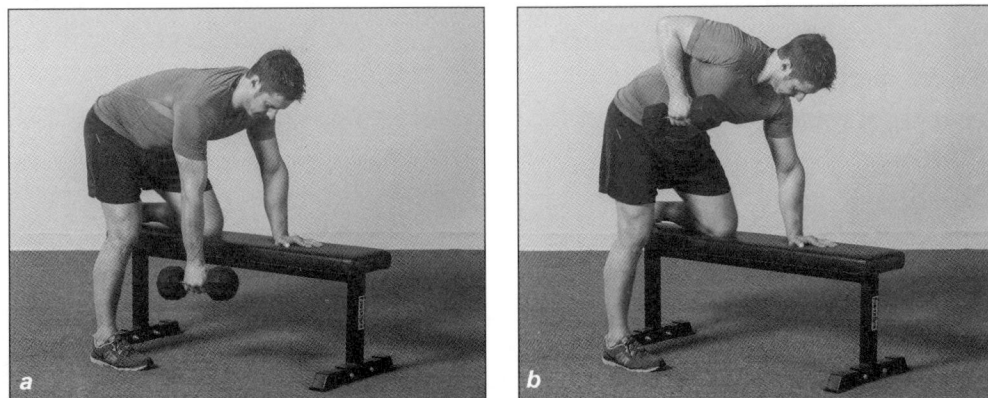

图6.40　肩锁"锯式"背拉

单臂缆绳背拉

准备

　　运动员以运动姿势站立，站在无轨迹训练器前，胸部挺起，臀部向后，双膝微微弯曲，单手抓紧手柄（见图6.41a）。手柄应设置在最靠近地面的位置。

动作

　　保持躯干中立位，胸部挺起的同时，运动员将手柄上拉到胸腔位置（见图6.41b），然后让手柄返回起始位置。每侧按照规定次数重复该动作。

图6.41　单臂缆绳背拉

单臂单腿缆绳背拉

准备

运动员以运动姿势单腿站立，站在无轨迹训练器前，胸部挺起，臀部向后，一只膝盖微微弯曲，抬起的一条腿同侧单手抓紧手柄（见图 6.42a）。手柄应设置在最靠近地面的位置。

动作

运动员将手柄上拉到胸腔位置（见图 6.42b），例如，如果左脚离地，则用左手将手柄上拉到左侧胸腔位置。每侧按照规定次数重复该动作。

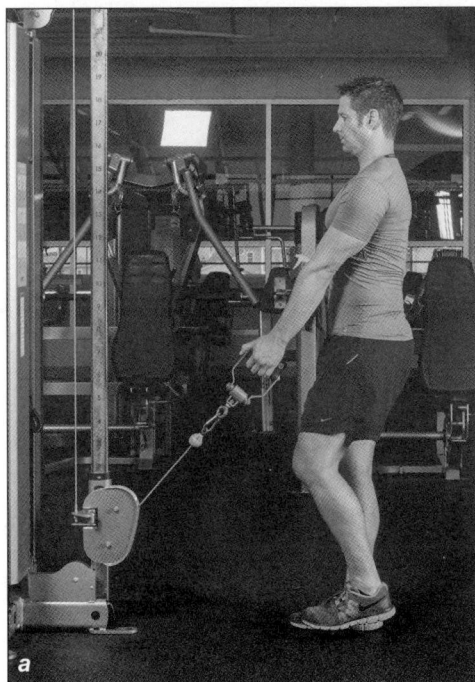

图 6.42 单臂单腿缆绳背拉

推举

当有人想起上肢推的力量练习时，杠铃卧推立刻会出现在脑海里。如今，在所有的健身房和体育馆里，杠铃卧推可能是最流行的锻炼方式。你下次去大型商业体育馆的时候，可以数一数有多少平式和下斜式杠铃卧推架，并比较一下有多少个深蹲架。或者哪天数一数并比较一下有多少人在卧推，多少人在深蹲。

杠铃卧推是提高上肢围度、增强推力的一项非常好的练习，且容易操作。你只需要背部朝下躺下，将杠铃从胸部推举到一个锁定的位置，这并不难。然而，与其他的复合练习相比，杠铃卧推中发挥作用的肌肉组很少。此外，它所锻炼的肌肉组都是每天镜子里能够看到的。有些运动员对在海滩上秀身材比在比赛中提高表现能力更有兴趣。结果，年轻的运动员在健身房里面都不进行更复杂的练习，例如颈前深蹲、直腿硬拉和引体向上。他们并不锻炼在镜子里看不到的肌肉，例如上下背部肌肉、臀肌和股后肌群。

本书建议在非赛季和赛季中都要进行一周一次的仰卧推举练习。它与上肢的很多其他练习一起进行，包括上肢背拉练习，以防止身体力量的不平衡。引体向上、反握引体向上、仰卧背拉和哑铃背拉都可以提高上肢力量，并保持上肢结构平衡。

一天结束的时候，如果一个运动员没有进行足够的背拉练习，而且在他的训练中杠铃卧推是第一位的，那么他就不要再做杠铃卧推了。判断一名运动员有没有完成足够的背拉练习，只需要把背拉练习的组别和重复次数加起来，与推举练习的组别和次数的总数做一个比较。如果运动员推举练习做得比背拉练习多，那么他可能会面临肩关节问题。

卧式推举

卧式推举是一个合理的上肢力量训练计划的重要组成部分。推举力量对于运动员提供阻挡、抵抗身体碰撞和将对方运动员从球门前赶走来说非常重要。

与哑铃练习不同，卧式推举（俯卧撑除外）的变式包括以下类型。

• 单臂推举。指的是整组练习只用一只手臂。这个变式适用于那些一只手、手臂或一侧肩关节受伤的运动员。

• 双臂交替推举。指的是整组练习中使用两只手臂，但是单独交替使用。当一只手臂推举时，另一只手臂在起始位置，维持稳定。

杠铃卧推

准备

运动员面朝上躺在一个长凳上，双臂在头顶伸直，且正手握着杠铃，双手分开，略宽于肩宽（见图 6.43a）。头部、肩部和臀部的背面都在长凳上，且双脚始终停留在地面上。

动作

运动员让杠铃下落，使其触及胸部（见图 6.43b），然后推举起来，返回起始位置。按照规定次数重复该动作。

图6.43 杠铃卧推

下斜式杠铃卧推

准备

运动员仰卧在倾斜45度角的长凳上，双臂在头顶伸直，且正握着杠铃，双手分开，略宽于肩宽（见图 6.44a）。头部、肩膀和臀部的背面都在长凳上，且双脚始终停留在地面上。

动作

运动员让杠铃下落，使其触及胸部（见图 6.44b），然后向上推举至最高点，返回起始位置。按照规定次数重复该动作。

图6.44　下斜式杠铃卧推

哑铃卧推

准备

运动员仰卧在长凳上，双手伸直，各握一个哑铃（见图6.45a）。头部、肩部的背面和臀部都在长凳上，且双脚始终停留在地面上。哑铃比杠铃允许更大的运动范围，从而加强诸如肩袖肌肉组的稳定肌。

动作

运动员将哑铃下放，使其触及胸部（见图6.45b），然后向上推举至最高点，返回起始位置。按照规定次数重复该动作。

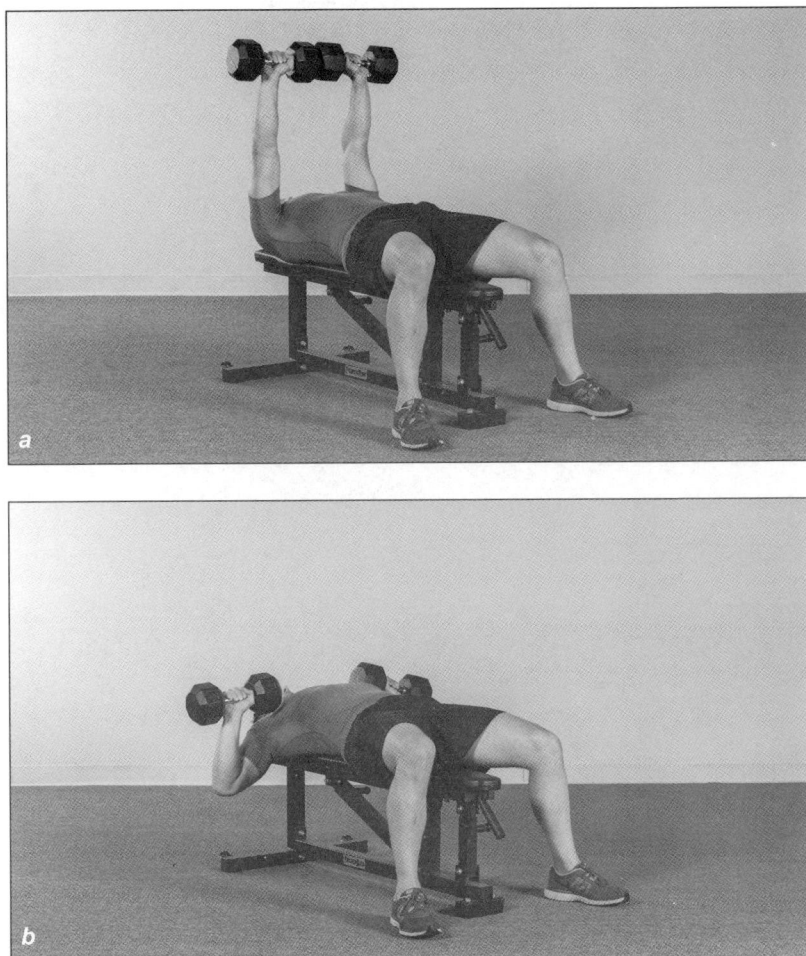

图6.45　哑铃卧推

单臂哑铃卧推

准备

运动员仰卧在长凳上，手持一个哑铃举起且垂直于地面（见图 6.46a）。头部、肩膀的背面和臀部都在长凳上，且双脚始终停留在地面上。

动作

运动员将哑铃下放，使其触及胸部（见图 6.46b），然后向上推举至最高点，返回起始位置。每侧按照规定次数重复该动作。

图 6.46　单臂哑铃卧推

哑铃下斜式卧推

准备

运动员仰卧在倾斜 45 度角的长凳上，双手于肩部上方各握一个哑铃（见图 6.47a）。头部、肩部的背面和臀部都在长凳上，且双脚始终停留在地面上。

动作

运动员将哑铃下放，使其触及胸部（见图 6.47b），然后向上推举至最高点，返回起始位置。按照规定次数重复该动作。

图 6.47　哑铃下斜式卧推

俯卧撑

俯卧撑是一项超级好的练习，不过人们经常做错，尤其是年轻的冰球团队和运动员。与其他的卧式推举不同的是，俯卧撑需要整个身体参与。要正确地进行俯卧撑练习，需要良好的核心力量和稳定性。

准备

运动员采取俯卧姿势，双脚并拢，臀部肌肉收缩，核心部位发力，且头部处于中间位置。双手应该在肩正下方，双臂伸直（见图6.48a）。

动作

运动员将胸部下落，直到鼻子触及地面，同时保持整个身体处于平板式姿势，臀部没有任何抬起或下垂（见图6.48b）。在维持伸直姿势的同时，将身体向上推离地面，返回起始位置。按照规定次数重复该动作。

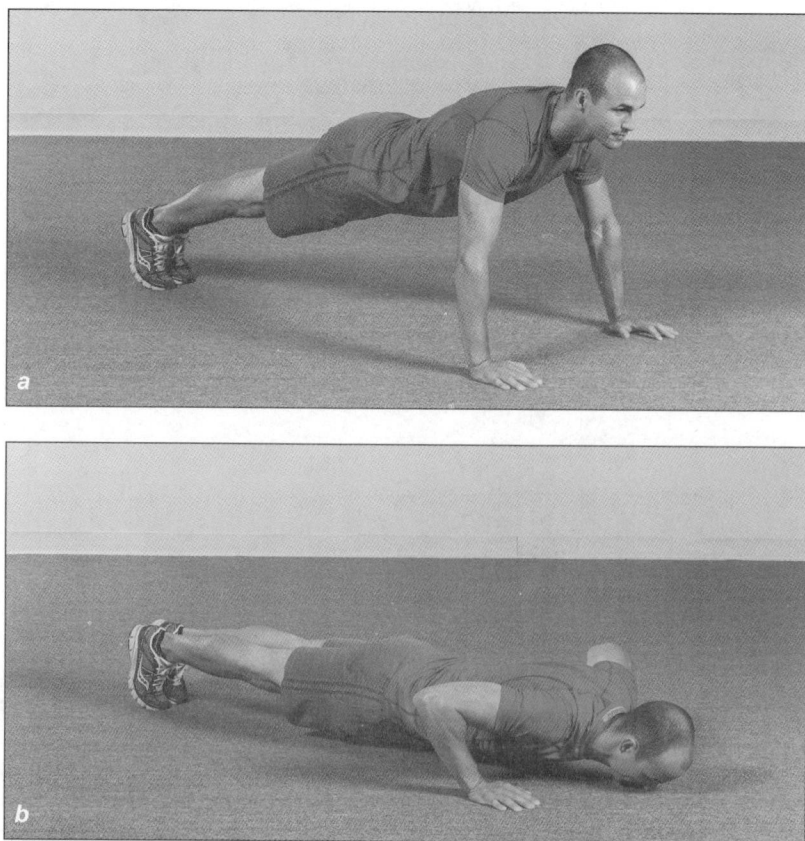

图6.48　俯卧撑

错位俯卧撑

准备

运动员采取俯卧姿势，双脚并拢，臀部肌肉收缩，核心部位发力，且头部处于中间位置。一只手位于肩部位置，而另一只手位于臀部位置（见图 6.49a）。

动作

运动员将胸部下落，直到鼻子触及地面，同时保持整个身体处于平板式姿势，臀部没有任何抬起或下垂（见图 6.49b）。在维持伸直姿势的同时，将身体向上推离地面，返回起始位置。按照规定次数重复该动作。

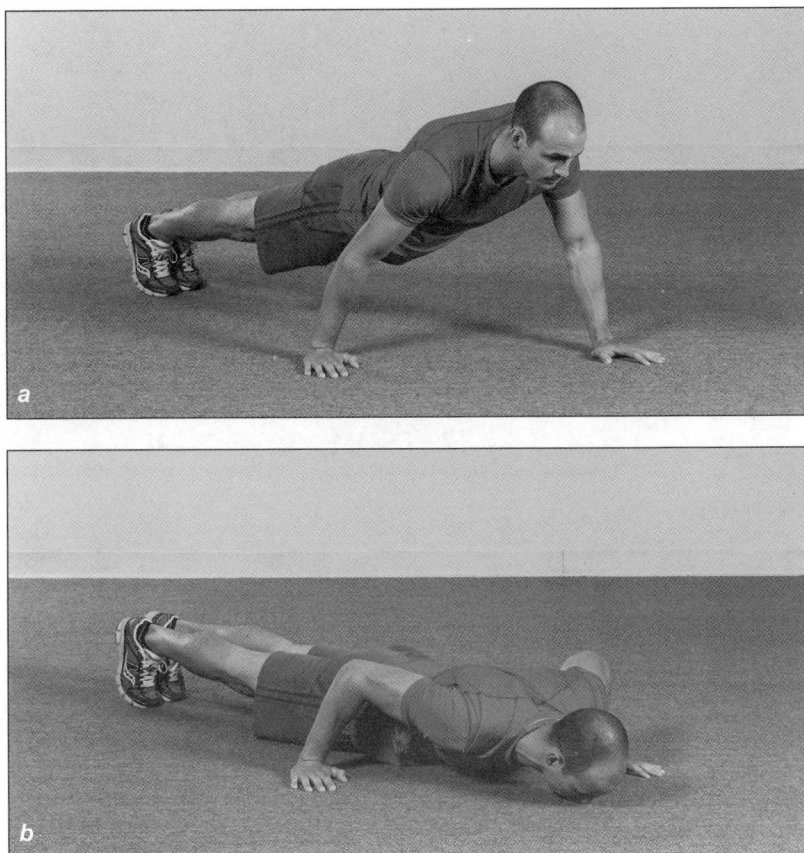

图6.49 错位俯卧撑

立式推举

　　立式推举是推举锻炼的另一个不同类别。在卧式推举练习中，运动员躺在一个长凳上或者保持下斜姿势（俯卧撑）来完成动作。而在立式推举中，运动员在所有练习变形中都需要保持身体伸直。这样可以产生不同的锻炼效果，因为在推举前，整个身体都要参与进来以提供稳定性。

跪姿哑铃肩上推举

准备

　　运动员双膝跪地，双手各持一个哑铃，双臂于身前伸直（见图 6.50a）。

动作

　　臀部收缩，核心部位发力，运动员将哑铃弯举到肩的位置（见图6.50b），手腕翻转（见图6.50c），然后将哑铃推举到头顶位置（见图6.50d）。在下次重复前，运动员先将哑铃下降到肩部位置（这一点很重要），再到手臂伸展位置。按照规定次数重复该动作。

图6.50　跪姿哑铃肩上推举

跪姿壶铃单臂推举

准备

运动员双膝跪地，手持一个壶铃在肩膀位置，肘部向一侧略弯（见图6.51a）。

动作

在保持跪姿、身体伸直的同时，臀部收缩，核心部位发力，运动员将壶铃推举到头顶位置（见图6.51b），然后肘部返回弯曲位置。对运动员来说，每次从肘部舒适的弯曲位置开始发力是非常重要的，要将壶铃保持在与耳朵一致的位置，不要靠前。每侧按照规定次数重复该动作。

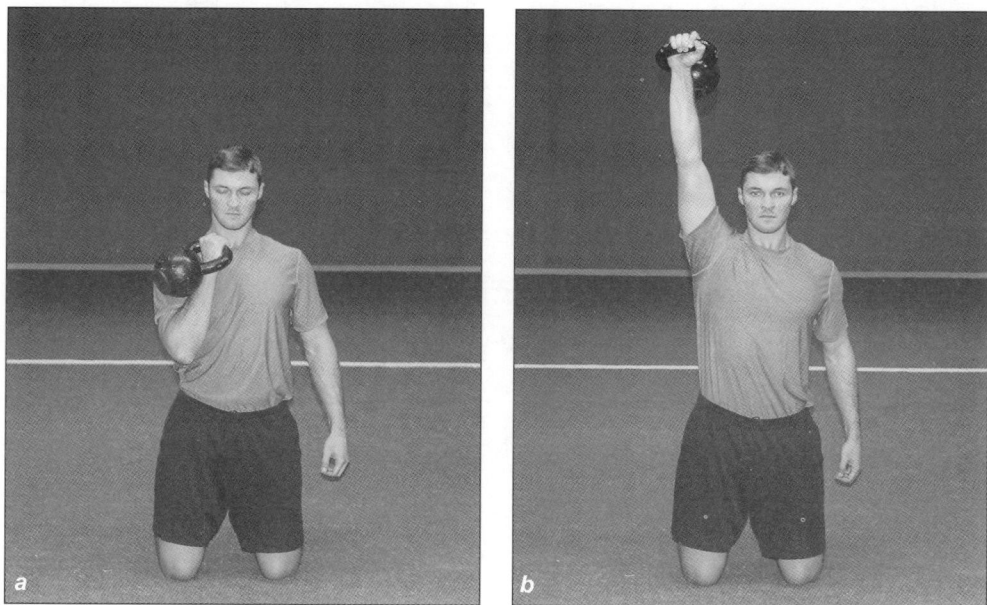

图6.51 跪姿壶铃单臂推举

跪撑壶铃单臂推举

准备

单膝跪地，另一侧脚向前，运动员手持一个壶铃放在肩部位置，肘部向一侧略弯（见图 6.52a）。壶铃与跪地的膝盖在同一侧。

动作

运动员将壶铃推举到头顶位置（见图6.52b），然后肘部返回弯曲位置。对运动员来说，每次从肘部舒适的弯曲位置开始发力是非常重要的，要将壶铃保持在与耳朵一致的位置，不要靠前。每侧按照规定次数重复该动作。

图6.52　跪撑壶铃单臂推举

跪撑哑铃肩上推举

准备

单膝跪地,另一侧脚向前,运动员双手各持一个哑铃放在肩部位置(见图6.53a)。

动作

运动员将哑铃推举到头顶位置（ 见图6.53b ），然后双臂返回起始位置。动作是举起和返回。按照规定次数重复该动作。

图6.53 跪撑哑铃肩上推举

站姿单臂壶铃推举

准备

运动员站立，手持一个壶铃放在肩部位置（见图6.54a）。

动作

臀部收缩，核心部位发力，运动员将壶铃推举到头顶位置（见图6.54b），然后双臂返回到弯曲位置。对运动员来说，每次从肘部舒适的弯曲位置开始是非常重要的，要将壶铃保持在与耳朵一致的位置，不要靠前。每侧按照规定次数重复该动作。

图6.54 站姿单臂壶铃推举

站姿哑铃肩上交替推举

准备

运动员站立，双手各持一个哑铃放在肩部位置（见图 6.55a）。

动作

臀部收缩，核心部位发力，一次只用一只手臂，双臂互相交替，运动员将哑铃推举到头顶位置（见图 6.55b），然后返回起始位置（见图 6.55c）。动作是举起和返回（见图 6.55d）。按照规定次数重复该动作。

图 6.55　站姿哑铃肩上交替推举

站姿哑铃肩上推举

准备

运动员站立，双手各持一个哑铃放在臀部位置，掌心朝外（见图6.56a）。

动作

臀部收缩，核心部位发力，运动员将两个哑铃弯举到肩部位置（见图6.56b）。双手反转（见图6.56c），将哑铃推举到头顶位置，直到双臂伸直（见图6.56d）。然后将哑铃下降到肩部位置，再返回起始位置，之后开始卜次重复动作。按照规定次数重复该动作。

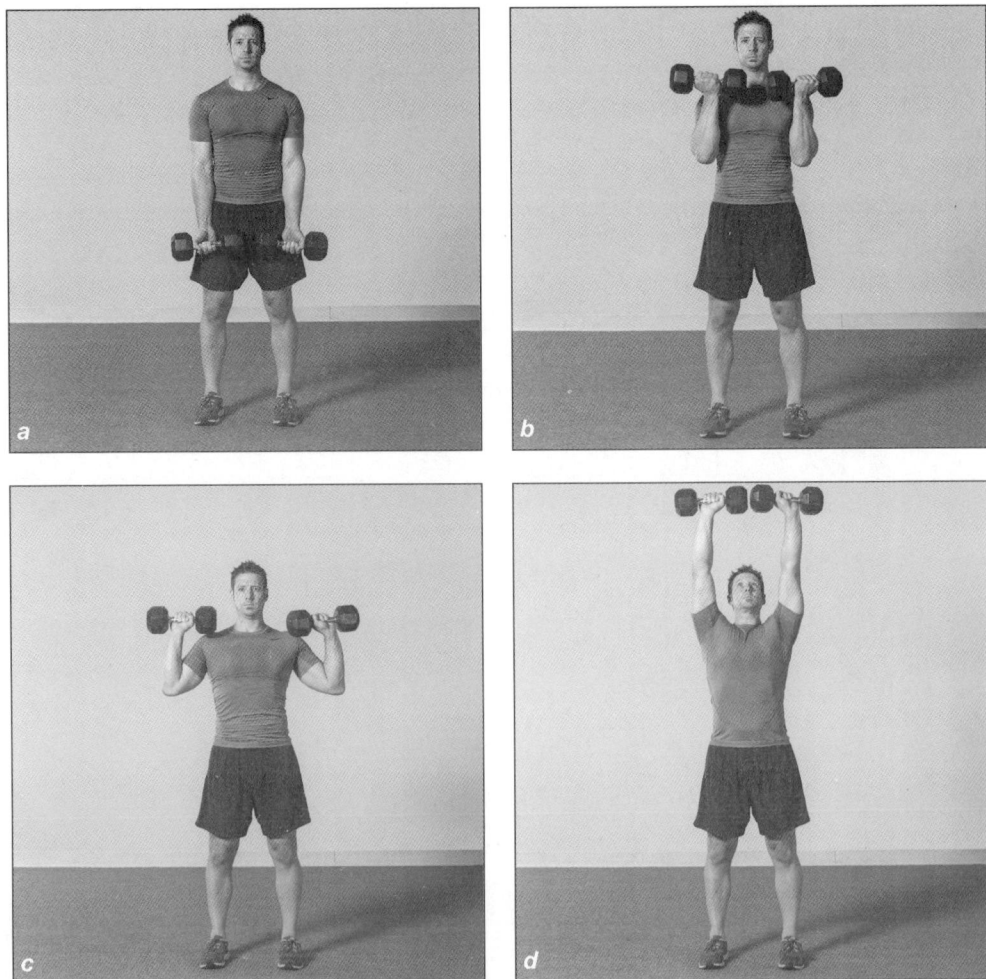

图6.56　站姿哑铃肩上推举

站姿哑铃肩上交替推举

准备

运动员站立，双手各持一个哑铃放在臀部位置（见图6.57a）。

动作

臀部收缩，核心部位发力，一次只用一只手臂，双臂互相交替，运动员将一个哑铃推举到头顶位置（见图6.57b），再返回肩部位置，同时伸展另一只手臂，做一个手臂弯举动作（见图6.57c）。此时，双手都在起始位置。然后运动员双手交替做相反的动作（见图6.57d）。例如，如果左手刚做过推举动作，则现在做弯举动作，而另一只手做推举动作。每侧按照规定次数重复该动作。

图6.57 站姿哑铃肩上交替推举

仰卧哑铃肱三头肌弯举

准备

运动员面朝上躺在一个长凳上，同时双手各握一个哑铃，手臂伸直过头顶（见图 6.58a）。

动作

运动员双臂弯曲到肘部，同时保持上臂处于稳定位置（见图 6.58b）。一旦肱三头肌有明显拉伸感，运动员就将手臂伸展到起始位置。按照规定次数重复该动作。

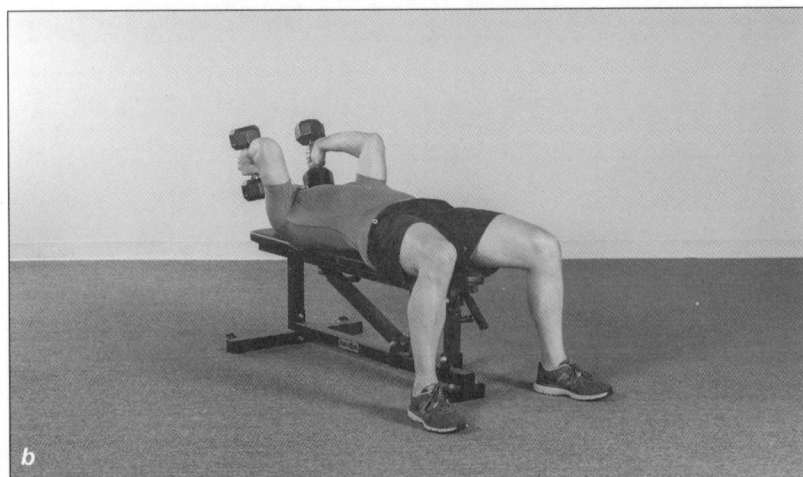

图 6.58 仰卧哑铃肱三头肌弯举

仰卧哑铃上拉

准备

运动员面朝上躺在一个长凳上，同时双手各握一个哑铃，手臂伸直过头顶（见图 6.59a）。

动作

运动员双臂伸直，手撑哑铃，以肩关节为轴，双臂下落至头顶位置，过程中保持脊柱中立位，且双臂伸直（见图 6.59b）。一旦运动员背阔肌有明显拉伸感，就伸展手臂返回起始位置。按照规定次数重复该动作。

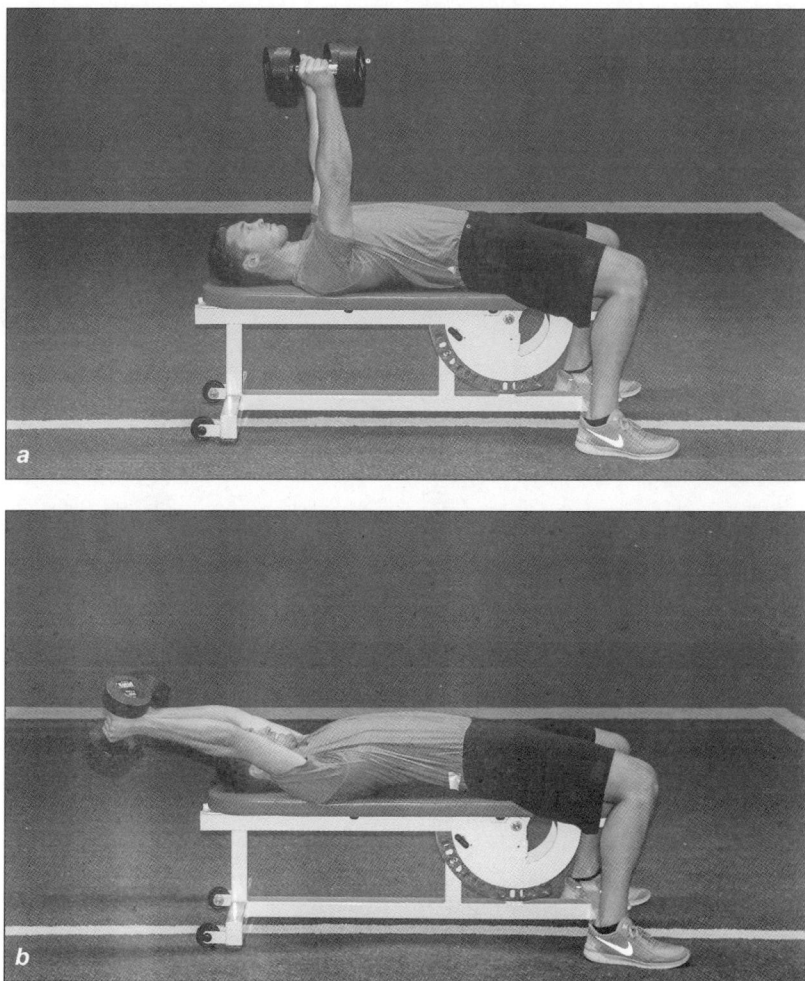

图6.59 仰卧哑铃上拉

方向盘旋转

方向盘旋转练习是本书中建议的赛季前期间的一项练习。它是以杠铃片为特色的循环训练的一部分。

准备

运动员站立，双脚分开，略宽于肩，并微微偏向两侧。双臂前平举，紧握杠铃片。

动作

体能教练需要指导这个练习，因为它是计时练习。在保持手臂伸直的同时，运动员在规定的时间内，像操作汽车方向盘一样转动杠铃片（见图6.60a和图6.60b）。

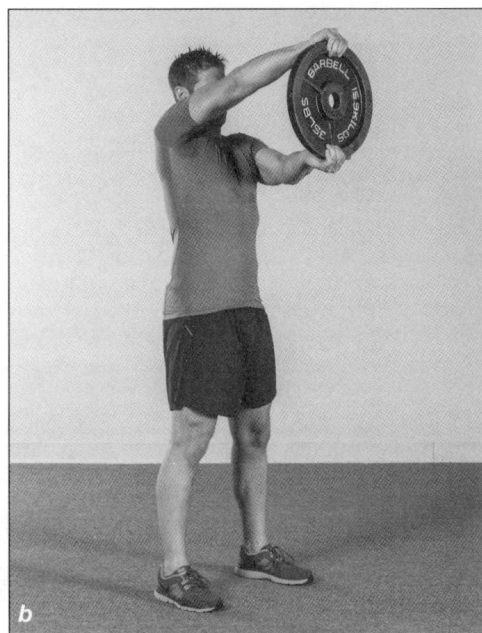

图6.60　方向盘旋转

重物行走

重物行走被认为是上肢练习，因为器械是拿在手里的。通过这项练习，冰球运动员不仅能够锻炼握力，还可以提升肩袖力量、核心部位力量和稳定性，以及腿部力量。这些练习在非赛季第2天和第4天进行。目的是携带哑铃或壶铃行走一段距离。本书推荐行走80米。

行李箱行走

准备

运动员站立，一只手像携带行李箱一样拿着一个哑铃或壶铃（见图6.61）。设备要足够重，使练习很有挑战性。使用太轻的设备会达不到锻炼目的。

动作

运动员直线行走40米，然后换手并返回起始位置。要尽可能保持直线运动。运动员应努力逐渐达到携带自身体重50%的负荷的水平。

图6.61 行李箱行走

农夫行走

准备

运动员站立，双手各持一个哑铃或壶铃（见图6.62）。设备要足够重，使练习很有挑战性。使用太轻的设备会达不到锻炼目的。

动作

运动员直线行走40米，然后返回起始位置。要尽可能保持直线运动。运动员应努力逐渐达到携带自身体重50%的负荷的水平。

图6.62 农夫行走

壶铃倒立行走

准备

运动员站立，一只手拿着倒立的壶铃（见图 6.63）。该练习中使用的重量应明显轻于行李箱行走和农夫行走。

动作

运动员直线行走 40 米，然后换手并返回。重点是握紧壶铃手柄，同时保持肘部在身前成 90 度角。

图 6.63　壶铃倒立行走

混合行走

准备

运动员站立，一只手握着倒立的壶铃，另一只手握着一个哑铃（见图 6.64）。哑铃要足够重，使练习很有挑战性，而壶铃可以轻一些。

动作

运动员直线行走 40 米，同时保持握紧手柄，身体直立。

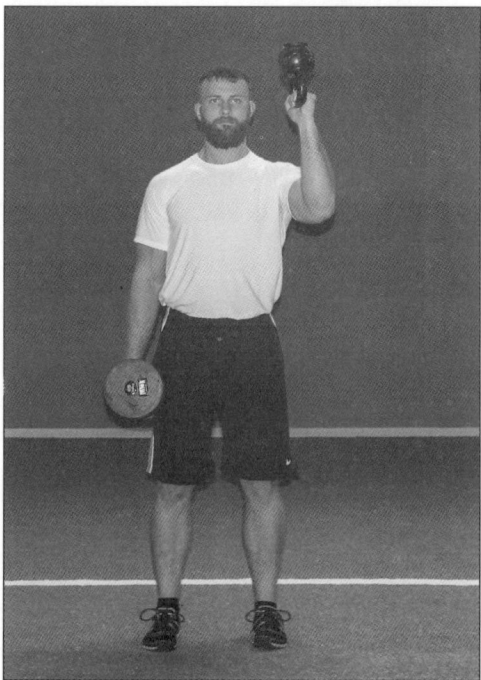

图 6.64　混合行走

Y、T、W、L

这个循环训练被认为是康复性训练，因为它们在肩伤康复训练中很常见。在本书中，所有的练习都是为了防止受伤和提高表现能力。这些练习可以帮助运动员锻炼、肩袖力量和耐力，同时稳定肩胛骨。

Y

运动员俯卧在瑞士球上，双臂悬在边缘（见图6.65a）。整个练习过程中手臂保持伸直，拇指向上成45度角。运动员使用上背部肌肉，举起手臂使其平行于地面——运动员的手臂和身体现在成字母Y形（见图6.65b）；返回起始位置。按照规定次数重复该动作。

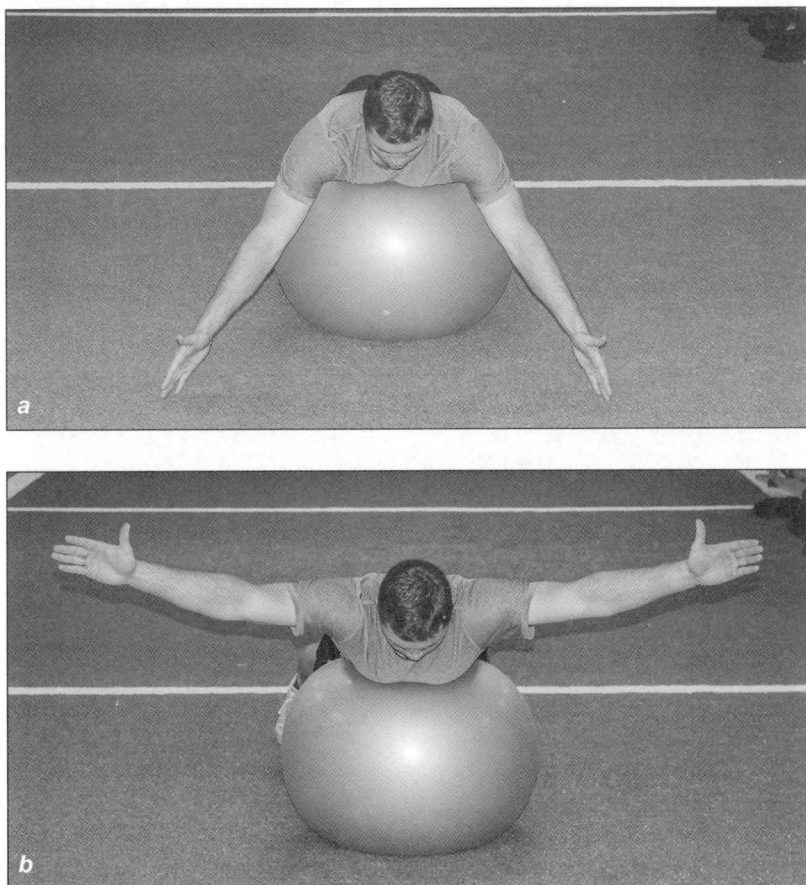

图6.65 Y

T

运动员俯卧在瑞士球上，双臂悬在边缘且彼此接触（见图6.66a）。整个练习过程中手臂保持伸直，拇指伸向外侧。运动员使用上背部肌肉，向两侧伸出手臂使其平行于地面——运动员的手臂和身体现在成字母T形（见图6.66b）；返回起始位置。按照规定次数重复该动作。

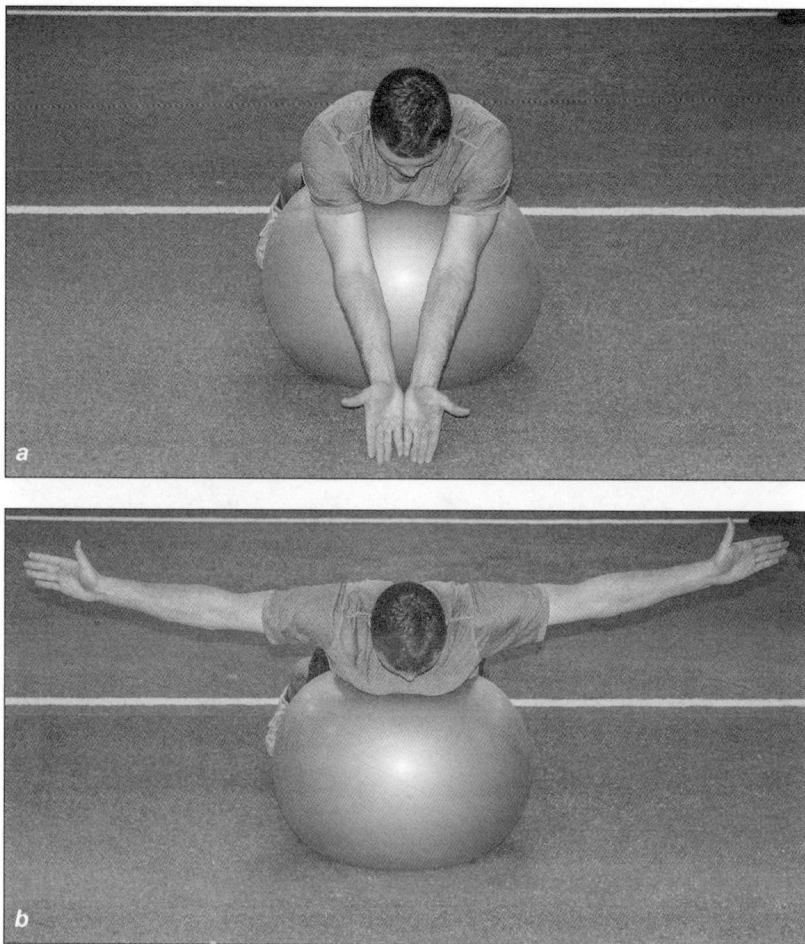

图6.66 T

W

运动员俯卧在瑞士球上，双臂悬在边缘且肘部彼此接触（见图 6.67a）。整个练习过程中手臂保持弯曲，双手平放。运动员使用上背部肌肉，向两侧伸出手臂使其平行于地面——运动员的手臂和身体现在成字母 W 形（见图 6.67b）；返回起始位置。按照规定次数重复该动作。

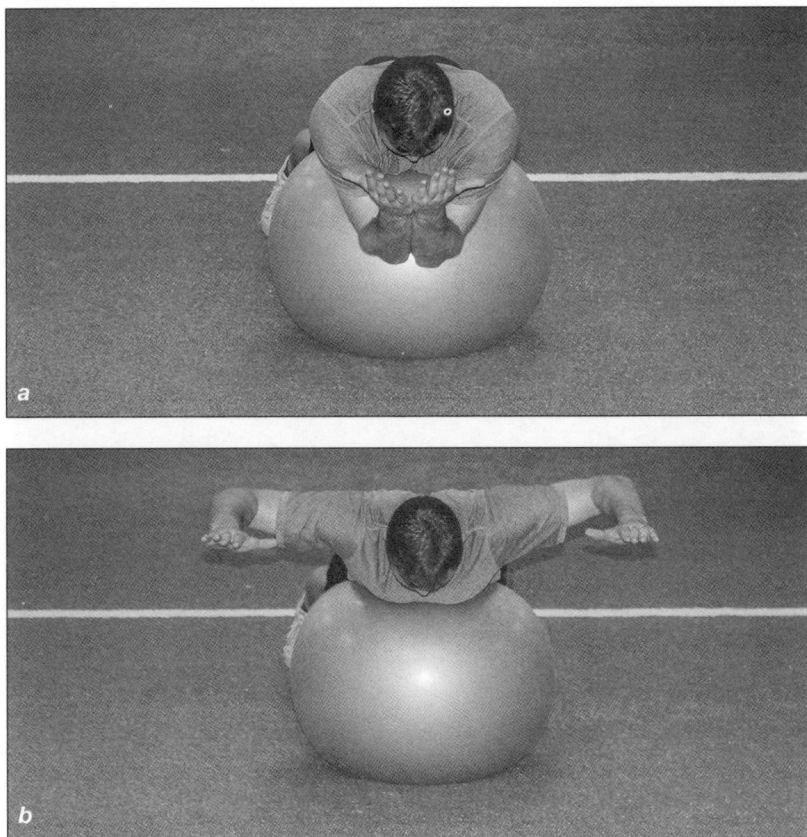

图 6.67 W

L

运动员俯卧在瑞士球上，双臂向两侧伸出且肘部弯曲（见图6.68a）。整个练习过程中手臂保持弯曲，双手平放。使用上背部肌肉和肩关节，运动员转动肘部，使手臂从拇指向下的位置转动到拇指向上的位置并成字母L形（见图6.68b）；返回起始位置。按照规定次数重复该动作。

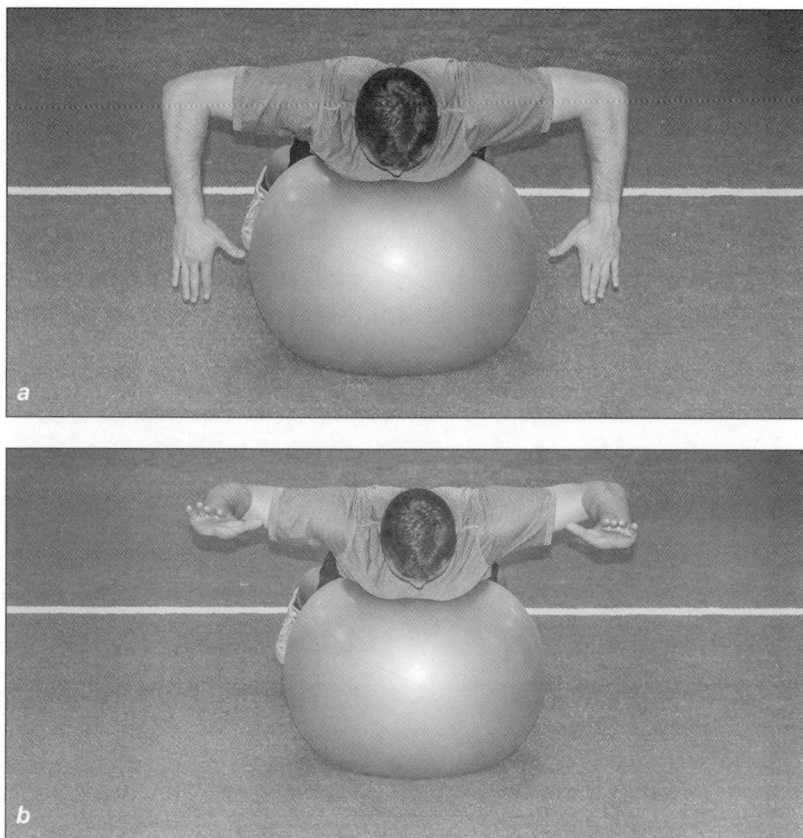

图6.68 L

第**7**章

加速和速度

冰球比赛的一切都和速度相关，如今大部分球员都能够快速地滑行。真正有天赋的冰球运动员，如果滑冰速度处于平均水平，则在比赛的其他方面可能有超群的技能。他们可能具备令人难以阻挡的门前进攻技能，或者有坚如磐石的防守技能，又或者在集中进攻时有快如子弹的射门技能。没有速度，很少有球员能够在球队留下来。所有级别的年轻球员都需要提升在冰场上的速度，以便参加节奏更快的比赛，而年龄大的球员需要尽其所能地维持在冰场上的速度和力量。

冰球运动的速度可以通过合理的下肢增肌计划、短时爆发性的场外冲刺练习（加速训练），以及注重下肢力量的良好的体能训练计划来提高。对于年轻的冰球运动员来说，快速伸缩复合训练和速度训练应该是非赛季计划的一大组成部分。

加速和速度训练

本书的加速和速度训练分为几个部分，包括快速伸缩复合训练、加速练习和雪橇训练。

快速伸缩复合训练

快速伸缩复合训练是短暂的、爆发性的肌肉收缩以提升速度的训练。当结合下肢力量训练计划时，快速伸缩复合训练也可以提升爆发力。通过渐进式、系统性的方式进行跳跃、单脚跳和弹跳练习，冰球运动员可以让他们的大脑学会指导肌肉组更快地收缩，从而变得更具爆发力。

本书中，快速伸缩复合训练将主要在非赛季和赛季前期间进行。在赛季中，由于优化健身房的时间至关重要，快速伸缩复合训练将不会进行。另外，快速伸缩复合训练和速度训练计划的目的是提高冰场外的速度和力量，使在冰场上的速度变得更快。而赛季中，在实践中用于力量和速度提升的时间需要花在冰场上。在非赛季，基本的快速伸缩复合训练进程是从跳跃和单脚跳开始的，注重采用运动姿势平稳落地，从而使运动员习惯于膝盖深蹲姿势，这对于滑冰加速和转弯能力来说必不可少。教会身体如何缓冲力量和合理落地可以帮助运动员避免运动损伤（例如肌腱炎）。运动员在加速前需要先学会如何刹车和减速。

以下是快速伸缩复合训练在整个非赛季 4 个阶段的进程说明。

第 1 阶段的快速伸缩复合训练

在非赛季的第 1 阶段，快速伸缩复合训练的重点是所有跳跃和弹跳的落地练习。学会如何落地和减速可以帮助运动员获得离心力量，并为后期高冲击强度的快速伸缩复合练习奠定基础。运动员可能会发现某些快速伸缩复合训练太容易，但重要的是不要跳过这个阶段。

第 2 阶段的快速伸缩复合训练

在非赛季的第 2 阶段，快速伸缩复合训练进程是从跳上箱子到以多种侧向方式跨栏。和第 1 阶段一样，落地机制也是重点。由于冰球比赛中侧向和 45 度角方向上的动作占很大的比重，所以增加这些方向的力量提升训练非常重要。

第 3 阶段的快速伸缩复合训练

在非赛季的第 3 阶段，快速伸缩复合训练进程是重复跳跃之间增加一个小跳跃。这些小跳跃可以帮助运动员从落地顺利过渡到以爆发性方式安全地使用着地力量。注意，为了安全起见，第 3 阶段的海登式跳跃仍然是连续的动作，没有小弹跳。

第 4 阶段的快速伸缩复合训练

在非赛季的第 4 阶段，快速伸缩复合训练升级为与地面接触最少的跳跃。安全着地并立即爆发下一个重复动作是这个阶段的重点。这可能是其他专业人士所指的真正的快速伸缩复合训练。不过，冰球运动员需要有良好的基础，即学会正确的跳跃和落地，所以之前的阶段很重要。

在非赛季计划期间，快速伸缩复合训练或者是线性的（直线向前），或者是侧向的（从一侧到另一侧）。线性的快速伸缩复合训练、加速和速度训练是在第 1 天和第 3 天进行。每个训练都是直线向前的模式。第 2 天和第 4 天则是侧向的训练，即重点是从左到右或者从右到左的运动。快速伸缩复合训练的目的是为任意方向爆发性移动做好准备。

快速伸缩复合训练是在热身后及加速和速度训练之前进行。有时候它们也在第 2 阶段的训练课程中进行，以及在赛季前期间作为循环训练课程的一部分。其理念是将快速伸缩复合训练的好处应用到接下来进行的速度训练中。组数和重复次数采用低量模式，即一项双腿跳跃练习进行 3 组或 4 组，重复 5 次，而单腿跳跃和反弹跳练习为每条腿 3 组或 4 组，重复 5 次。这在整个非赛季都是统一的。

箱式双腿跳

准备

运动员采取运动姿势，在 6~12 英寸（15.2~30.5 厘米）距离处放一个箱子（见图 7.1a）。推荐的箱子高度是 24~30 英寸（61~76.2 厘米）。

动作

运动员双脚跳跃到箱子上，同时从后向前摆动双臂（见图 7.1b 和图 7.1c）。双脚应该轻轻地落到箱子上（膝关节不要内扣），稳定，然后轻松地走下来。在所有重复次数和组别都轻松且柔和地完成之前，不要换更高的箱子；如果落到箱子上时不是柔和且安静的，降低难度，使用矮一点的箱子。按照规定次数重复该动作。

图 7.1　箱式双腿跳

箱式侧向单腿跳

准备

运动员采取运动姿势，站到箱子侧面，与箱子的间距为6~12英寸（15.2~30.5厘米）的箱子（见图7.2a）。推荐的箱子高度是12英寸（约30.5厘米）。

动作

运动员单脚跳到箱子上（见图7.2b）。单脚应该轻轻地落到箱子上（膝关节不要内扣），稳定，然后轻松地走下来。在所有重复和组别都轻松且柔和地完成之前，不要换更高的箱子；如果落到箱子上时不是柔和且安静的，降低难度，使用矮一点的箱子。每侧按照规定次数重复该动作。

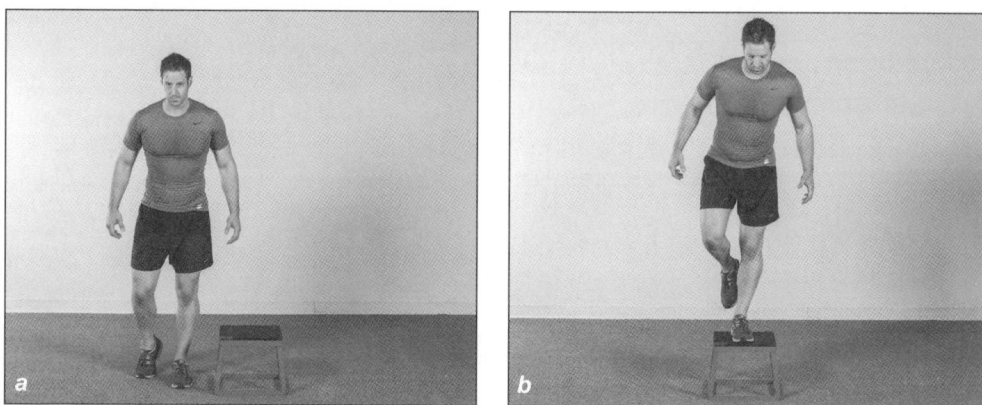

图7.2 箱式侧向单腿跳

箱式单腿跳

准备

运动员采取运动姿势，站在一个间距6~12英寸（15.2~30.5厘米）的箱子后面（见图7.3a）。推荐的箱子高度是12英寸（约30.5厘米）。

动作

运动员单脚跳到箱子上（见图7.3b）。单脚应该轻轻地落到箱子上（没有膝盖向中间移动的动作），稳定，然后轻松地走下来。在所有重复和组别都轻松且柔和地完成之前，不要换更高的箱子；如果落到箱子上时不是柔和且安静的，降低难度，使用矮一点的箱子。每侧按照规定次数重复该动作。

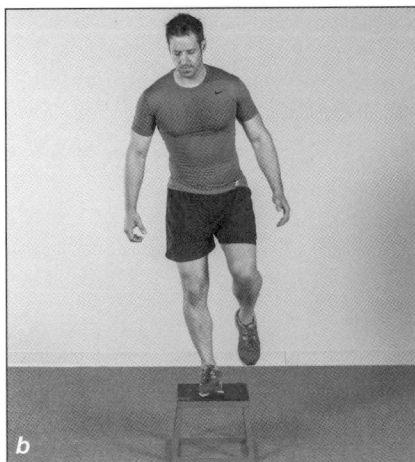

图 7.3 箱式单腿跳

海登式跳跃

准备

运动员采取运动姿势。

动作

海登式跳跃是根据前奥运会速滑选手埃里克·海登一个训练动作命名的，是一种在冠状面内进行的快速伸缩复合训练。运动员从一侧弹跳到另一侧（见图7.4a~图7.4c），重点是达到尽可能高的高度和尽可能远的距离，然后轻轻地落地并控制好身体。运动员落地时需要有意识地稳住脚。按照规定次数重复该动作。

图 7.4 海登式跳跃

深蹲跳

准备

运动员采取运动姿势，双手靠近耳朵，胸部挺起。

动作

运动员下蹲到四分之一蹲的位置（见图7.5a），然后双脚离地跳至空中，同时保持双手靠近耳朵（见图7.5b）。运动员应该双脚落地，并反弹进入下次重复动作。按照规定次数重复该动作。

图7.5 深蹲跳

"之"字跳

准备

运动员采取运动姿势（见图7.6a）。

动作

运动员以45度角弹跳到左侧（见图7.6b），并以运动姿势左脚着地，同时面向前方，落地时，要有意识地稳住脚（见图7.6c）。运动员向右侧重复相同的动作。按照规定次数重复该动作。

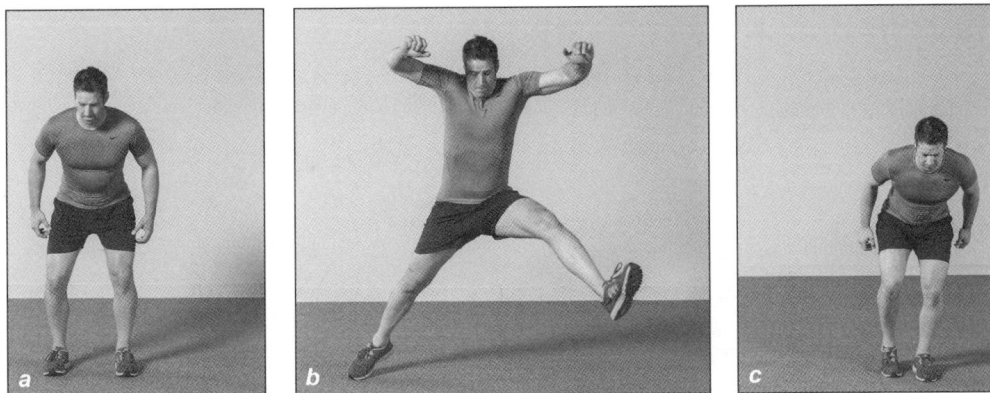

图 7.6 "之"字跳

连续海登式跳跃

准备

运动员采取运动姿势（见图 7.7a）。

动作

海登式跳跃是根据前奥运会速滑选手埃里克·海登一个训练动作命名的，是一种冠状面内进行的快速伸缩复合训练。运动员从一侧弹跳到另一侧的方式，重点是达到尽可能高的高度和尽可能远的距离，然后轻轻地落地并控制好身体。但这项练习是连续跳跃，中间没有停顿（见图 7.7b 和图 7.7c），运动员要努力像一个弹力球一样跳跃。按照规定次数重复该动作。

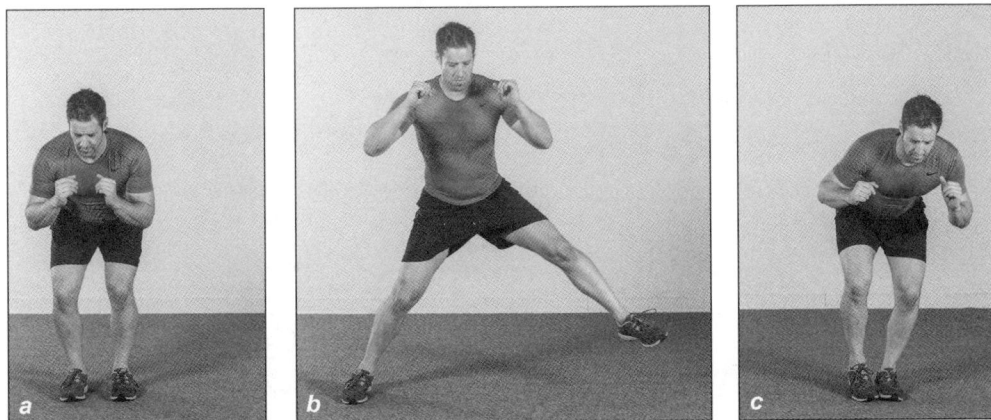

图 7.7 连续海登式跳跃

稳定的跨栏跳跃

准备

设置 5 个栏架，间距为 3 英尺（约 0.9 米）。运动员面对栏架，采取运动姿势。

动作

运动员连续跳过 5 个栏架（见图 7.8a 和图 7.8b），重点是稳定落地后再跳下一个栏架。按照规定次数重复该动作。

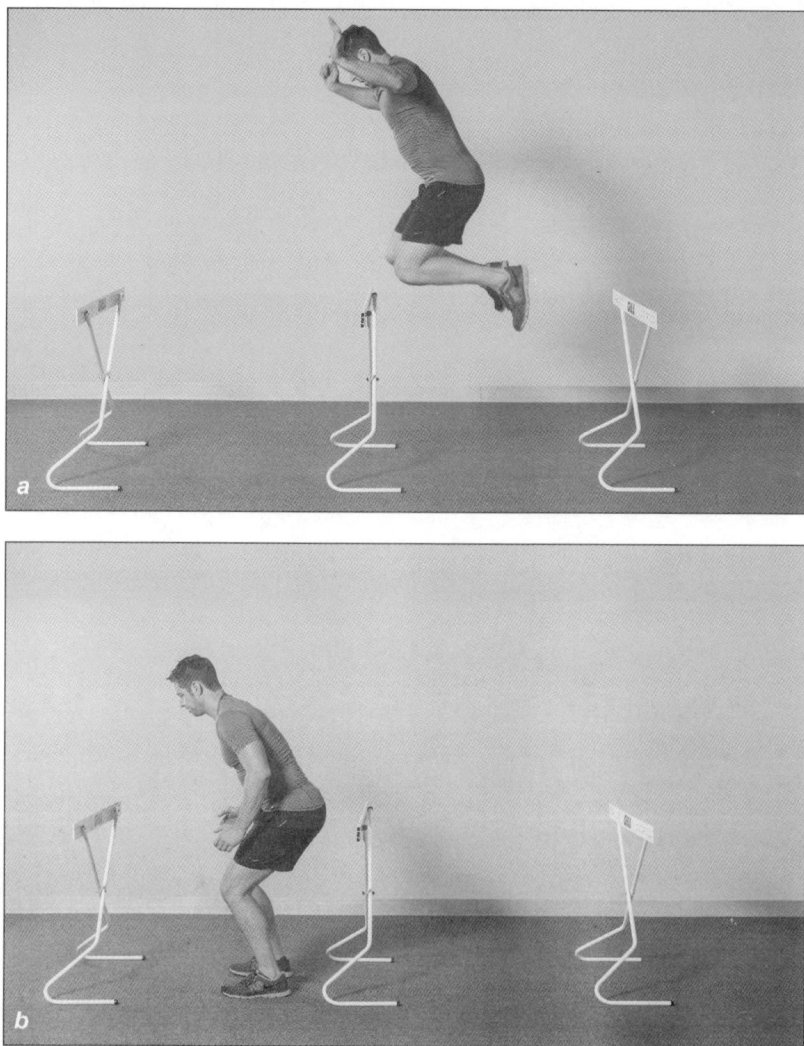

图 7.8　稳定的跨栏跳跃

栏架单腿侧向跳跃

准备

　　设置 5 个小型栏架，间距为 18~24 英尺（45.7~61 厘米）。运动员在栏架的一侧采用运动姿势，单脚撑地保持平衡。

动作

　　运动员单脚连续跳过 5 个栏架，且用同一只脚落地（见图 7.9a 和图 7.9b），重点是稳定落地后再跳下一个栏架。每侧按照规定次数重复该动作。

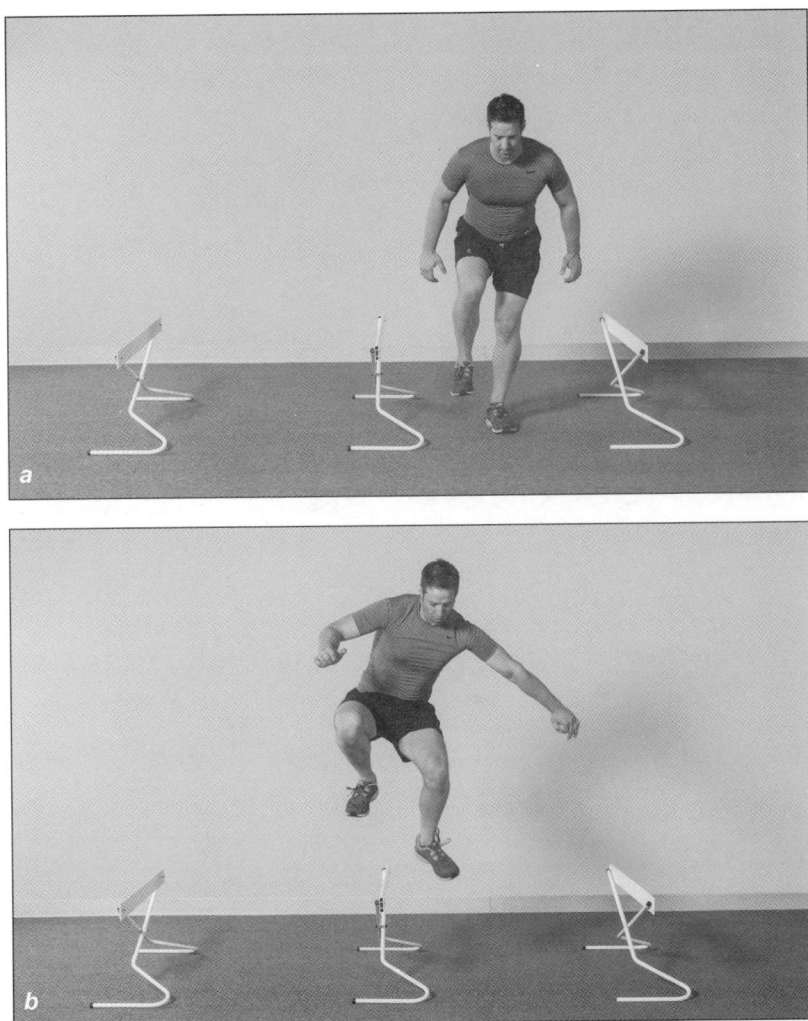

图7.9　栏架单腿侧向跳跃

栏架单腿正向跳跃

准备

设置 5 个小型栏架，间距为 18~24 英尺（45.7~61 厘米）。运动员面对栏架采取运动姿势，单脚撑地保持平衡。

动作

运动员单脚连续跳过 5 个栏架，且用同一只脚落地（见图 7.10a 和图 7.10b），重点是稳定落地后再跳下一个栏架。每侧按照规定次数重复该动作。

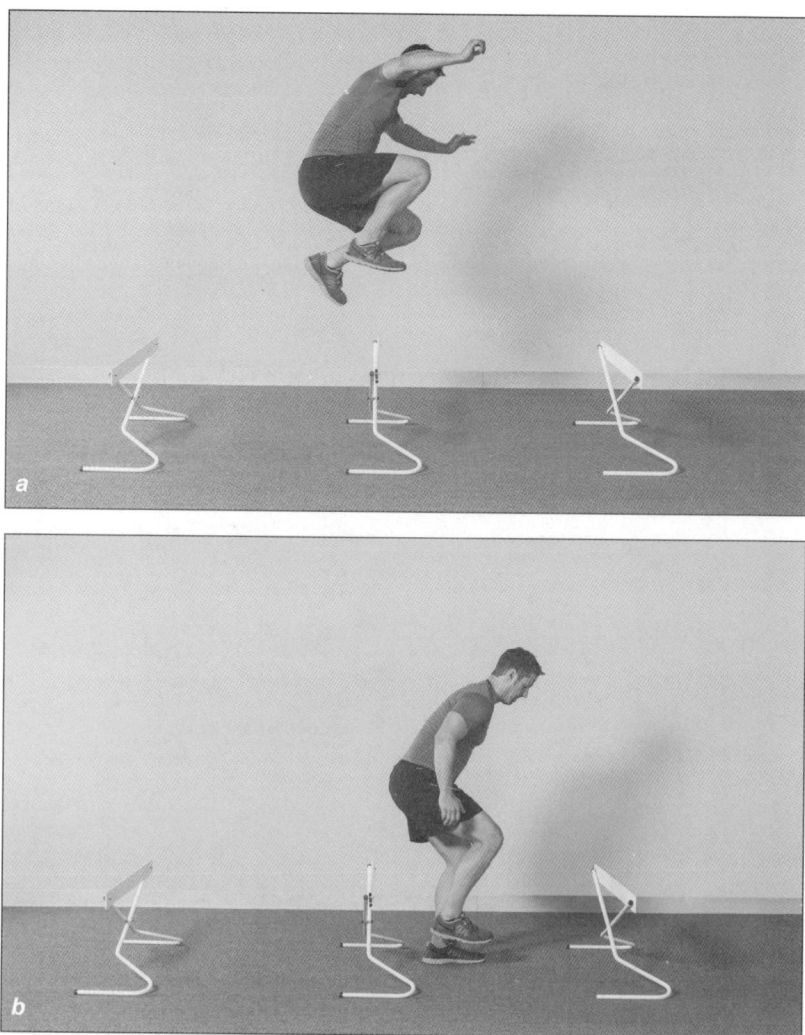

图 7.10 栏架单腿正向跳跃

栏架正向垫步跳

准备

设置 5 个栏架，间距为 3 英尺（约 0.9 米）。运动员面对栏架采取运动姿势。

动作

运动员连续跳过5个栏架，重点是轻轻落地并快速反弹起来。每次落地后，进行一次小跳（距离为2~5厘米的跳跃），再次落地，之后再跳过下一个栏架（见图7.11a~图7.11c）。按照规定次数重复该动作。

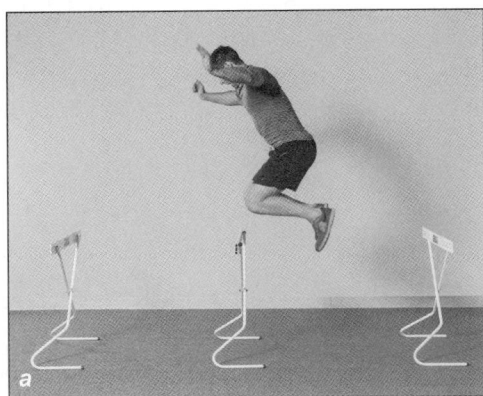

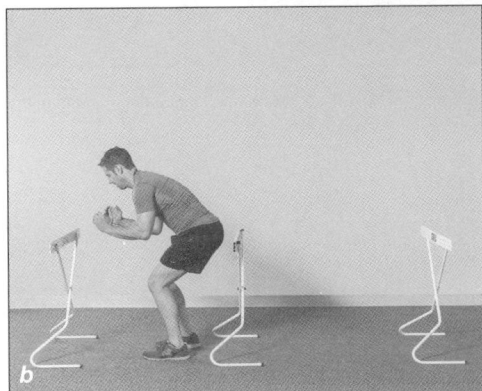

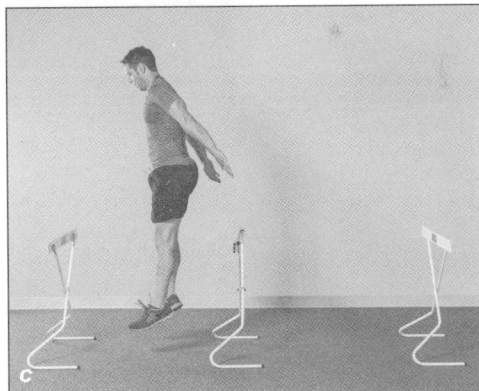

图7.11 栏架正向垫步跳

栏架单腿侧向垫步跳

准备

设置 5 个小型栏架，间距为 18~24 英尺（45.7~61 厘米）。运动员在栏架的一侧采用运动姿势，单脚撑地保持平衡（见图 7.12a）。

动作

运动员单脚连续跳过 5 个栏架，且用同一只脚落地，重点是轻轻落地后快速反弹起来（见图 7.12b 和图 7.12c）。每次落地后，进行一次小跳（距离为 2~5 厘米的跳跃），再次落地，之后再跳过下一个栏架（见图 7.12d）。每侧按照规定次数重复该动作。

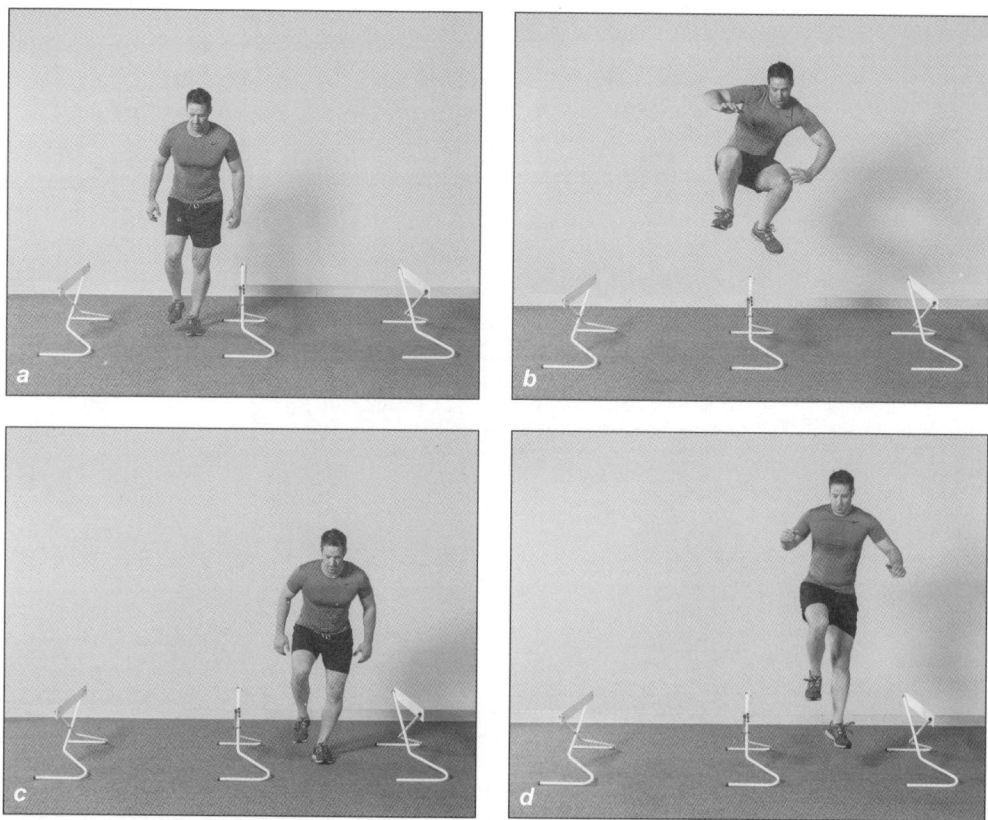

图 7.12 栏架单腿侧向垫步跳

栏架单腿正向垫步跳

准备

设置 5 个小型栏架，间距为 18~24 英尺（45.7~61 厘米）。运动员面对栏架采取运动姿势，单脚撑地保持平衡（见图 7.13a）。

动作

运动员单脚连续跳过 5 个栏架，且用同一只脚落地（见图 7.13b 和图 7.13c），重点是轻轻落地后快速反弹起来。每次落地后，进行一次小跳（距离为 2~5 厘米的跳跃）（见图 7.13d），再次落地，之后再跳过下一个栏架。每侧按照规定次数重复该动作。

图 7.13　栏架单腿正向垫步跳

栏架正向连续跳

准备

设置 5 个栏架，间距为 18~24 英尺（45.7~61 厘米）。运动员面对栏架采取运动姿势（见图 7.14a）。

动作

运动员连续跳过 5 个栏架，重点是落地后与地面进行最少的接触，并快速反弹起来，再跳过下一个栏架（见图 7.14a~ 图 7.14c）。按照规定次数重复该动作。

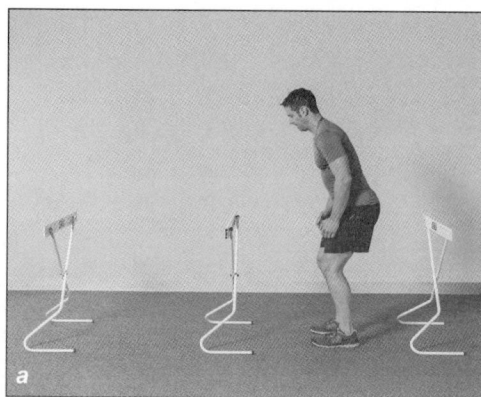

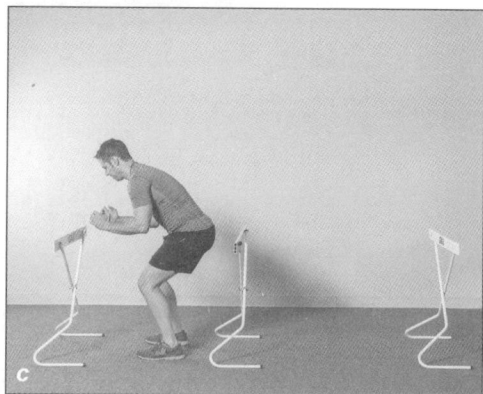

图 7.14 栏架正向连续跳

栏架单腿侧向连续跳

准备

设置 5 个小型栏架，间距为 18~24 英尺（45.7~61 厘米）。运动员在栏架的一侧采用运动姿势，单脚撑地保持平衡（见图 7.15a）。

动作

运动员连续跳过 5 个栏架，重点是落地后与地面进行最少的接触，并快速反弹起来，再跳过下一个栏架（见图 7.15a~ 图 7.15c）。每侧按照规定次数重复该动作。

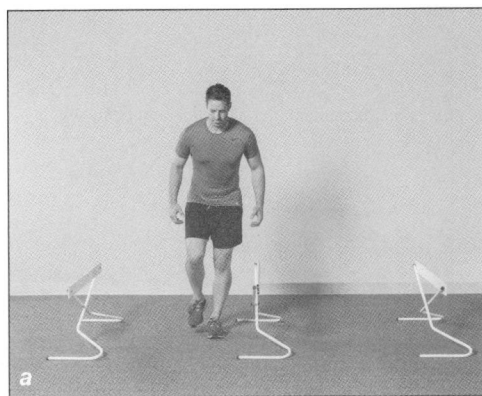

图 7.15　栏架单腿侧向连续跳

栏架单腿正向连续跳

准备

设置 5 个小型栏架，间距为 18~24 英尺（45.7~61 厘米）。运动员面对栏架采取运动姿势，单脚撑地保持平衡（见图 7.16a）。

动作

运动员连续跳过 5 个栏架，用同一只脚落地，重点是落地后与地面进行最少的接触，并快速反弹起来，再跳过下一个栏架（见图 7.16a~ 图 7.16c）。每侧按照规定次数重复该动作。

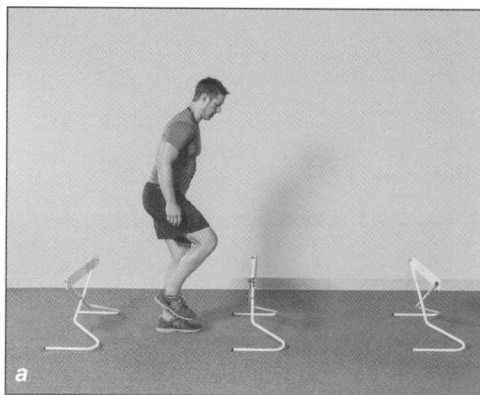

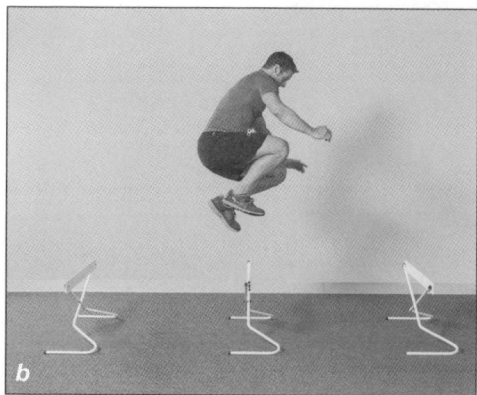

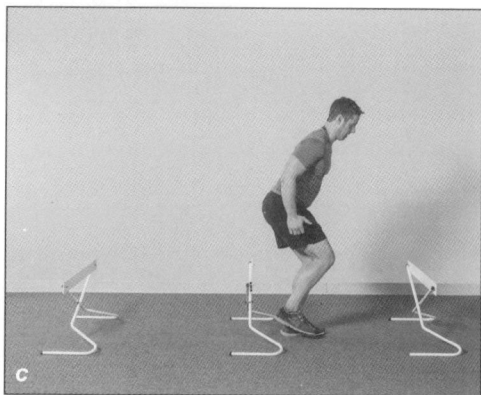

图 7.16　栏架单腿正向连续跳

"之"字跳

准备

运动员采取运动姿势。

动作

运动员向右侧45度角方向弹跳，落地时右脚着地，同时面向前方。之后立即用该脚向另一个45度角方向跳起（见图7.17），落地时左脚着地，同时仍然面向前方。重点在于距离、高度以及脚与地面最少的接触时间。按照规定次数重复该动作。

图7.17 "之"字跳

加速和速度

冰球比赛过程中需要不停地制动、起跑以及频繁改变方向。比赛中最快的和最敏捷的运动员能够游刃有余地加速、减速，然后制动并立即再次加速。加速就是在最短的时间内从绝对停止状态转变到全速冲刺的能力。

尽管运动员很少达到他们的最高速度，但最快速的球员具有比他人更快的加速能力。很多人认为冰球运动员需要提升加速能力，体能教练麦克·贝利和冰球运动生理学家杰克·布拉瑟威克就是其中两位。

有必要思考一下，冰球运动中最快速的球员有哪些共同的特征。事实上，他们都锻炼得像田径运动员或者美式足球跑卫一样——有着大而壮的股四头肌、臀大肌和股后肌群。冰球运动员没有理由不像短跑运动员一样进行训练。

本书中，加速和速度训练只会在非赛季进行。在赛季前和赛季中不做安排，因为这时候运动员大部分时间都在冰球场。在赛季前和赛季中，需要在冰球教练规定的技术训练期间进行加速和速度训练。非赛季加速和速度计划的目的是帮助球员提高力量和加速能力，更重要的是如何将这种能力转移到冰面上。该计划强化了冰球运动的多方向和混合模式，使运动员能够向任意方向快速移动。注意力应该放在前3~5步上，这几步要尽可能快地完成。和快速伸缩复合训练类似，加速训练也是线性（直线向前）和侧向（从一侧到另一侧）两种。线性速度训练要在第1天和第3天进行，而第2天和第4天为强调从一个位置冲刺并改变方向的侧向训练。

加速训练通常在所有力量训练和体能练习之前完成。此外，在进行加速训练时，运动员要精神焕发且体能完全恢复。在速度训练中，运动员要竭尽全力去做。每次重复后，肌肉和神经系统都需要完全恢复。

线性速度训练

线性速度就是直线向前的速度。两个地点之间最短的距离是一条直线。所以，冰球运动员需要将线性速度训练纳入非赛季训练计划中。这些加速训练可以帮助运动员学会对冰面施加压力，并提升他们的直线速度。

以下是整个非赛季 4 个阶段线性速度训练的进程说明。

第 1 阶段的线性速度训练

在非赛季的第 1 阶段，重点是运动员尝试用力蹬地以提高速度。线性速度训练可以帮助运动员感受什么是快速。

第 2 阶段的线性速度训练

在非赛季的第 2 阶段，将进行相同的线性速度训练。不过，这些训练要按照超级组进行，即通过雪橇训练来进行负荷对比。这类似于也在这个阶段进行的快速伸缩复合训练和力量训练中的复合训练模式。

第 3 阶段的线性速度训练

在非赛季的第 3 阶段，线性速度训练将过渡到训练运动员的反应能力，此时需要一个同伴。当同伴落下一个网球后，该冲刺者需要做出反应，然后尽快冲刺。

第 4 阶段的线性速度训练

在非赛季的第 4 阶段，线性速度训练变得更具竞争性。在非赛季计划中创造竞争性很重要，因为运动员们可以互相促进，激发每个人的潜能。年轻的运动员所能展现的竞争力是惊人的。

"前倒"加速练习

准备

运动员身体伸直站立（见图 7.18a）。

动作

开始时，运动员身体保持伸直，向前倾斜到几乎摔倒的位置（见图 7.18b）。达到这一点后，用脚发力蹬离地面并直线向前冲刺 3~5 步（见图 7.18c）。每只脚向前各重复 3 次，每次双脚交替发力。

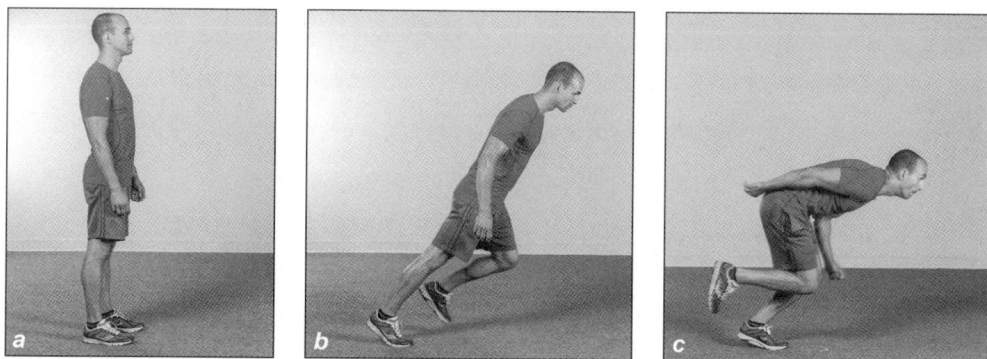

图7.18 "前倒"加速练习

屈髋"前倒"加速练习

准备

运动员屈髋 90 度角站立（见图 7.19a）。

动作

运动员向前倾斜到几乎摔倒的位置。到达这一位置后，用脚发力蹬离地面并直线向前冲刺 3~5 步（见图 7.19b 和图 7.19c）。每只脚向前各重复 3 次，每次双脚交替发力。

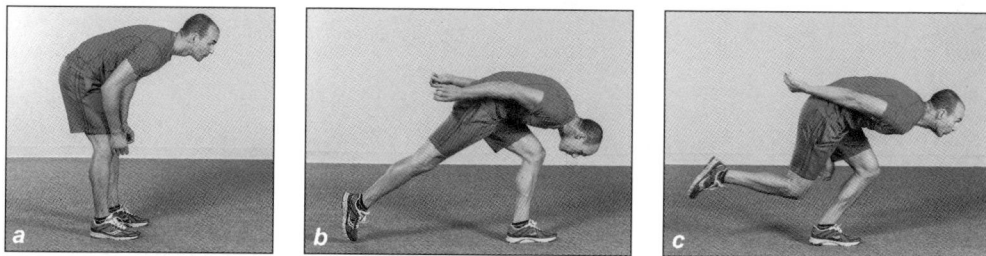

图7.19 屈髋"前倒"加速练习

反应速度练习

准备

两个同伴面对面，距离 5 米远。一个同伴手持一球，另一个训练的同伴采取运动姿势。持球的同伴开始训练。

动作

持球的同伴将球落下，训练的同伴冲刺并尝试在球两次落地之前将其抓住（见图 7.20）。第一次训练的时候，运动员之间的距离至少保持 5 米；同伴之间的距离和球距离地面的高度决定训练的难度。

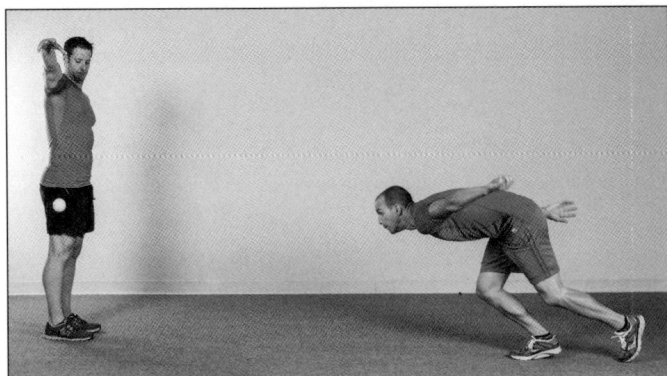

图 7.20　反应速度练习

追逐练习

准备

开始时两个运动员以俯卧撑姿势俯卧于地面。指定其中一个开始训练。

动作

指定的运动员开始这次训练，迅速起身并尽可能快地冲刺。另一个运动员的目标是，在第一个运动员冲出 20 米之前追上第一个运动员并紧随其后。这是非赛季训练计划中运动员冲刺的最远距离。

为了增加训练难度，每个运动员可以带上摆脱带。开始训练的运动员想要挣脱追随的运动员，而后者则不让前者挣脱。

侧向速度训练

由于冰球运动的特点是不停地改变方向，所以提高侧向速度也非常重要。侧向速度训练在非赛季每周进行 2 次，安排在没有线性速度训练的日期进行。能够快速改变方向且沿着直线跑步能够帮助冰球运动员增加冰面上的侧向速度。和线性加速训练一样，注意力要放在前 3~5 步上。

交叉滑行是冰球运动员需要持续用到的关键技能之一。交叉步是所有级别冰球运动中滑行的重要部分，是转身、制动和改变方向的一个必要动作。冰球运动员经常将交叉滑行描述为"全力发射"。交叉步是滑行的一个如此重要的部分，体能教练应该规划进程和策略来提高这个技能。

从执教和技术的角度看，运动员需要转移重心，并向要去的方向倾斜。这和前倒起跑训练很相似。运动员倾斜程度越大，训练效果越好。在交叉步加速训练中，身体倾斜的方向应该和要去的方向一致。例如，如果运动员想要往左移动，就应该向左倾斜并且将重心转移到左脚外侧。当到达临界点时，运动员将右脚跨过左脚并用右脚蹬地起跑。

下面是整个非赛季4个阶段侧向速度训练的进程说明。

第1阶段的侧向速度训练

在非赛季，加入侧向速度训练可使运动员不得不以交叉步方式用力向另一个方向蹬离地面来避免摔倒。第1阶段的侧向速度训练目的是帮助运动员体验什么是快速。

第2阶段的侧向速度训练

在非赛季，第2阶段的侧向速度训练需要结合雪橇训练以进行负荷对比。沉重的雪橇可以帮助运动员跑得更快，而快速冲刺可以帮助运动员更快地拉动雪橇。

第3阶段的侧向速度训练

在非赛季，第3阶段的侧向速度训练目的是训练运动员对外界刺激做出反应，有助于训练运动员在训练重复时一旦加入刺激物就立即起跑的能力。

第4阶段的侧向速度训练

在非赛季，第4阶段的侧向速度训练会加入一个同伴以增加竞争性，同时使运动员对彼此的动作做出反应。这可以使运动员稍稍跳出自己的舒适区，并促进他们更加努力，更加快速。

"侧倒"交叉步起跑

准备

运动员开始采取运动姿势（见图7.21a）。

动作

以侧向的方式，运动员向一侧倾斜，然后将外侧腿交叉过来（见图7.21b），转身，并冲刺（见图7.21c）。重点是获得大的推力，快速地向前迈3步，然后起跑。这个做法是利用交叉过来的这只脚产生爆发力并改变方向。例如，如果运动员向右侧倾斜，则左脚交叉过来，并帮助运动员向右侧冲刺。每条腿做3次交叉步和冲刺。

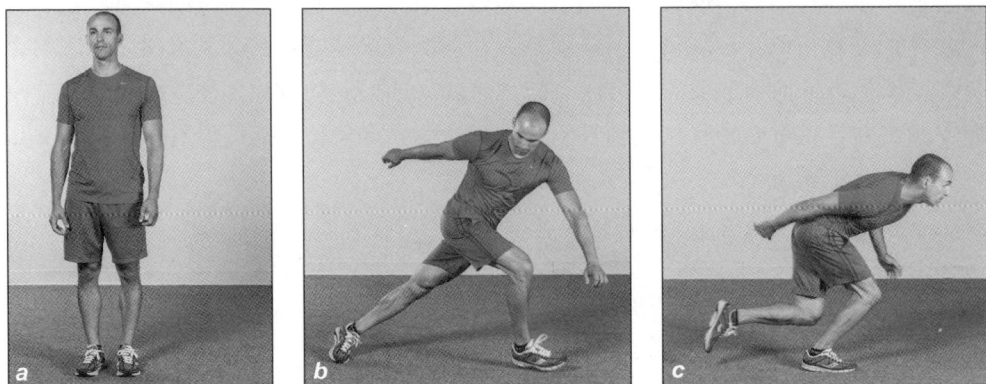

图7.21　"侧倒"交叉步起跑

"侧倒"弓步加速跑

准备

运动员单腿撑地站立，胸部挺起，臀部向后，眼睛向上看。运动员向脚着地的一侧起跑。例如，如果运动员右脚着地，则他将左脚跨过右脚，然后跑向右边。

动作

运动员以侧向的方式向一侧倾斜，然后将外侧腿（着地的腿一侧）交叉过来，转身，并冲刺（见图7.22a和图7.22b）。重点是获得大的推力，迈出3个快速步伐，然后起跑。这个做法是利用交叉过来的这只脚产生爆发力并改变方向。例如，如果运动员向右侧倾斜，则左脚交叉过来，并帮助运动员向右侧冲刺。每条腿做3次交叉步伐和冲刺。

图7.22　"侧倒"弓步加速跑

侧向交叉步反应速度练习

准备

两个同伴间距 5 米站立。其中一人手持一球，另一人为准备训练的一方，采取运动姿势且身体与持球的同伴垂直（见图 7.23a）。持球的同伴开始这个训练。

动作

持球的同伴让球落下，训练的同伴则使用交叉步伐冲刺，并试图在球二次落地之前将其抓住（见图 7.23b 和图 7.23c）。首次进行训练时，两个球员的间距应该至少 5 米；同伴之间的距离和球离地面的高度决定这次训练的难度。

图 7.23　侧向交叉步反应速度练习

镜面反应速度练习

准备

运动员采取运动姿势，面对面并跨立于一条线上。运动员左右两侧5米处各有另外一条线。

动作

其中一个运动员在不做任何提示下开始该训练。该运动员开始向其中一条线方向冲刺，触摸这条线并转身向相反方向远处的那条线冲刺，触摸后转身向来处的那条线冲刺。同伴必须对开始训练的运动员的动作做出反应，并努力在回到起始位置之前比他快。

雪橇训练

推拉雪橇可以提高速度和力量。在非赛季，雪橇训练在快速伸缩复合训练和速度训练之后进行，也在第2阶段的复合训练中和加速训练一起进行。雪橇训练时每组之间需要有充足的休息。它们并非能量代谢训练，而是有助于提高力量和爆发力的训练。在这些训练的过程中，心率会飙升，所以运动员要等心率完全恢复之后再进行下一次重复动作。

和快速伸缩复合训练及速度训练类似，雪橇训练也安排了线性和侧向两种方式。线性推拉雪橇是在第1天和第3天进行，而侧向交叉步雪橇训练是在第2天和第4天进行。

下面是整个非赛季4个阶段中雪橇训练的进程情况说明。

第1和第2阶段的雪橇训练

在非赛季，第1和第2阶段的雪橇训练帮助运动员在拉动阻力设备的同时向直线方向移动。这个做法帮助运动员在每一步都尽力双脚蹬地时，加强克服重负荷的冲刺机制。该训练可以使运动员在冲刺和滑行时步伐变得更有力度。

第3阶段的雪橇训练

在非赛季，第3阶段的雪橇训练升级为推动雪橇。运动员推动阻力设备的同时尽力保持冲刺机制。这是训练运动员用力蹬地的另一个方法，用意是使运动员在冲刺时具备更强有力的步伐，以及在冰面上产生更具爆发性的推力。

第4阶段的雪橇训练

在非赛季第4阶段没有安排雪橇训练，因为沉重的雪橇训练会给神经系统施加巨大的压力。当快速伸缩复合训练计划转变为更轻松的模式时，雪橇推拉训练也就停止了。

拉雪橇行走

准备

通过安全带将雪橇与运动员连接。雪橇在运动员后面。

动作

连上雪橇后，运动员沿着直线缓慢行走 25 米（见图 7.24）。负荷必须足够重，使运动员必须前倾才能拉动雪橇。但负荷不能过重或过轻，这一点很重要。该 25 米行走要重复 6 次。

图 7.24 拉雪橇行走

侧向交叉步拉雪橇行走

准备

通过安全带将雪橇与运动员侧向连接（见图 7.25a）。

动作

这是侧向训练，重点在交叉步上。运动员拖着雪橇侧向交叉行走 25 米，强调双脚交叉用力蹬地（见图 7.25b 和图 7.25c）。和拉雪橇行走一样，负荷必须正好合适，使运动员能够进行交叉行走但不能轻松行走。

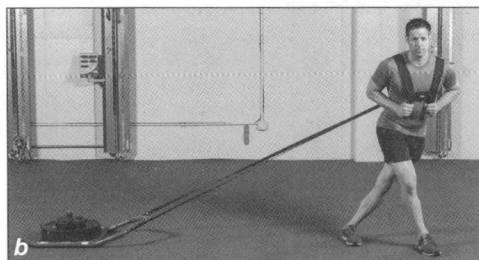

图7.25　侧向交叉步拉雪橇行走

推雪橇

准备

运动员站在雪橇后面，该雪橇的负荷要比其他雪橇训练中的重得多。

动作

运动员调整到舒适且有效的姿势，并将雪橇前推 25 米（见图 7.26）。

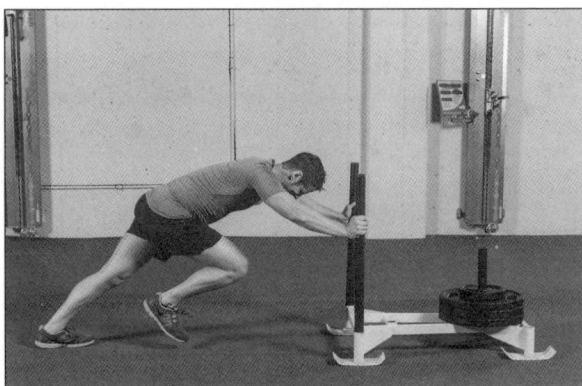

图7.26　推雪橇

第 8 章

柔韧性和灵活性

静态拉伸运动，即维持一个拉伸动作 30 秒，在冰球球员中一度非常流行。所有体育运动员（包括一些世界上最好的运动员）和团队每天在活动之前、中间和之后都要花费几小时来做拉伸运动。本书推荐每天进行拉伸运动。

关于拉伸运动的思考

人们普遍认为静态拉伸运动会降低爆发力，因为有些研究表明，静态拉伸运动之后爆发力有所下降（Hough et al., 2009）。尽管单独的静态拉伸运动会导致爆发力降低，但加上动态热身之后，爆发力反而有明显的提升。而如果长时间内不做静态拉伸运动，冰球运动中所用到的肌肉会变得缩短和绷紧。如果肌肉太紧，就会发生劳损，例如肌肉劳损和拉伤。坚持进行拉伸运动可以帮助维持肌肉的长度和工作能力。

不论是非赛季训练课程、赛季中技术训练还是比赛中，通常推荐在活动之前进行动态热身。动态热身不仅能够热身肌肉和关节，还能改善灵活性。强烈建议不要在活动之前只进行静态拉伸运动而不进行适当的动态热身。

冰球运动员依靠屈膝、屈髋及脊柱前倾来进行滑行，所以髋部内收肌和髋部屈肌都有很大概率的损伤风险。当运动员不在冰场时，他们会坐在长凳上等待下次上场，或者是中场休息时坐在更衣室里。这些运动员身体总是处于屈曲状态。冰球运动中的动作，加上长期久坐，会导致身体肌肉的收缩。为了防止这种情况的发生，需要在训练计划中应用一些简单的日常拉伸练习。

做拉伸运动的最佳时间

本书推荐在 3 个不同时段进行拉伸运动：训练前、训练中和训练后。再次说明，理论认为拉伸运动的好处会延期发生，并非运动之后立即受益。事实上，拉伸运动有助于让冰球运动员感觉更好。

训练前的拉伸运动

在非赛季，静态拉伸运动推荐在泡沫轴滚压（在第4章中讨论过）之后立即进行。泡沫轴已经锻炼了软组织，现在正是时候来拉伸这些刚被滚压过的肌肉。从拉伸运动之前需要解除关节部位和其他软组织的制约的角度来看，这个过程是有意义的。如果制约没有解除，那肌肉在特定拉伸时就不会被完全拉长。股四头肌、髋部屈肌、髋部回旋肌、股后肌群、背阔肌、胸大肌和小腿肌肉都能够得到拉伸。

训练中的拉伸运动

由按摩治疗师亚伦·马特斯创立和支持的动态独立式拉伸运动应该在力量训练课程中间进行。如此推荐有两个原因：（1）允许力量训练练习之间有较长的休息时间；（2）合并拮抗肌的放松，因为它会加强在下一个力量训练练习中将用到的肌肉。这些类型的拉伸运动将包含在二重训练、三重训练和四重训练力量训练练习之中。例如，如果一项练习中（如反手引体向上）对上背部肌肉施加了压力，则两组练习之间应规定进行胸部肌肉独立式拉伸运动。一次重复将包含6秒的拉伸，接着是1~2秒的短暂休息，然后再重复2次。运动员每次要试着稍微加大拉伸程度。在保持拉伸动作时，对侧肌群会被激活。例如当拉伸胸肌时，上背部肌肉会被激活。

训练后的拉伸运动

训练之后的拉伸运动方案与训练前期间泡沫轴滚压之后类似。拉伸动作要保持20~30秒。这是另一个拉伸腹股沟和髋部屈肌的机会，同时也可以拉伸冰球球员通常会变得紧绷的其他肌群，例如髂胫束、股四头肌、股后肌群和胸肌。静态拉伸运动主要在练习和比赛之后进行，因为活动后进行拉伸运动有助于让比赛或练习中用过的肌肉恢复到静息状态。另外，拉伸运动也是在激烈的比赛、练习或训练课程之后一个传统的放松运动方法。

静态拉伸

在冰球运动中，下列拉伸动作被长期证明对球员有帮助。这是一些运动员可以每天做的、传统的、性价比高的拉伸动作，可以帮助对抗冰球运动的日常运动模式。

本书的理念是进行拉伸运动时要放松。运动员可以通过专注于呼吸来使身体深度放松。在理想状态下，运动员在保持拉伸动作时，闭上嘴，通过鼻子吸气，然后张嘴通过嘴巴呼气。此外，呼吸到横膈膜而非胸腔的能力是很重要的，可以通过集中注意力不让胸部和肩部上升来实现。这种呼吸会使运动员更放松，并在每次伸展的过程中获得更进一步的灵活性。

髋部屈肌拉伸

准备

运动员单膝跪地，另一侧膝盖弯曲。躯干保持中立位，挺胸抬头，目视前方（见图8.1a）。

动作

运动员吸气，然后呼气，同时收缩膝盖跪地的那条腿一侧的臀大肌。运动员身体前倾到前大腿与臀部保持水平（见图8.1b）。此时髂腰肌有拉伸感。接着，运动员把同侧手臂举起，伸过头顶，这样可以加深拉伸程度。

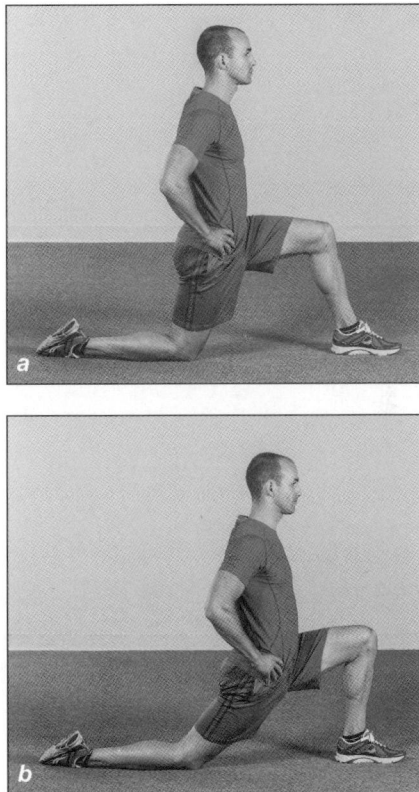

图8.1 髋部屈肌拉伸

深蹲拉伸

准备

运动员深蹲，臀部低于膝盖。双手紧碰在一起，肘部接触膝盖内侧（见图8.2）。挺胸抬头，目视前方。运动员集中精力使重心转移到足跟位置。

动作

运动员用肘部将膝盖向外推。保持这个姿势同时尝试放松自己进入拉伸状态，维持30秒。

图8.2 深蹲拉伸

股四头肌拉伸

准备

运动员单膝跪地，另一侧膝盖弯曲。躯干保持中立位，挺胸抬头，目视前方（见图 8.3a）。这也是髋部屈肌的拉伸动作。

动作

运动员吸气，然后呼气，同时抓起身后着地的一只脚（见图 8.3b）。一开始，运动员可能只能触摸这只脚，但随着时间的推移会越做越好，能够抓住这只脚并轻轻拉伸这条腿。

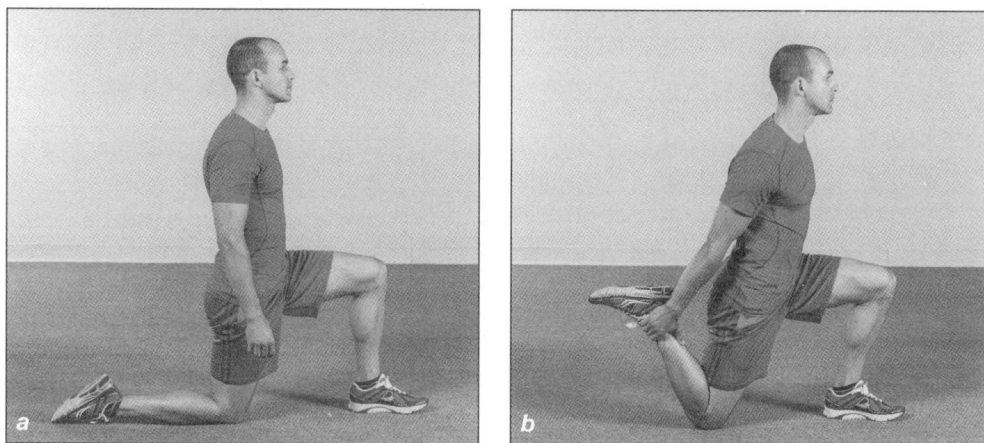

图8.3 股四头肌拉伸

股后肌群拉伸

准备

运动员将一只脚放到长凳或桌子上，同时保持双腿伸直（见图 8.4a）。

动作

运动员在身体尽量保持伸直的同时，吸气，然后呼气，同时收缩股直肌（股四头肌）。在保持躯干中立位的同时，躯干前倾直到股后肌群部位有拉伸感（见图 8.4b）。

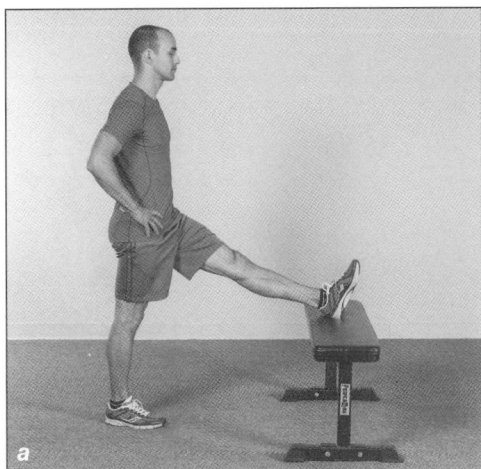

图8.4 股后肌群拉伸

内收肌拉伸

准备

运动员站立,双脚尽可能舒适地分开到最大宽度,胸部挺起,双手放于头部后面,目视前方(见图 8.5a)。

动作

运动员吸气,然后呼气,同时向一侧深蹲,保持胸部挺起,另一条腿伸直(见图 8.5b)。

图8.5 内收肌拉伸

鸽式拉伸

准备

运动员坐在地上，一条腿在前，另一条腿在后。前腿膝盖部位弯曲 90 度并朝向身体中线位置（见图 8.6）。

动作

运动员挺胸抬头，目视前方，吸气，然后呼气，同时身体前倾，使胸骨碰触到前面膝盖。

图8.6　鸽式拉伸

髋部外旋肌拉伸

准备

运动员仰卧在瑞士球上，上背部、肩膀和头部接触球面，臀部拉伸，双脚分开与肩同宽（见图 8.7a）。

动作

运动员吸气，然后呼气，同时尝试将两个膝盖碰触在一起（见图 8.7b）。整个拉伸过程中，臀部应该保持拉伸状态。

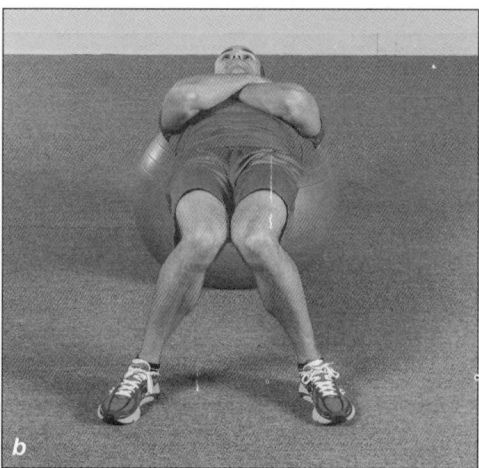

图8.7　髋部外旋肌拉伸

腰方肌拉伸

准备

运动员侧身躺在瑞士球上，上面的一条腿向前，下面的一条腿向后伸出（见图8.8a）。

动作

运动员吸气，然后呼气，并随之将手臂伸过头顶。例如，如果运动员躺向左侧，则右脚向前，左脚向后。将右手伸过头顶，同时保持身体左侧躺在瑞士球上，这样可使右侧腰方肌得到拉伸（见图8.8b）。一侧拉伸后，运动员换另一侧重复该动作。

图8.8 腰方肌拉伸

小腿拉伸

准备

运动员站到箱子或平台上（见图 8.9a），使足跟能够下降而保持前脚掌在箱子或平台上（见图 8.9b）。

动作

运动员要拉伸腓肠肌，则让膝盖保持伸直；要拉伸比目鱼肌，则让膝盖弯曲。

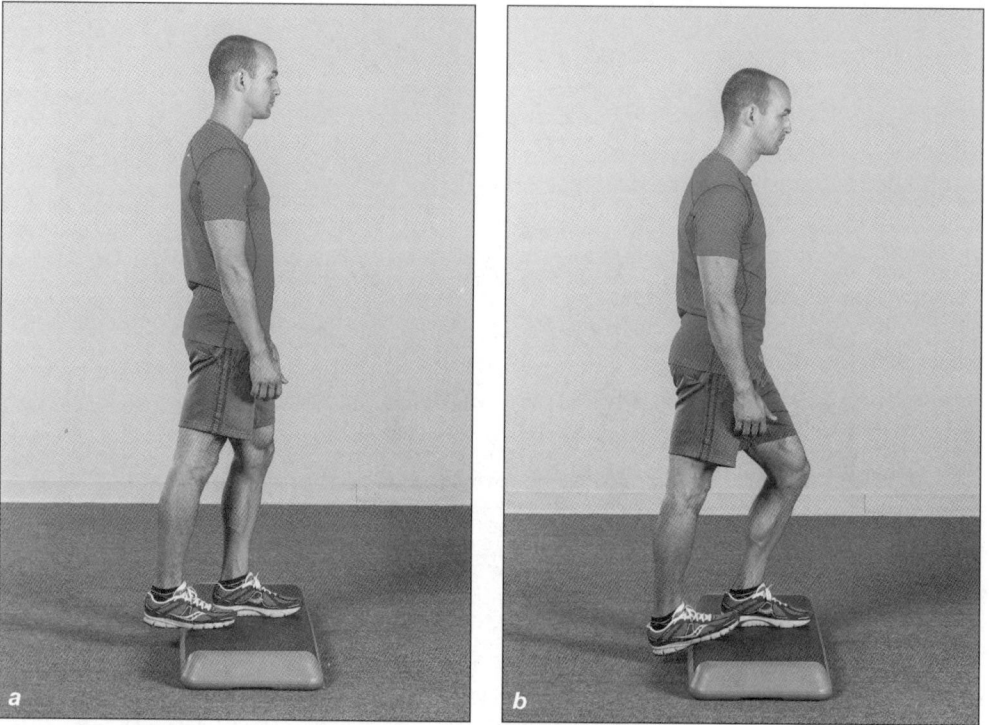

图 8.9 小腿拉伸

背阔肌拉伸

准备

运动员单臂抓住一个深蹲架、架杆或手环。头部和脊柱处于中立位（见图8.10a）。

动作

运动员吸气，然后呼气，并随之保持手臂拉伸，臀部向后移动，使背阔肌有拉伸感（见图8.10b）。换另一侧重复该动作。

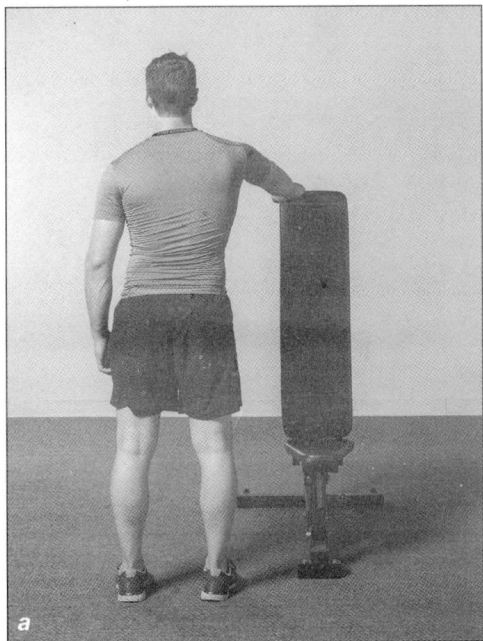

图8.10 背阔肌拉伸

胸部拉伸

准备

运动员在门口或深蹲架内站立，身体伸直。

动作

被拉伸一侧肘关节屈曲，大臂与地面平行，小臂与地面垂直，手指向上。运动员吸气，然后呼气，将身体前倾并同时保持中立位（见图8.11）。此时胸大肌会有拉伸感。换另一侧重复该动作。

图8.11　胸部拉伸

第9章

能量代谢

冰球球员都希望他们在比赛后期能像比赛开始时一样快速有力，所以对于体能教练来说，设计一个适当的能量代谢训练方案是至关重要的。尽管教练的工作是帮助冰球球员变得更强壮和更快速，但能量代谢训练也是其工作的一部分。应当持续进行适当的能量代谢训练计划。

计划的实施

从冰场外的训练方式首次被应用开始，冰球运动的能量代谢训练经历了漫长的过程。曾经有段时间里，职业冰球球员在赛季外的训练中几乎无事可做。球员们把当时 4~6 周的训练营时间仅仅用于为赛季的开始做状态调整。直到 20 世纪 80 年代，冰球运动才开始有了冰场外的训练和测试方案来帮助球员获得提升。当时这方面还是一片空白，所以向运动生理学家咨询并设计了合适的训练方案。刚开始，训练主要是有氧运动，即在功率自行车上进行长时间、恒定节奏的骑车练习。因此，最大摄氧量成了多年来测试冰球运动员能量代谢水平的通用方法，直到现在，许多职业和业余级别的冰球团队和俱乐部还在使用这种方法。

如今，体能教练需要懂得如何设计和实施一整年的能量代谢训练课程。体能训练计划应该遵循冰球运动能量需求的特定性原则：球员需要像参加比赛一样进行训练。根据球员的位置和冰场上的情况，一次上场的时间范围很广、短则 20 秒，长可超过 80 秒。然后球员们坐下来休息几分钟，这个循环将在比赛的剩余时间里重复，另外还有两个中场休息时间（一般是 15~18 分钟）。在比赛第三局，特别是在落后一球或者努力保持领先一球的情况下，技能高超的球员一般会多比赛几分钟。所以，这些球员的上场时间会加长，而休息时间会缩短。这种情况在无论哪个级别的冰球比赛都是普遍存在的。唯一的差别是比赛总时间——高级别冰球运动是 60 分钟，而低级别是 36 分钟左右。

　　能量代谢训练在非赛季一开始就进行，一旦进入赛季前阶段，训练计划将从主要的冰场外能量代谢训练过渡到更多的冰场上能量代谢训练。尽管非赛季能量代谢训练计划的目的是让球员变得更加强健，但常规赛季开始后，能量代谢训练没有停止。常规赛期间球员需要维持自己的能量代谢水平，从而以尽可能高的能量代谢水平进行比赛。

能量代谢训练

　　对于赛季的每个阶段（非赛季、赛季前和赛季中）都有推荐的能量代谢训练方式。

能量代谢训练

　　在非赛季，所有能量代谢训练都是在冰场外或旱地上进行，非赛季阶段前期训练要比后期容易。这个时候球员要重新适应一个不使用球杆、冰鞋和冰球的长时间且高要求的训练生活。对于所有级别的冰球球员来说，这也是重新引入跑步训练的阶段。跑步要求冰球球员双脚着地并伸展臀部，这很重要，因为在赛季中他们主要是穿着冰鞋以屈髋姿势进行训练。他们的肌肉需要有能够利用来自地面的力量并达到伸展状态的能力。这样可以对抗赛季中因大量滑冰训练而反反复复出现的、处于缩短状态的髋部屈曲姿势。

　　能量代谢训练应遵循从重复次数和涉及距离上训练量较小的运动，过渡到重复次数和涉及距离上训练量较大的运动的过程。运动员要适应能量代谢训练对身体造成的压力。到了非赛季末期，球员将会以良好的状态迎接包含冰场上和冰场外两种训练场所的赛季前的开始。

　　本书中的非赛季能量代谢训练方法包括节奏跑、滑板能量代谢训练和折返跑。

节奏跑

　　节奏跑是整个非赛季都在用的一个能量代谢训练方法。节奏跑一直被田径和体能教练（如查理·弗朗西斯、艾尔·费尔迈尔和迈克·鲍伊尔）所提倡。查理·弗朗西斯把节奏跑用在他的田径短跑运动员身上，用来提高训练量和恢复能力。这种方法可以通过非长时间、稳定状态的训练而提高有氧能力，来促进运动员在高强度无氧运动时的恢复。

准备

　　开始时，运动员以运动准备姿势站在足球场或橄榄球场球门区后面的一个角上。

动作

运动员沿着边线一直跑到足球场对面的球门线或一角完成 1 次重复。他走着横穿该球门线到对面边线，然后沿着边线跑到足球场的对面球门区后面或角上完成第 2 次重复。运动员从那里走着横穿球门区直到对面一角后开始下一次重复。按照规定次数重复该动作。

节奏跑的速度比较快，既不是慢跑也不是冲刺而是介于两者之间，其速度范围是最大速度的 75%~85%。这项训练可以成功地应用于团体训练，即运动员成一纵队沿着边线跑，并以相同的方式走着横穿球门区。

方案

节奏跑在整个非赛季应该每周进行 1~2 次。开始时每周进行 2 天的节奏跑，当数周后训练计划加入折返跑后过渡为 1 天。节奏跑距离为 110 米。

滑板能量代谢训练

冰球球员需要有变向运动的能力。滑板是一个可以帮助运动员适应在额状面内侧向运动的工具。非赛季主要以滑冰时所用的肌肉训练为主（例如髋外展肌和髋内收肌），以帮助球员重返冰场做准备。非赛季有效利用滑板可以帮助冰球球员提升体能，同时也可以尽可能地模仿滑冰要求。

尽管在非赛季滑板被用于侧向移动训练，但在赛季中很少被健康球员使用。一旦球员们返回冰场，滑板就应该被搁置起来直到下个非赛季再使用。［例外情况是有时候滑板会被用于赛季中受伤球员（如腹股沟或髋部屈肌拉伤）的康复训练中。］此外，如果非赛季一个球员打算恢复滑冰训练，那滑板能量代谢训练应该减少。因为在赛季前开始时应该将过度劳累伤害的风险最小化。

准备

运动员通过保持深度屈膝来降低重心（见图 9.1a）。

动作

运动员始终处于运动姿态。他从一侧滑行到另一侧，眼睛看向地平线，双膝弯曲，臀部向后，胸部挺起。每次重复的重点是蹬离地面（见图 9.1b）和在之后的滑行阶段全程保持重心降低。按照规定时间进行该动作。

方案

之前提到的体能教练麦克·贝利在滑板及其在体能训练计划中的应用方面是一个先行者。他的著作在指导滑板计划进程时非常有帮助。球员们在非赛季计划第2阶段至第4阶段的周二和周五使用滑板。在间歇训练期间，该训练的目的是一旦掌握了技能就竭尽全力去做。随着非赛季期的推移，滑板训练计划将从开始时的30秒间歇升级为45秒间歇（防守球员）。

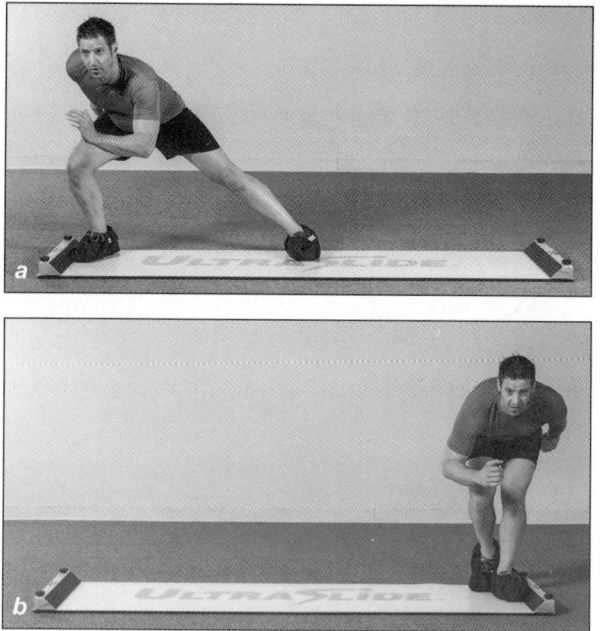

图9.1　滑板能量代谢训练

折返跑

折返跑是另一个给冰球运动能量系统进行调节的重要方法。这种跑步是艰苦的，因为其速度接近最大冲刺速度。尽管折返跑和实际冰球运动上场时间的跑动很类似，但上场时间包含滑行时间，也可能包含比赛暂停期。而在折返跑过程中不存在滑行。折返跑的另一个重要优势是需要频繁地变向。这样可以在运动员转身和改变方向时锻炼离心力量。

准备

开始时运动员以运动准备姿势站在足球场端线位置。

训练实施

运动员向25码（约23米）线冲刺，然后改变方向并往回跑向起始线。如此折返3次达到合计150码（约137米）。目标是在30秒内完成。按照规定次数重复该动作。休息时间是1分30秒。

对于300码（约274米）折返运动，运动员要折返跑50码（约46米）距离，而非25码（约23米）（或者依然规定25码（约23米）距离但折返6次），应努力在1分钟内完成。开始时休息3分钟，然后升级为休息2分钟。

方案

折返跑训练以 150 米距离开始。在非赛季的第 3 阶段和第 4 阶段才进行 300 米折返跑。

赛季前的能量代谢训练

赛季前冰球球员需要返回冰场。因此以冰上能量代谢训练为主，尽管也推荐一些场外能量代谢训练来对冰场上的训练做补充。此时跑步训练不应该继续进行，以使球员适应滑冰训练的特定要求——跑步的冲击会干扰他们从滑冰训练中恢复。向固定式自行车训练的过渡也可以开始了。尽管固定式自行车在非赛季不推荐使用，但在赛季前和赛季中可以用来进一步提高能量代谢水平。

赛季前，大部分冰球团队聚集在一起并开始自己的实践练习。在高中和大学级别的冰球球队中，由于这时候没有教练指导，所以这些实践练习被认为是"队长的实践练习"。团队队长负责规划和组织练习课程。对于职业级别的球队来说，从 8 月中旬到 9 月上旬，团队自己组织实践练习也并不罕见，这时候是球员们返回球队所在城市报到的时间。这和初级冰球球队计划中的时间框架也很接近。

无论是大学级别（有限的责任）、初级还是职业级别，球队的体能教练都可以实施渐进式的冰场上能量代谢训练计划。和非赛季计划一样，开始时训练量较少，接近结束时，训练量和难度会增加。对于球员当前的滑冰能力做一个总体测试是有帮助的。有些球员数周前就已经开始滑冰练习，而其他球员可能在这个阶段第一次上冰场。一般来说，假设每个球员都是刚刚返回冰场或还没有正式开始冰上训练，能量代谢训练是比较安全的。因此，在赛季前开始时应该避免包含很多制动和起动的训练。在开始时就进行制动和起动训练会带来很大压力，并且可能导致球员受伤。这个阶段应该以一些平稳节奏的训练开始，包括较多的直线向前滑冰加转身变向。然后，经过几个课程后，更严格的制动和起动训练就可以开始了。

以下是体能教练在赛季前可以应用的一些体能训练方法，一开始是一些节奏较平稳的训练，然后升级到需要频繁变向、强度较大的训练。这些训练应该在所有的团队进行完冰球训练之后再进行。

4x3 圈

准备

将参与滑冰训练的球员分为两组。一组站在红线上，而另一组站在冰场中心附近，等待他们开始的时间，一群球员一起将球门向冰场中心移动几米。

训练实施

口哨响起时，站在红线上的一组球员绕着冰场滑行3圈（见图9.2）。另一组则在第一组球员穿过红线时开始滑行。关注点是保持重心降低并采取长滑步，长滑步的重点是蹬离冰面和滑行。每组3圈之后球员应改变方向滑行，这样在两个方向都能得到同等训练。按照1:1的训练休息比完成4组滑冰训练。

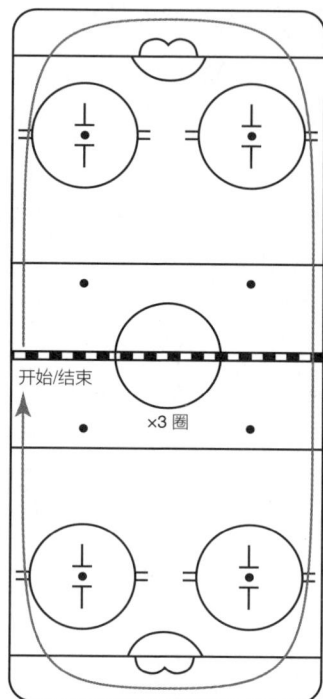

图9.2 4x3圈

搭档滑冰

准备

将参与滑冰训练的球员分为两组。一组站在红线上，另一组站在冰场中心附近，等待他们开始的时间。

训练实施

一组球员滑行1圈，然后下一组滑行1圈；之后第一组球员滑行2圈，第二组接着滑行2圈；这样按照规定圈数持续进行（见图9.3）。球员完成每组圈数后要改变方向，以便在两个方向都能得到同等训练，或者向上沿同一个方向滑行规定的圈数后再向下沿相反方向滑行。尽管这个训练要求球员向上滑行4圈后向下滑冰，但教练可以根据自己的意愿决定滑行圈数。

图9.3 搭档滑冰

山脉式滑冰

准备

球员沿着冰场球门线站成一排。该训练适合一大组球员一起进行，也可以小组或者单个球员进行。一大群球员可以分成两组。

训练实施

教练口哨响起时，球员依次向近处蓝线滑行并返回球门线；向红线滑行并返回球门线；向远处蓝线滑行并返回球门线；然后一直滑行到对面球门线并返回（见图9.4）。下一组球员接着进行该训练。推荐训练休息比为1:1、1:2、1:3，这个可以根据教练想要达到的目的或球员的综合体能情况来定。

图9.4 山脉式滑冰

方案

山脉式滑冰可以采用急转弯或制动再启动两种方式。急转弯比较容易，赛季前早期推荐用这个方式，进阶训练方式为制动再启动，在这种方式中，肌肉的工作方式更加贴近比赛。

山脉式滑冰的另一个优势是有多种变式选择。例如，球员可以进行全部山脉式滑冰或者只进行其中一部分，例如"滑向蓝线并返回加滑向远处蓝线并返回"，或者"滑向红线并返回加滑向远处球门线并返回"。和所有训练一样，教练的创造力及他所想要达到的训练强度决定了他该选择哪一种训练方式。开始时重复2次，然后每周进阶，加1次重复。山脉式滑冰有难度，尤其是在赛季前实践训练的末期，关键是不能训练过度。

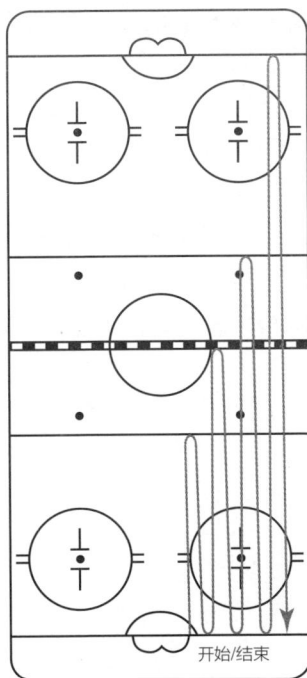

宽度滑冰

准备

球员沿着界墙排成一行，并根据参加的人数分成1~3组。

训练实施

教练口哨响起时，第1组球员以最快的速度向对面界墙滑行并返回（见图9.5）。这是1次重复。然后第2组球员进行1次重复。如果有第3组球员，那第3组接着进行重复。之后第 1 组球员进行 2 次重复，第 2 组球员接着进行重复。按照预想的次数重复该滑冰。

方案

宽度滑冰是另一种进阶的冰上能量代谢训练，也包含紧急变向或停止再起滑两种方式。和山脉式滑冰中沿着垂直方向向上和向下滑行不同，宽度滑冰中球员沿着水平方向横穿冰场宽度滑行。

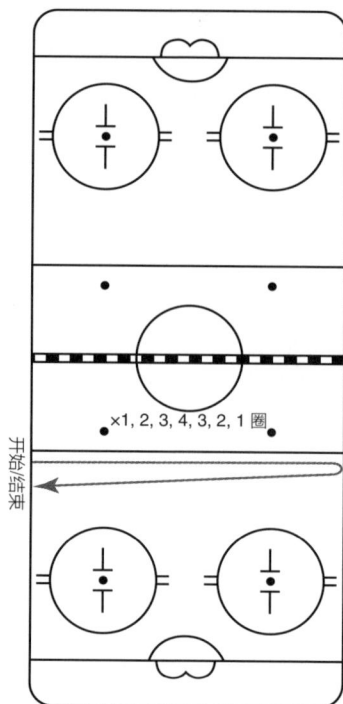

图 9.5　宽度滑冰

4 个争球点滑冰

准备

该训练最适合少数球员，每次一个球员进行训练。需要用到 4 个争球点，形成一个方形。

训练实施

球员站在一个争球点上，进行以下滑冰训练（见图 9.6）：

- 滑向第 2 个争球点并返回第 1 个争球点，采用急转弯或停止再起滑；
- 绕着第 2 个争球点一直滑到第 3 个争球点；
- 返回第 2 个争球点；
- 滑向第 4 个争球点；
- 返回第 3 个争球点；
- 返回起始争球点，然后滑向第 4 个争球点；
- 滑过第 1 个争球点。

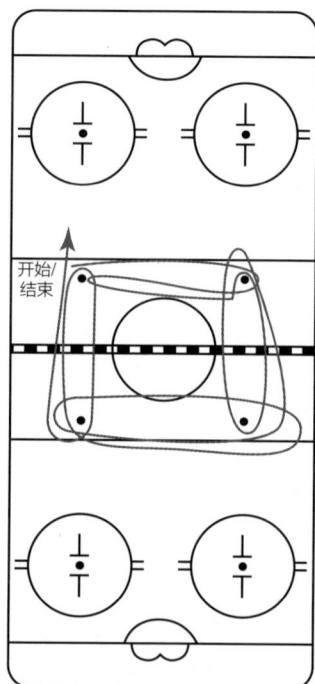

图 9.6　4 个争球点滑冰

- 按照预想次数沿着两个方向重复该滑冰训练。

方案

这是一个艰难的训练，仅需要重复几次。很多球员重复滑行后，冰面会变得很粗糙。训练时可以随意使用冰面上的其他争球点。训练休息比可以采用1:1、1:2或1:3。

蓝线和红线滑冰

准备

球员分为两组，各排成一行站在两条蓝线上，并相对站立。每次其中一组进行训练。

训练实施

教练吹口哨前要先讲解训练内容。例如，教练可能说"红线返回加蓝线返回"。吹口哨后，一组球员用最快的速度滑向红线后返回起点，然后滑向远处蓝线后返回起点（见图9.7）。接着另一组球员在教练吹口哨后采用同样的动作。这里有很多其他可能的训练，例如蓝线返回加红线返回；蓝线返回重复4次以及红线返回重复4次。按照设计的次数重复该滑冰训练。

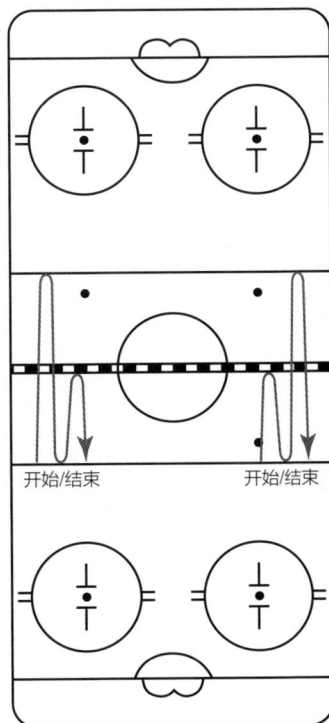

图9.7　蓝线和红线滑冰

固定式自行车训练

尽管赛季前冰场上能量代谢训练非常重要，但也应该进行一些场外训练作为补充，包括固定式自行车（如果有的话）上的有氧训练。固定式自行车是赛季前和赛季中的一个非常有用的工具。和在技术练习前按照循环模式进行的力量训练不同，冰场外自行车训练应该在技术练习后进行。

赛季前的固定式自行车训练需要有难度。训练应该基于间歇模式，以近似地模仿冰球运动中的上下场轮换要求。间歇训练包含训练时间加间歇时间，并按照设计次数进行重复。间歇训练最好的一点是训练和间歇时间可以自由调整，以产生不同的训练效果。非赛季的所有体能训练都包括间歇训练（冰球运动基本上就是间歇运动）。而此时唯一的不同是固定式自行车训练可以只用双腿来完成更多的速度和力量设定。

以下是赛季前的一些固定式自行车训练方法。

0:30/1:00~1:30 休息

对于这些间歇运动，运动员在自行车上进行 3~5 分钟认真的热身运动后，竭尽全力地冲刺 30 秒。阻力级别是冲刺艰难程度的决定因素。自行车应该设置为手动阻力，热身运动时的阻力级别为 10~12，转速为 80 圈 / 分钟。大部分固定式自行车的最高阻力级别是 20、21 或 25。较高级别的阻力应该用在冲刺阶段。冲刺结束后，阻力级别应下调到 10 或以下，以使运动员在下次冲刺之前恢复体力。

在冲刺结束时心率应该会提升。如果教练能够为整组球员提供足够的心率监测表的话，那可以选择另一种休息方式，即等到心率降低到 130 次 / 分钟或 120 次 / 分钟（取决于教练的决定）以下后再开始下一次冲刺。这样可以允许更强壮的球员（如果他们能比其他球员更快恢复体力）优先开始下次冲刺，同时也可以为不太强壮的球员在下次冲刺前提供最优的休息时间。按照设计的次数重复该训练。

1:00/2:00~3:00 休息

这些训练明显要比 30 秒冲刺更艰难。增加的这 30 秒有着重大的意义，使运动员在比赛的后期依然有充沛体力。心率反应和对双腿的要求也会变得更高。和 30 秒冲刺一样，心率监测仪可以让球员单独使用。按照设计的次数重复该训练。

Tabata 极限方式

Tabata 是一种高强度的无氧运动方式。有一项研究表明，对于提高最大摄氧量，进行 8 组 20 秒的高强度冲刺（170% 最大摄氧量）加 10 秒休息，比长期、稳定心率训练的效果更优越，从那以后这种方式就逐渐流行。大体上是这样的，3~5 分钟的热身运动后，运动员在固定自行车上用最高阻力冲刺 20 秒，休息 10 秒，然后再重复 7 次。这是一个合计 4 分钟的训练，但感觉时间要长得多，尤其是球员非常疲劳的时候。这种骑车训练的训练程度及休息比例是负的，这和任何其他间歇训练法或冰球运动本身都不同。

赛季中能量代谢训练

一般来说，赛季中体能训练主要在冰场上。作为每日参加技术练习和比赛的副产品，赛季中整个团队的体能水平要比赛季前更好。技术练习和比赛后足够的休息必不可少，这样可以平衡训练和竞赛带来的身体负荷。大多数情况下，赛季中不需要额外的场外体能训练，除非是用固定式自行车训练来代替场上技术练习。这种情况发生在主教练某天决定进行别的训练来代替滑冰训练，或者场馆设施存在的问题的时候，例如冰场可能不能使用。当体能教练对每个球员在团队中的角色进行评估后，额外的场外训练可能需要根据球员在比赛中的上场时间多少而定。

在赛季中，场外能量代谢训练可以根据团队中球员角色的特定需求来进行个性化安排。例如，对于多打少和少打多中的1线前锋和比赛中仅上场5~8分钟的4线前锋，能量代谢训练要求肯定不同。这可以从场上和场外两个角度来安排。

最重要的考虑因素是一个球员上场时间的多少。除非一个团队在整场比赛过程中简单使用3个或4个组别滚动轮换的方式，任何团队的顶级球员都会有更多的比赛分钟数（即1线球员比赛时间比4线球员更多）。这种比赛分钟数的差异在各个级别的冰球运动中都存在。集中攻势和少打多的情况通常会打断组别滚动方式，因为集中攻势时更有攻击意识的球员需要比赛更长时间，而少打多的情况下，更有防守意识的球员则需要承担责任。最好的球员两种意识都有，因此他们的上场时间将比团队的其他人多很多。

随着赛季的进展，各个球员的角色将确定下来。体能教练应该能够根据每个球员的情况，有针对性地设计能量代谢训练计划。当球员由于受伤或作为休赛球员而不能参加比赛时，教练需要做出时间调整。体能能量代谢计划的任何改变都要向受到影响的球员阐述清楚。

在实践练习中，对团队的能量代谢训练要求是平等的。在练习阶段，整个团队进行同样的训练，然后以一次能量代谢滑冰训练结束并不少见。而比赛期间，一些上场时间少的球员则需要通过冰场外能量代谢训练来优化他们的时间。如果一个球员上场分钟数不多，则赛后需要在自行车上进行额外的训练。停赛球员则要在比赛期间在自行车上进行调整，尤其是如果他们参加了赛前热身运动（主要是职业球队和初级级别球队）。受伤球员的情况则不同。他们的体能训练需要根据受伤情况、各自所处的康复过程，以及就具体能量代谢训练方式而言能做的和不能做的来进行个性化设计。

上场时间超过15分钟

这些球员应该将骑自行车当作赛后缓冲。阻力应该降低为中等强度，并且他们应该以稳定步伐骑行10~20分钟。这种骑车训练可以帮助球员赛后向恢复过渡，同时开启恢复过程。这种方式结合伸展运动及冷水浴，对于上场分钟数多的球员来说是一个很好的赛后方案。

上场时间为 10~15 分钟

这些球员需进行一个固定式自行车训练计划，以使他们更接近上场时间长的球员的能量代谢要求。例如，如果团队顶级前锋上场 25 分钟，则那些上场时间只有 15 分钟的球员应该最少做 10 分钟的间歇训练。

这里使用的间歇训练方法与赛季前固定式自行车训练类似，用于休息期间的时间较少。球员可以做 4~6 次 30 秒的冲刺训练加 1 分钟休息，或者 4 次 1 分钟的冲刺加 2 分钟的休息。与其他的训练方法一样，这将取决于体能教练的安排。

上场时间为 10 分钟以下

那些上场时间为 10 分钟以下的球员需要在赛后自行车上训练更长时间。例如，在顶级球员上场时间为 25 分钟的情况下，如果一个球员上场时间为 6 分钟，则他应该进行 19 分钟的训练。这种情况下，训练标准可能是 8~12 次 30 秒冲刺（间歇 1 分钟），或 4~6 次 1 分钟冲刺（间歇 2 分钟）。

停赛球员

停赛球员和替补守门员需要进行大量的训练。如前所述，一个停赛球员在比赛期间要在热身后立即进行能量代谢训练，而替补守门员必须在赛后进行能量代谢训练。擦伤的球员需要根据个人情况处理。他们可能是在职业生涯中第一次被擦伤，或者可能是由于还不能适应大量连续比赛而受到擦伤。他们的能量代谢训练时间应该为 20~30 分钟，如 10~14 次 30 秒冲刺训练或者 6~8 次 1 分钟冲刺训练。

冰球赛季很长，有些球员会发现自己在做大量的赛后骑车训练。体能教练应该通过随时改变固定自行车训练的方法来保持新鲜感。安排各种各样的骑车训练可以避免运动员于反反复复的相同训练方式中获得适应。Tabata 训练法可以频繁使用，同时偶尔加入长时间、稳定状态的骑车训练。

心率测试仪也可以用来进一步将自行车体能训练课程个性化。不需要遵循一般的恢复建议，球员们可以恢复到特定的心率后再开始下一次间歇训练。体能教练应该决定需要的休息时间。例如，130 次 / 分钟的心率应被视为不完全的恢复，而 110 次 / 分钟的心率则应被视为完全的恢复。这仅需要最少的教练指导，因为使用心率测试仪就可以决定训练计划安排。

第 10 章

非赛季训练计划

非赛季训练期间是在竞争激烈的赛季之后。之所以被称为非赛季，是因为这段时间里没有与团队相关的冰场上的活动安排。根据球队的级别，非赛季的周期范围为9~16周。例如，一个参加了斯坦利杯总决赛的球队可能有9周的非赛季，而一个没有资格参加他们各自联盟季后赛的高中球队或初级球队可能有16周的非赛季。

非赛季是提升冰球运动中球员重要的身体特征的关键时期，例如力量、速度和能量代谢水平。由于在此期间球员不参加实践练习和比赛，他们可以把更多的时间用到训练强度上，以便在离开冰场休息的同时，身体素质获得巨大的提升。

设计一个冰球运动非赛季体能训练计划

在非赛季计划中，本书中的训练计划会以一种渐进式、系统性的方式来提升球员的灵活性、柔韧性、核心力量和稳定性、爆发力、加速能力、力量和能量代谢水平。初期的练习是基础性的，重在球员的技巧提升，因为在球员参加更有技术性的练习和训练之前，奠定基础很重要。非赛季也会让球员对一整年中将会进行的所有练习都变得熟悉。例如，非赛季出现的某个练习也会在赛季中用到。

该计划的目的是培养身体更强壮、速度更快、能量代谢水平更高的冰球球员。提升力量、速度和能量代谢水平的方式对于处于所有位置的球员都是适用的，所以守门员可以和前锋应执行同样的非赛季计划。力量、速度和能量代谢水平是具有共性的——尤其在非赛季。特定位置的训练将在赛季前和赛季中当球员到了冰场上时加入训练计划中。

球员每周训练4天，理想状况下是周一、周二、周四和周五，周三和周六为恢复日期。恢复日期重点是泡沫轴滚压和伸展运动，也可能有一些低强度的有氧训练。

周日通常是休息日。每个训练日包含一个适合的热身运动、核心激活运动、增强式训练、加速练习、爆发性举重和能量代谢训练。完成该训练课程需要的时间范围为 90 分钟 ~2 小时。这样球员只需用一天中的少部分时间来进行体能训练，同时还可以拥有充足的时间来享受非赛季。

　　每一项练习都要遵循计划示意图中规定的组数和重复次数。球员要按照规定有耐心地坚持该计划。随着力量训练的进行，加在运动员手中杠铃上的负荷量应该根据需要完成的重复次数来决定。例如，如果一个颈前深蹲规定是 3×8，这意味着运动员要进行 3 组，每组重复 8 次。这种情况下，要使用可以很容易重复 8 次而非 9 次或 10 次的负荷。关键点是使用合适的负荷量，并尝试每周增加负荷量。每个练习都要如此进行，这样阻力就会渐进式增加。这是力量训练的正确方法，可以帮助球员变得更强壮。重申一遍，按照规定的组数和重复次数坚持训练，并尝试随着时间的推移增加负荷量，每个练习都要注意正确的形式。耐心很重要。

非赛季样本计划

　　以表 10.1~ 表 10.48 包含 12 周的非赛季样本计划，集合了本书中讨论过的所有内容。这些样本计划对所有级别的所有球员都适用。

表 10.1　非赛季训练计划：第一周，周一

泡沫轴练习	第 26 页	5 分钟
静态拉伸	第 198 页	5 分钟
重置动作		
仰卧肘膝触碰	第 50 页	每侧重复 10 次
翻滚（上半身和下半身）	第 52 页	每侧下半身重复 3 次，每侧上半身重复 3 次
前臂摇摆	第 53 页	重复 30 次，前臂着地
核心激活		
仰卧挺髋	第 55 页	重复 10 次
屈膝侧桥式外展	第 61 页	每侧 30 秒
仰卧弹力带屈髋	第 64 页	每侧保持 10 秒，重复 5 次
灵活性训练		
三点支撑胸椎旋转	第 29 页	每侧重复 10 次
踝关节灵活性练习	第 30 页	每侧重复 10 次（正面，向右，向左）
分腿蹲	第 30 页	每侧重复 5 次
侧蹲	第 31 页	每侧重复 5 次
水平面深蹲	第 32 页	每侧重复 5 次
移动准备		
线性移动准备	第 34 页	每次 20 米
快速伸缩复合训练		
箱式双腿跳	第 173 页	4x5
速度训练		
"前倒"加速练习	第 188 页	4x10 米
屈髋"前倒"加速练习	第 189 页	4x10 米
雪橇训练		
拉雪橇行走	第 195 页	6x25 米
力量训练		
三组式　壶铃甩摆	第 116 页	3x10
三组式　髋部屈肌拉伸	第 199 页	每侧 2x20 秒
三组式　四肢触地式屈膝髋关节屈伸	第 58 页	每侧 2x5
四组式　颈前深蹲	第 120 页	3x8
四组式　反握引体向上	第 137 页	3x8
四组式　瑞士球腹肌屈伸	第 70 页	3x8
四组式　胸部拉伸	第 206 页	2x20 秒
四组式　分腿蹲	第 124 页	每侧 3x8
四组式　"锯式"背拉	第 142 页	每侧 3x8
四组式　土耳其起立：步骤 1——起立到手撑地面	第 82 页	每侧 2x5
四组式　股后肌群拉伸	第 200 页	每侧 2x20 秒
能量代谢训练		
节奏跑	第 208 页	10x110 米

（注：4×5 代表 4 组 ×5 次，即共 4 组，每组重复 5 次，余同；4×10 米代表 4 组 ×10 米，即共 4 组，每组进行 10 米，余同；2×20 秒，即共 2 组，每组进行 20 秒，余同。）

表 10.2　非赛季训练计划：第一周，周二

泡沫轴练习	第 26 页	5 分钟
静态拉伸	第 198 页	5 分钟
重置动作		
仰卧肘膝触碰	第 50 页	每侧重复 10 次
翻滚（上半身和下半身）	第 52 页	每侧下半身重复 3 次，每侧上半身重复 3 次
前臂摇摆	第 53 页	重复 30 次，前臂着地
核心激活		
仰卧挺髋	第 55 页	重复 10 次
屈膝侧桥式外展	第 61 页	每侧 30 秒
仰卧弹力带屈髋	第 64 页	每侧保持 10 秒，重复 5 次
灵活性训练		
三点支撑胸椎旋转	第 29 页	每侧重复 10 次
踝关节灵活性练习	第 30 页	每侧重复 10 次（正面，向右，向左）
分腿蹲	第 30 页	每侧重复 5 次
侧蹲	第 31 页	每侧重复 5 次
水平面深蹲	第 32 页	每侧重复 5 次
迷你弹力带训练		
怪物行走	第 33 页	每次 15 米
迷你弹力带侧向拖步	第 34 页	每次 15 米
移动准备		
侧向移动准备	第 44 页	每次 20 米
快速伸缩复合训练		
箱式侧向单腿跳	第 174 页	每条腿 4x5
速度训练		
"侧倒"交叉步起跑	第 191 页	每侧 3x25 米
"侧倒"弓步加速跑	第 192 页	每侧 3x25 米
雪橇训练		
侧向交叉步拉雪橇行走	第 195 页	每侧 3x25 米
药球训练		
跪姿侧抛药球	第 94 页	每侧 3x10
跪姿下抛药球	第 95 页	3x10
力量训练		
三组式　膝上高翻	第 106 页	3x10
三组式　深蹲拉伸	第 199 页	每侧 2x20 秒
三组式　平板支撑	第 86 页	每侧 2x5
四组式　单臂哑铃卧推	第 150 页	3x8
四组式　双腿双臂硬拉	第 133 页	3x8
四组式　屈膝侧桥	第 90 页	每侧 5x10 秒
四组式　股四头肌拉伸	第 200 页	2x20 秒
三组式　跪姿哑铃肩上推举	第 154 页	3x8
三组式　瑞士球后勾	第 134 页	3x8
三组式　跪姿下劈	第 74 页	每侧 3x10
配对组　Y、T、W、L	第 167 页	每项 3x8
配对组　行李箱行走	第 165 页	每侧 3x40 米
能量代谢训练		
滑板能量代谢训练	第 209 页	8x30 秒，休息 90 秒

表 10.3　非赛季训练计划：第一周，周四

泡沫轴练习	第 26 页	5 分钟
静态拉伸	第 198 页	5 分钟
重置动作		
仰卧肘膝触碰	第 50 页	每侧重复 10 次
翻滚（上半身和下半身）	第 52 页	每侧下半身重复 3 次，每侧上半身重复 3 次
前臂摇摆	第 53 页	重复 30 次，前臂着地
核心激活		
仰卧挺髋	第 55 页	重复 10 次
屈膝侧桥式外展	第 61 页	每侧 30 秒
仰卧弹力带屈髋	第 64 页	每侧保持 10 秒，重复 5 次
灵活性训练		
三点支撑胸椎旋转	第 29 页	每侧重复 10 次
踝关节灵活性练习	第 30 页	每侧重复 10 次（正面，向右，向左）
分腿蹲	第 30 页	每侧重复 5 次
侧蹲	第 31 页	每侧重复 5 次
水平面深蹲	第 32 页	每侧重复 5 次
移动准备		
线性移动准备	第 34 页	每次 20 米
快速伸缩复合训练		
箱式单腿跳	第 174 页	每条腿 4x5
速度训练		
"前倒"加速练习	第 188 页	4x10 米
屈髋"前倒"加速练习	第 189 页	4x10 米
雪橇训练		
拉雪橇行走	第 195 页	6x25 米
力量训练		
三组式　哑铃抓举	第 110 页	每侧 3x5
三组式　髋部屈肌拉伸	第 199 页	每侧 2x20 秒
三组式　四肢触地式屈膝髋关节屈伸	第 58 页	每侧 2x5
四组式　颈前深蹲（负重比周一轻 25%）	第 120 页	3x8
四组式　平握引体向上	第 138 页	3x8
四组式　瑞士球腹肌屈伸	第 70 页	2x10
四组式　胸部拉伸	第 206 页	每侧 2x20 秒
四组式　后脚抬高式分腿蹲	第 125 页	每侧 3x8
四组式　仰卧背拉	第 140 页	3x8
四组式　土耳其起立：步骤 1——起立到手撑地面	第 82 页	每侧 3x5
四组式　股后肌群拉伸	第 200 页	每侧 2x20 秒
能量代谢训练		
节奏跑	第 208 页	10x110 米

表 10.4 非赛季训练计划：第一周，周五

泡沫轴练习		第 26 页	5 分钟
静态拉伸		第 198 页	5 分钟
重置动作			
仰卧肘膝触碰		第 50 页	每侧重复 10 次
翻滚（上半身和下半身）		第 52 页	每侧下半身重复 3 次，每侧上半身重复 3 次
前臂摇摆		第 53 页	重复 30 次，前臂着地
核心激活			
仰卧挺髋		第 55 页	重复 10 次
屈膝侧桥式外展		第 61 页	每侧 30 秒
仰卧弹力带屈髋		第 64 页	每侧保持 10 秒，重复 5 次
灵活性训练			
三点支撑胸椎旋转		第 29 页	每侧重复 10 次
踝关节灵活性练习		第 30 页	每侧重复 10 次（正面，向右，向左）
分腿蹲		第 30 页	每条腿重复 5 次
侧蹲		第 31 页	每条腿重复 5 次
水平面深蹲		第 32 页	每条腿重复 5 次
迷你弹力带训练			
怪物行走		第 33 页	每次 15 米
迷你弹力带侧向拖步		第 34 页	每次 15 米
移动准备			
线性移动准备		第 34 页	每次 20 米
快速伸缩复合训练			
海登式跳跃		第 175 页	每条腿 4x5
速度训练			
"侧倒"交叉步起跑		第 191 页	每侧 3x25 米
"侧倒"弓步加速跑		第 192 页	每侧 3x25 米
雪橇训练			
侧向交叉步拉雪橇行走		第 195 页	每侧 3x25 米
药球训练			
跪姿侧抛药球		第 94 页	每侧 3x10
跪姿下抛药球		第 95 页	3x10
力量训练			
三组式	膝上高翻	第 106 页	5x5
	深蹲拉伸	第 199 页	每侧 2x20 秒
	平板支撑	第 86 页	每侧 2x30 秒
四组式	哑铃下斜式卧推（双臂交替）	第 151 页	每侧 3x8
	单腿单臂硬拉	第 132 页	每侧 3x8
	屈膝侧桥	第 90 页	每侧 3x5，保持 10 秒
	背阔肌拉伸	第 205 页	每侧 2x20 秒
三组式	俯卧撑（负重）	第 152 页	5x10
	瑞士球后勾	第 134 页	5x8
	跪姿上拉	第 78 页	每侧 5x10
配对组	Y、T、W、L	第 167 页	每项 3x8
	行李箱行走	第 165 页	每侧 3x40 米
能量代谢训练			
滑板能量代谢训练		第 209 页	9x30 秒，休息 90 秒

表 10.5　非赛季训练计划：第二周，周一

泡沫轴练习	第 26 页	5 分钟	
静态拉伸	第 198 页	5 分钟	
重置动作			
仰卧肘膝触碰	第 50 页	每侧重复 10 次	
翻滚（上半身和下半身）	第 52 页	每侧下半身重复 3 次，每侧上半身重复 3 次	
前臂摇摆	第 53 页	重复 30 次，前臂着地	
核心激活			
仰卧挺髋	第 55 页	重复 10 次	
屈膝侧桥式外展	第 61 页	每侧 30 秒	
仰卧弹力带屈髋	第 64 页	每侧保持 10 秒，重复 5 次	
灵活性训练			
三点支撑胸椎旋转	第 29 页	每侧重复 10 次	
踝关节灵活性练习	第 30 页	每侧重复 10 次（正面，向右，向左）	
分腿蹲	第 30 页	每条腿重复 5 次	
侧蹲	第 31 页	每条腿重复 5 次	
水平面深蹲	第 32 页	每条腿重复 5 次	
移动准备			
线性移动准备	第 34 页	每次 20 米	
快速伸缩复合训练			
箱式双腿跳	第 173 页	4x5	
速度训练			
"前倒"加速练习	第 188 页	4x10 米	
屈髋"前倒"加速练习	第 189 页	4x10 米	
雪橇训练			
拉雪橇行走	第 195 页	6x25 米	
力量训练			
三组式	壶铃甩摆	第 116 页	3x12
	髋部屈肌拉伸	第 199 页	每侧 2x20 秒
	四肢触地式屈膝髋关节屈伸	第 58 页	每侧 2x8
四组式	颈前深蹲	第 120 页	3x8
	反握引体向上（负重）	第 137 页	3x8
	瑞士球腹肌屈伸	第 70 页	2x12
	胸部拉伸	第 206 页	2x20 秒
四组式	分腿蹲	第 124 页	每侧 3x10
	"锯式"背拉	第 142 页	每侧 3x10
	土耳其起立：步骤 1——起立到手撑地面	第 82 页	每侧 3x5
	股后肌群拉伸	第 200 页	2x20 秒
能量代谢训练			
节奏跑	第 208 页	11x110 米	

表 10.6　非赛季训练计划：第二周，周二

泡沫轴练习	第 26 页	5 分钟
静态拉伸	第 198 页	5 分钟
重置动作		
仰卧肘膝触碰	第 50 页	每侧重复 10 次
翻滚（上半身和下半身）	第 52 页	每侧下半身重复 3 次，每侧上半身重复 3 次
前臂摇摆	第 53 页	重复 30 次，前臂着地
核心激活		
仰卧挺髋	第 55 页	重复 10 次
屈膝侧桥式外展	第 61 页	每侧 30 秒
仰卧弹力带屈髋	第 64 页	每侧保持 10 秒，重复 5 次
灵活性训练		
三点支撑胸椎旋转	第 29 页	每侧重复 10 次
踝关节灵活性练习	第 30 页	每侧重复 10 次（正面，向右，向左）
分腿蹲	第 30 页	每条腿重复 5 次
侧蹲	第 31 页	每条腿重复 5 次
水平面深蹲	第 32 页	每条腿重复 5 次
迷你弹力带训练		
怪物行走	第 33 页	每次 15 米
迷你弹力带侧向拖步	第 34 页	每次 15 米
移动准备		
线性移动准备	第 34 页	每次 20 米
快速伸缩复合训练		
箱式侧向单腿跳	第 174 页	每条腿 4x5
速度训练		
"侧倒"交叉步起跑	第 191 页	每侧 3x25 米
"侧倒"弓步加速跑	第 192 页	每侧 3x25 米
雪橇训练		
侧向交叉步拉雪橇行走	第 195 页	每侧 3x25 米
药球训练		
跪姿侧抛药球	第 94 页	每侧 3x10
跪姿下抛药球	第 95 页	3x10
力量训练		
三组式	膝上高翻	第 106 页	3x5
	深蹲拉伸	第 199 页	2x20 秒
	平板支撑	第 86 页	2x30 秒
四组式	单臂哑铃卧推	第 150 页	每侧 3x10
	双腿双臂硬拉	第 133 页	3x8
	屈膝侧桥	第 90 页	每侧 3x5，保持 10 秒
	股四头肌拉伸	第 200 页	2x20 秒
三组式	跪姿哑铃肩上推举	第 154 页	3x8
	瑞士球后勾	第 134 页	3x10
	跪姿下劈	第 74 页	每侧 3x10
配对组	Y、T、W、L	第 167 页	每项 3x8
	行李箱行走	第 165 页	每侧 3x40 米
能量代谢训练		
滑板能量代谢训练	第 209 页	10x30 秒，休息 90 秒

表 10.7 非赛季训练计划：第二周，周四

泡沫轴练习	第 26 页	5 分钟	
静态拉伸	第 198 页	5 分钟	
重置动作			
仰卧肘膝触碰	第 50 页	每侧重复 10 次	
翻滚（上半身和下半身）	第 52 页	每侧下半身重复 3 次，每侧上半身重复 3 次	
前臂摇摆	第 53 页	重复 30 次，前臂着地	
核心激活			
仰卧挺髋	第 55 页	重复 10 次	
屈膝侧桥式外展	第 61 页	每侧 30 秒	
仰卧弹力带屈髋	第 64 页	每侧保持 10 秒，重复 5 次	
灵活性训练			
三点支撑胸椎旋转	第 29 页	每侧重复 10 次	
踝关节灵活性练习	第 30 页	每侧重复 10 次（正面，向右，向左）	
分腿蹲	第 30 页	每侧重复 5 次	
侧蹲	第 31 页	每侧重复 5 次	
水平面深蹲	第 32 页	每侧重复 5 次	
移动准备			
线性移动准备	第 34 页	每次 20 米	
快速伸缩复合训练			
箱式单腿跳	第 174 页	每侧 4x5	
速度训练			
"前倒"加速练习	第 188 页	4x10 米	
屈髋"前倒"加速练习	第 189 页	4x10 米	
雪橇训练			
拉雪橇行走	第 195 页	6x25 米	
力量训练			
三组式	哑铃抓举	第 110 页	每侧 3x5
	髋部屈肌拉伸	第 199 页	每侧 2x20 秒
	四肢触地式屈膝髋关节屈伸	第 58 页	每侧 2x8
四组式	颈前深蹲（负重比周一轻 25%）	第 120 页	3x8
	平握引体向上	第 138 页	3x8
	瑞士球腹肌屈伸	第 70 页	2x12
	胸部拉伸	第 206 页	2x20 秒
四组式	后脚抬高式分腿蹲	第 125 页	每侧 3x10
	仰卧背拉	第 140 页	3x8
	土耳其起立：步骤 1——起立到手撑地面	第 82 页	每侧 3x5
	股后肌群拉伸	第 200 页	每侧 2x20 秒
能量代谢训练			
节奏跑	第 208 页	12x110 米	

表 10.8 非赛季训练计划：第二周，周五

泡沫轴练习	第 26 页	5 分钟
静态拉伸	第 198 页	5 分钟
重置动作		
仰卧肘膝触碰	第 50 页	每侧重复 10 次
翻滚（上半身和下半身）	第 52 页	每侧下半身重复 3 次，每侧上半身重复 3 次
前臂摇摆	第 53 页	重复 30 次，前臂着地
核心激活		
仰卧挺髋	第 55 页	重复 10 次
屈膝侧桥式外展	第 61 页	每侧 30 秒
仰卧弹力带屈髋	第 64 页	每侧保持 10 秒，重复 5 次
灵活性训练		
三点支撑胸椎旋转	第 29 页	每侧重复 10 次
踝关节灵活性练习	第 30 页	每侧重复 10 次（正面，向右，向左）
分腿蹲	第 30 页	每条腿重复 5 次
侧蹲	第 31 页	每条腿重复 5 次
水平面深蹲	第 32 页	每条腿重复 5 次
迷你弹力带训练		
怪物行走	第 33 页	每次 15 米
迷你弹力带侧向拖步	第 34 页	每次 15 米
移动准备		
线性移动准备	第 34 页	每次 20 米
快速伸缩复合训练		
海登式跳跃	第 175 页	每条腿 4x5
速度训练		
"侧倒"交叉步起跑	第 191 页	每侧 3x25 米
"侧倒"弓步加速跑	第 192 页	每侧 3x25 米
雪橇训练		
侧向交叉步拉雪橇	第 195 页	每侧 3x25 米
药球训练		
跪姿侧抛药球	第 94 页	每侧 3x10
跪姿下抛药球	第 95 页	3x10
力量训练		
三组式	膝上高翻	第 106 页	3x5
	深蹲拉伸	第 199 页	2x20 秒
	平板支撑	第 86 页	2x30 秒
四组式	哑铃下斜式卧推（双臂交替）	第 151 页	每侧 3x10
	单腿单臂硬拉	第 132 页	每侧 3x8
	屈膝侧桥	第 90 页	3x5，保持 10 秒
	背阔肌拉伸	第 205 页	2x20 秒
三组式	俯卧撑（负重）	第 152 页	3x12
	瑞士球后勾	第 134 页	3x10
	跪姿上拉	第 78 页	每侧 3x10
配对组	Y、T、W、L	第 167 页	每项 3x8
	行李箱行走	第 165 页	每侧 3x40 米
能量代谢训练		
滑板能量代谢训练	第 209 页	11x30 秒，休息 90 秒

表 10.9　非赛季训练计划：第三周，周一

泡沫轴练习		第 26 页	5 分钟
静态拉伸		第 198 页	5 分钟
重置动作			
仰卧肘膝触碰		第 50 页	每侧重复 10 次
翻滚（上半身和下半身）		第 52 页	每侧下半身重复 3 次，每侧上半身重复 3 次
前臂摇摆		第 53 页	重复 30 次，前臂着地
核心激活			
仰卧挺髋		第 55 页	重复 10 次
屈膝侧桥式外展		第 61 页	每侧 30 秒
仰卧弹力带屈髋		第 64 页	每侧保持 10 秒，重复 5 次
灵活性训练			
三点支撑胸椎旋转		第 29 页	每侧重复 10 次
踝关节灵活性练习		第 30 页	每侧重复 10 次（正面，向右，向左）
分腿蹲		第 30 页	每条腿重复 5 次
侧蹲		第 31 页	每条腿重复 5 次
水平面深蹲		第 32 页	每条腿重复 5 次
移动准备			
线性移动准备		第 34 页	每次 20 米
快速伸缩复合训练			
箱式双腿跳		第 173 页	4x5
速度训练			
"前倒"加速练习		第 188 页	4x10 米
屈髋"前倒"加速练习		第 189 页	4x10 米
雪橇训练			
拉雪橇行走		第 195 页	6x25 米
力量训练			
三组式	壶铃甩摆	第 116 页	3x15
	髋部屈肌拉伸	第 199 页	每侧 2x20 秒
	四肢触地式屈膝髋关节屈伸	第 58 页	每侧 2x10
四组式	颈前深蹲	第 120 页	3x8
	反握引体向上（负重）	第 137 页	3x8
	瑞士球腹肌屈伸	第 70 页	2x15
	胸部拉伸	第 206 页	2x20 秒
四组式	分腿蹲	第 124 页	每侧 3x12
	"锯式"背拉	第 142 页	每侧 3x12
	土耳其起立：步骤 1——起立到手撑地面	第 82 页	每侧 3x5
	股后肌群拉伸	第 200 页	2x20 秒
能量代谢训练			
节奏跑		第 208 页	13x110 米

表 10.10 非赛季训练计划：第三周，周二

泡沫轴练习	第 26 页	5 分钟
静态拉伸	第 198 页	5 分钟
重置动作		
仰卧肘膝触碰	第 50 页	每侧重复 10 次
翻滚（上半身和下半身）	第 52 页	每侧下半身重复 3 次，每侧上半身重复 3 次
前臂摇摆	第 53 页	重复 30 次，前臂着地
核心激活		
仰卧挺髋	第 55 页	重复 10 次
屈膝侧桥式外展	第 61 页	每侧 30 秒
仰卧弹力带屈髋	第 64 页	每侧保持 10 秒，重复 5 次
灵活性训练		
三点支撑胸椎旋转	第 29 页	每侧重复 10 次
踝关节灵活性练习	第 30 页	每侧重复 10 次（正面，向右，向左）
分腿蹲	第 30 页	每条腿重复 5 次
侧蹲	第 31 页	每条腿重复 5 次
水平面深蹲	第 32 页	每条腿重复 5 次
迷你弹力带训练		
怪物行走	第 33 页	每次 15 米
迷你弹力带侧向拖步	第 34 页	每次 15 米
移动准备		
线性移动准备	第 34 页	每次 20 米
快速伸缩复合训练		
箱式侧向单腿跳	第 174 页	每条腿 4x5
速度训练		
"侧倒"交叉步起跑	第 191 页	3x25 米
"侧倒"弓步加速跑	第 192 页	3x25 米
雪橇训练		
侧向交叉步拉雪橇行走	第 195 页	每侧 3x25 米
药球训练		
跪姿侧抛药球	第 94 页	每侧 3x10
跪姿下抛药球	第 95 页	3x10
力量训练		
三组式 膝上高翻	第 106 页	3x5
三组式 深蹲拉伸	第 199 页	2x20 秒
三组式 平板支撑	第 86 页	2x30 秒
四组式 单臂哑铃卧推	第 150 页	每侧 3x12
四组式 双腿双臂硬拉	第 133 页	3x8
四组式 屈膝侧桥	第 90 页	3x5，保持 10 秒
四组式 股四头肌拉伸	第 200 页	每侧 2x20 秒
三组式 跪姿哑铃肩上推举	第 154 页	3x8
三组式 瑞士球后勾	第 134 页	3x12
三组式 跪姿下劈	第 74 页	每侧 3x10
配对组 Y、T、W、L	第 167 页	每项 3x10
配对组 行李箱行走	第 165 页	每侧 3x40 米
能量代谢训练		
滑板能量代谢训练	第 209 页	12x30 秒，休息 90 秒

表 10.11　非赛季训练计划：第三周，周四

泡沫轴练习	第 26 页	5 分钟
静态拉伸	第 198 页	5 分钟
重置动作		
仰卧肘膝触碰	第 50 页	每侧重复 10 次
翻滚（上半身和下半身）	第 52 页	每侧下半身重复 3 次，每侧上半身重复 3 次
前臂摇摆	第 53 页	重复 30 次，前臂着地
核心激活		
仰卧挺髋	第 55 页	重复 10 次
屈膝侧桥式外展	第 61 页	每侧 30 秒
仰卧弹力带屈髋	第 64 页	每侧保持 10 秒，重复 5 次
灵活性训练		
三点支撑胸椎旋转	第 29 页	每侧重复 10 次
踝关节灵活性练习	第 30 页	每侧重复 10 次（正面，向右，向左）
分腿蹲	第 30 页	每侧重复 5 次
侧蹲	第 31 页	每侧重复 5 次
水平面深蹲	第 32 页	每侧重复 5 次
移动准备		
线性移动准备	第 34 页	每次 20 米
快速伸缩复合训练		
箱式单腿跳	第 174 页	每侧 4x5
速度训练		
"前倒"加速练习	第 188 页	4x10 米
屈髋"前倒"加速练习	第 189 页	4x10 米
雪橇训练		
拉雪橇行走	第 195 页	6x25 米
力量训练		
三组式　哑铃抓举	第 110 页	每侧 3x5
三组式　髋部屈肌拉伸	第 199 页	每侧 2x20 秒
三组式　四肢触地式屈膝髋关节屈伸	第 58 页	每侧 2x10
四组式　颈前深蹲（负重比周一轻 25%）	第 120 页	3x8
四组式　平握引体向上	第 138 页	3x8
四组式　瑞士球腹肌屈伸	第 70 页	2x15
四组式　胸部拉伸	第 206 页	2x20 秒
四组式　后脚抬高式分腿蹲	第 125 页	每侧 3x12
四组式　仰卧背拉	第 140 页	3x8
四组式　土耳其起立：步骤 1——起立到手撑地面	第 82 页	每侧 2x5
四组式　股后肌群拉伸	第 200 页	每侧 2x20 秒
能量代谢训练		
节奏跑	第 208 页	14x110 米

表 10.12　非赛季训练计划：第三周，周五

泡沫轴练习	第 26 页	5 分钟
静态拉伸	第 198 页	5 分钟
重置动作		
仰卧肘膝触碰	第 50 页	每侧重复 10 次
翻滚（上半身和下半身）	第 52 页	每侧下半身重复 3 次，每侧上半身重复 3 次
前臂摇摆	第 53 页	重复 30 次，前臂着地
核心激活		
仰卧挺髋	第 55 页	重复 10 次
屈膝侧桥式外展	第 61 页	每侧 30 秒
仰卧弹力带屈髋	第 64 页	每侧保持 10 秒，重复 5 次
灵活性训练		
三点支撑胸椎旋转	第 29 页	每侧重复 10 次
踝关节灵活性练习	第 30 页	每侧重复 10 次（正面，向右，向左）
分腿蹲	第 30 页	每条腿重复 5 次
侧蹲	第 31 页	每条腿重复 5 次
水平面深蹲	第 32 页	每条腿重复 5 次
迷你弹力带训练		
怪物行走	第 33 页	每次 15 米
迷你弹力带侧向拖步	第 34 页	每次 15 米
移动准备		
线性移动准备	第 34 页	每次 20 米
快速伸缩复合训练		
海登式跳跃	第 175 页	每条腿 4x5
复合训练：速度和雪橇		
侧向交叉步拉雪橇行走 + "侧倒"交叉步起跑	第 195 页、191 页	25 米 + 每侧 3x25 米
药球训练		
弓步侧抛药球	第 96 页	每侧 3x10
弓步下抛药球	第 97 页	每侧 3x6
力量训练		
三组式　膝上高翻	第 106 页	3x3
三组式　深蹲拉伸	第 199 页	每侧 2x20 秒
三组式　平板支撑加单手举起	第 86 页	每侧 2x5
四组式　杠铃卧推 + 站姿前抛药球超级组	第 147、102 页	3x5+10 次
四组式　单腿单臂硬拉	第 132 页	每侧 3x6
四组式　屈膝侧桥	第 90 页	每侧 3x5，保持 10 秒
四组式　股四头肌拉伸	第 200 页	每侧 2x20 秒
三组式　跪撑哑铃肩上推举	第 157 页	每侧 3x6
三组式　瑞士球后勾	第 134 页	3x8
三组式　单腿跪撑下劈	第 75 页	每侧 3x10
配对组　仰卧哑铃上拉	第 163 页	3x8
配对组　农夫行走	第 165 页	3x40 米
能量代谢训练		
滑板能量代谢训练	第 209 页	10x30 秒，休息 90 秒

表 10.13　非赛季训练计划：第四周，周一

泡沫轴练习	第 26 页	5 分钟
静态拉伸	第 198 页	5 分钟
重置动作		
坐姿肘膝触碰	第 51 页	每侧重复 10 次
翻滚（上半身和下半身）	第 52 页	每侧下半身重复 3 次，每侧上半身重复 3 次
前臂摇摆	第 53 页	重复 30 次，前臂着地
核心激活		
仰卧单腿挺髋	第 56 页	每侧重复 10 次
屈膝侧桥式外展	第 61 页	每侧 10 秒
坐姿髋关节屈曲手上举	第 65 页	每侧重复 10 次，保持 3 秒
灵活性训练		
三点支撑胸椎旋转	第 29 页	每侧重复 10 次
踝关节灵活性练习	第 30 页	重复 10 次（正面，向右，向左）
分腿蹲	第 30 页	每条腿重复 5 次
侧蹲	第 31 页	每条腿重复 5 次
水平面深蹲	第 32 页	每条腿重复 5 次
移动准备		
线性移动准备	第 34 页	每次 20 米
快速伸缩复合训练		
稳定的跨栏跳跃	第 178 页	4x5
复合训练：速度加雪橇		
"前倒"加速练习 + 拉雪橇行走	第 188 页、第 195 页	25 米 +6x25 米
力量训练		
三组式　双壶铃甩摆	第 118 页	3x8
三组式　髋部屈肌拉伸	第 199 页	每侧 2x20 秒
三组式　四肢触地式直腿髋关节屈伸	第 59 页	每侧 2x5
四组式　颈前深蹲 + 稳定的跨栏跳跃超级组	第 120 页、第 178 页	3x5
四组式　正握引体向上（负重）	第 136 页	3x5
四组式　瑞士球腹肌旋转	第 72 页	每侧 2x8
四组式　胸部拉伸	第 206 页	2x20 秒
四组式　单腿箱式深蹲	第 63 页	每侧 3x6
四组式　"锯式"背拉	第 142 页	每侧 3x6
四组式　土耳其起立：步骤 2——起立到髋关节伸展	第 83 页	每侧 2x5
四组式　股后肌群拉伸	第 200 页	2x20 秒
能量代谢训练		
节奏跑	第 208 页	13x110 米

表10.14 非赛季训练计划：第四周，周二

泡沫轴练习		第 26 页	5 分钟
静态拉伸		第 198 页	5 分钟
重置动作			
坐姿肘膝触碰		第 51 页	每侧重复 10 次
翻滚（上半身和下半身）		第 52 页	每侧下半身重复 3 次，每侧上半身重复 3 次
前臂摇摆		第 53 页	重复 30 次，前臂着地
核心激活			
仰卧单腿挺髋		第 56 页	每侧重复 10 次
屈膝侧桥式外展		第 61 页	每侧重复 10 次
坐姿髋关节屈曲手上举		第 65 页	每侧重复 10 次，保持 10 秒
灵活性训练			
三点支撑胸椎旋转		第 29 页	每侧重复 10 次
踝关节灵活性练习		第 30 页	重复 10 次（正面，向右，向左）
分腿蹲		第 30 页	每条腿重复 5 次
侧蹲		第 31 页	每条腿重复 5 次
水平面深蹲		第 32 页	每条腿重复 5 次
迷你弹力带训练			
怪物行走		第 33 页	每次 15 米
迷你弹力带侧向拖步		第 34 页	每次 15 米
移动准备			
线性移动准备		第 34 页	每次 20 米
快速伸缩复合训练			
栏架单腿侧向跳跃		第 179 页	每条腿 4x5
速度训练			
"侧倒"交叉步起跑		第 191 页	每侧 3x25 米
"侧倒"弓步加速跑		第 192 页	每侧 3x25 米
雪橇训练			
侧向交叉步拉雪橇行走		第 195 页	每侧 3x25 米
药球训练			
跪姿侧抛药球		第 94 页	每侧 3x10
跪姿下抛药球		第 95 页	3x10
力量训练			
三组式	膝上高翻	第 106 页	3x5
	深蹲拉伸	第 199 页	2x20 秒
	平板支撑	第 86 页	2x30 秒
四组式	单臂哑铃卧推	第 150 页	每侧 3x10
	双腿双臂硬拉	第 133 页	3x8
	屈膝侧桥	第 90 页	3x5，保持 10 秒
	股四头肌拉伸	第 200 页	2x20 秒
三组式	跪姿哑铃肩上推举	第 154 页	3x8
	瑞士球后勾	第 134 页	3x10
	跪姿下劈	第 74 页	每侧 3x10
配对组	Y、T、W、L	第 167 页	每项 3x8
	行李箱行走	第 165 页	每侧 3x40 米
能量代谢训练			
滑板能量代谢训练		第 209 页	10x30 秒，休息 90 秒

表 10.15 非赛季训练计划：第四周，周四

泡沫轴练习	第 26 页	5 分钟
静态拉伸	第 198 页	5 分钟
重置动作		
坐姿肘膝触碰	第 51 页	每侧重复 10 次
翻滚（上半身和下半身）	第 52 页	每侧下半身重复 3 次，每侧上半身重复 3 次
前臂摇摆	第 53 页	重复 30 次，前臂着地
核心激活		
仰卧单腿挺髋	第 56 页	每侧重复 10 次
屈膝侧桥式外展	第 61 页	每侧重复 10 次
坐姿髋关节屈曲手上举	第 65 页	每侧重复 10 次，保持 3 秒
灵活性训练		
三点支撑胸椎旋转	第 29 页	每侧重复 10 次
踝关节灵活性练习	第 30 页	重复 10 次（正面，向右，向左）
分腿蹲	第 30 页	每侧重复 5 次
侧蹲	第 31 页	每侧重复 5 次
水平面深蹲	第 32 页	每侧重复 5 次
移动准备		
线性移动准备	第 34 页	每次 20 米
快速伸缩复合训练		
箱式侧向单腿跳	第 174 页	每侧 4x5
复合训练：速度加雪橇		
"前倒"加速练习 + 拉雪橇行走	第 188 页，第 195 页	25 米 +6x25 米
力量训练		

三组式	哑铃抓举	第 110 页	每侧 3x3
	髋部屈肌拉伸	第 199 页	每侧 2x20 秒
	四肢触地式直腿髋关节屈伸	第 59 页	每侧 2x5
四组式	分腿颈前深蹲 + 栏架单腿正向跳跃超级组	第 127 页，第 180 页	3x6+5 次
	正反握引体向上	第 139 页	3x6
	瑞士球腹肌旋转	第 72 页	每侧 2x8
	胸部拉伸	第 206 页	2x20 秒
四组式	后脚抬高式分腿蹲	第 125 页	每侧 3x8
	肩锁"锯式"背拉	第 143 页	每侧 3x8
	土耳其起立：步骤 2——起立到髋关节伸展	第 83 页	每侧 2x5
	股后肌群拉伸	第 200 页	每侧 2x20 秒

能量代谢训练		
节奏跑	第 208 页	6x150 米（30 秒内完成，休息 90 秒）

表 10.16　非赛季训练计划：第四周，周五

泡沫轴练习		第 26 页	5 分钟
静态拉伸		第 198 页	5 分钟
重置动作			
坐姿肘膝触碰		第 51 页	每侧重复 10 次
翻滚（上半身和下半身）		第 52 页	每侧下半身重复 3 次，每侧上半身重复 3 次
前臂摇摆		第 53 页	重复 30 次，前臂着地
核心激活			
仰卧单腿挺髋		第 56 页	每侧重复 10 次
屈膝侧桥式外展		第 61 页	每侧重复 10 次
坐姿髋关节屈曲手上举		第 65 页	每侧重复 10 次，保持 3 秒
灵活性训练			
三点支撑胸椎旋转		第 29 页	每侧重复 10 次
踝关节灵活性练习		第 30 页	重复 10 次（正面，向右，向左）
分腿蹲		第 30 页	每条腿重复 5 次
侧蹲		第 31 页	每条腿重复 5 次
水平面深蹲		第 32 页	每条腿重复 5 次
迷你弹力带训练			
怪物行走		第 33 页	每次 15 米
迷你弹力带侧向拖步		第 34 页	每次 15 米
移动准备			
线性移动准备		第 34 页	每次 20 米
快速伸缩复合训练			
"之"字跳		第 176 页	每条腿 4x5
复合训练：速度和雪橇			
侧向交叉步拉雪橇行走 + "侧倒"交叉步起跑		第 195 页、第 191 页	25 米 + 每侧 3x25 米
药球训练			
弓步侧抛药球		第 96 页	每侧 3x10
弓步下抛药球		第 97 页	每侧 3x6
力量训练			
三组式	膝上高翻	第 106 页	3x3
	深蹲拉伸	第 199 页	每侧 2x20 秒
	平板支撑加单手举起	第 86 页	每侧 2x5
四组式	下斜式杠铃卧推 + 站姿前抛药球超级组	第 148 页、第 102 页	3x5+10 次
	单腿滑冰式深蹲	第 126 页	每侧 3x6
	屈膝侧桥	第 90 页	每侧 3x5，保持 10 秒
	股四头肌拉伸	第 200 页	每侧 2x20 秒
三组式	跪撑哑铃肩上推举	第 157 页	每侧 3x6
	瑞士球后勾	第 134 页	3x8
	单腿跪撑下劈	第 75 页	每侧 3x10
配对组	仰卧哑铃上拉	第 163 页	3x8
	农夫行走	第 165 页	3x40 米
能量代谢训练			
滑板能量代谢训练		第 209 页	10x30 秒，休息 90 秒

表 10.17　非赛季训练计划：第五周，周一

泡沫轴练习	第 26 页	5 分钟
静态拉伸	第 198 页	5 分钟
重置动作		
坐姿肘膝触碰	第 51 页	每侧重复 10 次
翻滚（上半身和下半身）	第 52 页	每侧下半身重复 3 次，每侧上半身重复 3 次
前臂摇摆	第 53 页	重复 30 次；前臂着地
核心激活		
仰卧单腿挺髋	第 56 页	每侧重复 10 次
屈膝侧桥式外展	第 61 页	每侧重复 10 秒
坐姿髋关节屈曲手上举	第 65 页	每侧重复 10 次，保持 3 秒
灵活性训练		
三点支撑胸椎旋转	第 29 页	每侧重复 10 次
踝关节灵活性练习	第 30 页	重复 10 次（正面，向右，向左）
分腿蹲	第 30 页	每条腿重复 5 次
侧蹲	第 31 页	每条腿重复 5 次
水平面深蹲	第 32 页	每条腿重复 5 次
移动准备		
线性移动准备	第 34 页	每次 20 米
快速伸缩复合训练		
稳定的跨栏跳跃	第 178 页	4x5
复合训练：速度加雪橇		
"前倒"加速练习 + 拉雪橇行走	第 188 页、第 195 页	25 米 +6x25 米
力量训练		
三组式　双壶铃甩摆	第 118 页	每侧 3x10
三组式　髋部屈肌拉伸	第 199 页	每侧 2x20 秒
三组式　四肢触地式直腿髋关节屈伸	第 59 页	每侧 2x8
四组式　颈前深蹲 + 稳定的跨栏跳跃超级组	第 120 页、第 178 页	4x5+5 次
四组式　正握引体向上（负重）	第 136 页	3x5
四组式　瑞士球腹肌旋转	第 72 页	每侧 2x10
四组式　胸部拉伸	第 206 页	2x20 秒
四组式　单腿箱式深蹲	第 63 页	每侧 3x6
四组式　"锯式"背拉	第 142 页	每侧 3x6
四组式　土耳其起立：步骤 2——起立到髋关节伸展	第 83 页	每侧 2x5
四组式　股后肌群拉伸	第 200 页	每侧 2x20 秒
能量代谢训练		
节奏跑	第 208 页	15x110 米

表 10.18　非赛季训练计划：第五周，周二

泡沫轴练习		第 26 页	5 分钟
静态拉伸		第 198 页	5 分钟
重置动作			
坐姿肘膝触碰		第 51 页	每侧重复 10 次
翻滚（上半身和下半身）		第 52 页	每侧下半身重复 3 次，每侧上半身重复 3 次
直臂摇摆		第 54 页	重复 30 次，双手着地
核心激活			
仰卧单腿挺髋		第 56 页	每侧重复 10 次
屈膝侧桥式外展		第 61 页	每侧重复 10 次
坐姿髋关节屈曲手上举		第 65 页	每侧重复 10 次，保持 3 秒
灵活性训练			
三点支撑胸椎旋转		第 29 页	每侧重复 10 次
踝关节灵活性练习		第 30 页	重复 10 次（正面，向右，向左）
分腿蹲		第 30 页	每条腿重复 5 次
侧蹲		第 31 页	每条腿重复 5 次
水平面深蹲		第 32 页	每条腿重复 5 次
迷你弹力带训练			
怪物行走		第 33 页	每次 15 米
迷你弹力带侧向拖步		第 34 页	每次 15 米
移动准备			
线性移动准备		第 34 页	每次 20 米
快速伸缩复合训练			
栏架单腿侧向跳跃		第 179 页	每侧 4x5
复合训练：速度加雪橇			
侧向交叉步拉雪橇行走 +"侧例"交叉步起跑		第 195 页、第 191 页	25 米 + 每侧 3x25 米
药球训练			
弓步侧抛药球		第 96 页	每侧 3x10
弓步下抛药球		第 97 页	每侧 3x8
力量训练			
三组式	膝上高翻	第 106 页	4x3
	深蹲拉伸	第 199 页	每侧 2x20 秒
	平板支撑加单手举起	第 86 页	每侧 2x8
四组式	杠铃卧推 + 站姿前抛药球超级组	第 147 页、第 102 页	4x5+10 次
	单腿单臂硬拉	第 132 页	每侧 3x6
	屈膝侧桥	第 90 页	每侧 2x5，保持 10 秒
	股四头肌拉伸	第 200 页	每侧 2x5，保持 10 秒
三组式	跪撑哑铃肩上推举	第 157 页	每侧 3x6
	瑞士球后勾	第 134 页	3x10
	单腿跪撑下劈	第 75 页	每侧 3x10
配对组	仰卧哑铃上拉	第 163 页	3x8
	农夫行走	第 165 页	3x40 米
能量代谢训练			
滑板能量代谢训练		第 209 页	14x30 秒，休息 90 秒

表 10.19　非赛季训练计划：第五周，周四

泡沫轴练习	第 26 页	5 分钟
静态拉伸	第 198 页	5 分钟
重置动作		
坐姿肘膝触碰	第 51 页	每侧重复 10 次
翻滚（上半身和下半身）	第 52 页	每侧下半身重复 3 次，每侧上半身重复 3 次
前臂摇摆	第 53 页	重复 30 次，前臂着地
核心激活		
仰卧单腿挺髋	第 56 页	每侧重复 10 次
屈膝侧桥式外展	第 61 页	每侧重复 10 次
坐姿髋关节屈曲手上举	第 65 页	每侧重复 10 次，保持 3 秒
灵活性训练		
三点支撑胸椎旋转	第 29 页	每侧重复 10 次
踝关节灵活性练习	第 30 页	重复 10 次（正面，向右，向左）
分腿蹲	第 30 页	每侧重复 5 次
侧蹲	第 31 页	每侧重复 5 次
水平面深蹲	第 32 页	每侧重复 5 次
移动准备		
线性移动准备	第 34 页	每次 20 米
快速伸缩复合训练		
栏架单腿正向跳跃	第 180 页	每侧 4x5
复合训练：速度加雪橇		
"前倒"加速练习 + 拉雪橇行走	第 188 页、第 195 页	25 米 +6x25 米
力量训练		
三组式　哑铃抓举	第 110 页	每侧 4x3
三组式　髋部屈肌拉伸	第 199 页	每侧 2x20 秒
三组式　四肢触地式直腿髋关节屈伸	第 59 页	每侧 2x8
四组式　颈前深蹲 + 栏架单腿正向跳跃超级组	第 120 页、第 180 页	4x6+ 每侧 5 次
四组式　正反握引体向上	第 139 页	3x6
四组式　瑞士球腹肌旋转	第 72 页	每侧 2x10
四组式　胸部拉伸	第 206 页	2x20 秒
四组式　后脚抬高式分腿蹲	第 125 页	每侧 3x8
四组式　肩锁"锯式"背拉	第 143 页	每侧 3x8
四组式　土耳其起立：步骤 2——起立到髋关节伸展	第 83 页	每侧 2x5
四组式　股后肌群拉伸	第 200 页	每侧 2x20 秒
能量代谢训练		
节奏跑	第 208 页	7x150 米（30 秒内完成，休息 90 秒）

表 10.20　非赛季训练计划：第五周，周五

泡沫轴练习		第 26 页	5 分钟
静态拉伸		第 198 页	5 分钟
重置动作			
坐姿肘膝触碰		第 51 页	每侧重复 10 次
翻滚（上半身和下半身）		第 52 页	每侧下半身重复 3 次，每侧上半身重复 3 次
前臂摇摆		第 53 页	重复 30 次，前臂着地
核心激活			
仰卧单腿挺髋		第 56 页	每侧重复 10 次
屈膝侧桥式外展		第 61 页	每侧重复 10 次
坐姿髋关节屈曲手上举		第 65 页	每侧重复 10 次，保持 3 秒
灵活性训练			
三点支撑胸椎旋转		第 29 页	每侧重复 10 次
踝关节灵活性练习		第 30 页	重复 10 次（正面，向右，向左）
分腿蹲		第 30 页	每侧重复 5 次
侧蹲		第 31 页	每侧重复 5 次
水平面深蹲		第 32 页	每侧重复 5 次
迷你弹力带训练			
怪物行走		第 33 页	每次 15 米
迷你弹力带侧向拖步		第 34 页	每次 15 米
移动准备			
侧向移动准备		第 44 页	每次 20 米
快速伸缩复合训练			
"之"字跳		第 176 页	每条腿 4x5
复合训练：速度和雪橇			
侧向交叉步拉雪橇行走 + "侧倒"交叉步起跑		第 195 页、第 191 页	25 米 + 每侧 3x25 米
药球训练			
弓步侧抛药球		第 96 页	每侧 3x10
弓步下抛药球		第 97 页	每侧 3x8
力量训练			
三组式	膝上高翻	第 106 页	4x5
	深蹲拉伸	第 199 页	每侧 2x20 秒
	平板支撑加单手举起	第 86 页	每侧 2x8
四组式	下斜式杠铃卧推 + 站姿前抛药球超级组	第 148 页、第 102 页	4x5+10 次
	单腿滑冰式深蹲	第 126 页	每侧 3x6
	屈膝侧桥	第 90 页	每侧 3x5，保持 10 秒
	股四头肌拉伸	第 200 页	每侧 2x20 秒
三组式	跪撑哑铃肩上推举	第 157 页	每侧 3x6
	瑞士球后勾	第 134 页	3x10
	单腿跪撑下劈	第 75 页	每侧 3x10
配对组	仰卧哑铃上拉	第 163 页	3x8
	农夫行走	第 165 页	3x40 米
能量代谢训练			
滑板能量代谢训练		第 209 页	14x30 秒，休息 90 秒

表 10.21　非赛季训练计划：第六周，周一

泡沫轴练习	第 26 页	5 分钟
静态拉伸	第 198 页	5 分钟
重置动作		
坐姿肘膝触碰	第 51 页	每侧重复 10 次
翻滚（上半身和下半身）	第 52 页	每侧下半身重复 3 次，每侧上半身重复 3 次
前臂摇摆	第 53 页	重复 30 次，前臂着地
核心激活		
仰卧单腿挺髋	第 56 页	每侧重复 10 次
屈膝侧桥式外展	第 61 页	每侧重复 10 秒
坐姿髋关节屈曲手上举	第 65 页	每侧重复 10 次，保持 3 秒
灵活性训练		
三点支撑胸椎旋转	第 29 页	每侧重复 10 次
踝关节灵活性练习	第 30 页	重复 10 次（正面，向右，向左）
分腿蹲	第 30 页	每条腿重复 5 次
侧蹲	第 31 页	每条腿重复 5 次
水平面深蹲	第 32 页	每条腿重复 5 次
移动准备		
线性移动准备	第 34 页	每次 20 米
快速伸缩复合训练		
稳定的跨栏跳跃	第 178 页	4x5
复合训练：速度加雪橇		
"前倒"加速练习 + 拉雪橇行走	第 188 页、第 195 页	25 米 +6x25 米
力量训练		
三组式 双壶铃甩摆	第 118 页	3x12
三组式 髋部屈肌拉伸	第 199 页	每侧 2x20 秒
三组式 四肢触地式直腿髋关节屈伸	第 59 页	每侧 2x10
四组式 颈前深蹲 + 稳定的跨栏跳跃超级组	第 120 页、第 178 页	4x5+5 次
四组式 正握引体向上（负重）	第 136 页	3x5
四组式 瑞士球腹肌旋转	第 72 页	每侧 2x12
四组式 胸部拉伸	第 206 页	2x20 秒
四组式 单腿箱式深蹲	第 63 页	每侧 3x6
四组式 "锯式"背拉	第 142 页	每侧 3x6
四组式 土耳其起立：步骤 2——起立到髋关节伸展	第 83 页	每侧 2x5
四组式 股后肌群拉伸	第 200 页	每侧 2x20 秒
能量代谢训练		
节奏跑	第 208 页	15x110 米

表 10.22　非赛季训练计划：第六周，周二

泡沫轴练习	第 26 页	5 分钟
静态拉伸	第 198 页	5 分钟
重置动作		
坐姿肘膝触碰	第 51 页	每侧重复 10 次
翻滚（上半身和下半身）	第 52 页	每侧下半身重复 3 次，每侧上半身重复 3 次
前臂摇摆	第 53 页	重复 30 次，前臂着地
核心激活		
仰卧单腿挺髋	第 56 页	每侧重复 10 次
屈膝侧桥式外展	第 61 页	每侧重复 10 次
坐姿髋关节屈曲手上举	第 65 页	每侧重复 10 次，保持 3 秒
灵活性训练		
三点支撑胸椎旋转	第 29 页	每侧重复 10 次
踝关节灵活性练习	第 30 页	重复 10 次（正面，向右，向左）
分腿蹲	第 30 页	每条腿重复 5 次
侧蹲	第 31 页	每条腿重复 5 次
水平面深蹲	第 32 页	每条腿重复 5 次
迷你弹力带训练		
怪物行走	第 33 页	每次 15 米
迷你弹力带侧向拖步	第 34 页	每次 15 米
移动准备		
侧向移动准备	第 44 页	每次 20 米
快速伸缩复合训练		
栏架单腿侧向跳跃	第 179 页	每侧 4x5
复合训练：速度加雪橇		
侧向交叉步拉雪橇行走 + "侧倒" 交叉步起跑	第 195 页、第 191 页	25 米 + 每侧 3x25 米
药球训练		
弓步侧抛药球	第 96 页	每侧 3x10
弓步下抛药球	第 97 页	每侧 3x10
力量训练		

三组式	膝上高翻	第 106 页	每侧 4x3
	深蹲拉伸	第 199 页	每侧 2x20 秒
	平板支撑加单手举起	第 86 页	每侧 2x10
四组式	杠铃卧推 + 站姿前抛药球超级组	第 147 页、第 102 页	4x5+10 次
	单腿单臂硬拉	第 132 页	每侧 3x6
	屈膝侧桥	第 90 页	每侧 2x5，保持 10 秒
	股四头肌拉伸	第 200 页	每侧 2x20
三组式	跪撑哑铃肩上推举	第 157 页	每侧 3x6
	瑞士球后勾	第 134 页	3x12
	单腿跪撑下劈	第 75 页	每侧 3x10
配对组	仰卧哑铃上拉	第 163 页	3x8
	农夫行走	第 165 页	3x40 米

能量代谢训练		
滑板能量代谢训练	第 209 页	8x30 秒，休息 60 秒

表 10.23　非赛季训练计划：第六周，周四

泡沫轴练习		第 26 页	5 分钟
静态拉伸		第 198 页	5 分钟
重置动作			
坐姿肘膝触碰		第 51 页	每侧重复 10 次
翻滚（上半身和下半身）		第 52 页	每侧下半身重复 3 次，每侧上半身重复 3 次
前臂摇摆		第 53 页	重复 30 次，前臂着地
核心激活			
仰卧单腿挺髋		第 56 页	每侧重复 10 次
屈膝侧桥式外展		第 61 页	每侧重复 10 次
坐姿髋关节屈曲手上举		第 65 页	每侧重复 10 次，保持 3 秒
灵活性训练			
三点支撑胸椎旋转		第 29 页	每侧重复 10 次
踝关节灵活性练习		第 30 页	重复 10 次（正面，向右，向左）
分腿蹲		第 30 页	每侧重复 5 次
侧蹲		第 31 页	每侧重复 5 次
水平面深蹲		第 32 页	每侧重复 5 次
移动准备			
线性移动准备		第 34 页	每次 20 米
快速伸缩复合训练			
栏架单腿正向跳跃		第 180 页	每侧 4x5
复合训练：速度加雪橇			
"前倒"加速练习 + 拉雪橇行走		第 188 页、第 195 页	25 米 +6x25 米
力量训练			
三组式	哑铃抓举	第 110 页	每侧 4x3
	髋部屈肌拉伸	第 199 页	每侧 2x20 秒
	四肢触地式直腿髋关节屈伸	第 59 页	每侧 2x10
四组式	分腿颈前深蹲 + 栏架单腿正向跳跃超级组	第 127、180 页	4x6+ 每侧 5 次
	正反握引体向上	第 139 页	3x6
	瑞士球腹肌旋转	第 72 页	每侧 2x12
	胸部拉伸	第 206 页	2x20 秒
四组式	后脚抬高式分腿蹲	第 125 页	每侧 3x8
	肩锁"锯式"背拉	第 143 页	每侧 3x6
	土耳其起立：步骤 2——起立到髋关节伸展	第 83 页	每侧 2x5
	股后肌群拉伸	第 200 页	每侧 2x20 秒
能量代谢训练			
节奏跑		第 208 页	8x150 米（30 秒内完成，休息 90 秒）

表 10.24　非赛季训练计划：第六周，周五

泡沫轴练习		第 26 页	5 分钟
静态拉伸		第 198 页	5 分钟
重置动作			
坐姿肘膝触碰		第 51 页	每侧重复 10 次
翻滚（上半身和下半身）		第 52 页	每侧下半身重复 3 次，每侧上半身重复 3 次
摇摆		第 53 页	重复 30 次，前臂着地
核心激活			
仰卧单腿挺髋		第 56 页	每侧重复 10 次
屈膝侧桥式外展		第 61 页	每侧重复 10 次
坐姿髋关节屈曲手上举		第 65 页	每侧重复 10 次，保持 3 秒
灵活性训练			
三点支撑胸椎旋转		第 29 页	每侧重复 10 次
踝关节灵活性练习		第 30 页	重复 10 次（正面，向右，向左）
分腿蹲		第 30 页	每侧重复 5 次
侧蹲		第 31 页	每侧重复 5 次
水平面深蹲		第 32 页	每侧重复 5 次
迷你弹力带训练			
怪物行走		第 33 页	每次 15 米
弹力带侧向拖步		第 34 页	每次 15 米
移动准备			
侧向移动准备		第 44 页	每次 20 米
快速伸缩复合训练			
"之"字跳		第 176 页	每侧 4x5
复合训练：速度和雪橇			
侧向交叉步拉雪橇行走 + "侧倒"交叉步起跑		第 195 页、第 191 页	25 米 + 每侧 3x25 米
药球训练			
弓步侧抛药球		第 96 页	每侧 3x10
弓步下抛药球		第 97 页	每侧 3x10
力量训练			
三组式	膝上高翻（负重轻）	第 106 页	4x5
	深蹲拉伸	第 199 页	2x20 秒
	平板支撑加单手举起	第 86 页	每侧 2x10
四组式	下斜式杠铃卧推 + 站姿前抛药球超级组	第 148 页、第 102 页	4x5+10 次
	单腿滑冰式深蹲	第 126 页	每侧 3x6
	屈膝侧桥	第 90 页	每侧 3x5，保持 10 秒
	股四头肌拉伸	第 200 页	每侧 2x20 秒
三组式	跪撑哑铃肩上推举	第 157 页	每侧 3x6
	瑞士球后勾	第 134 页	3x12
	单腿跪撑下劈	第 75 页	每侧 3x10
配对组	仰卧哑铃上拉	第 163 页	3x8
	农夫行走	第 165 页	3x40 米
能量代谢训练			
滑板能量代谢训练		第 209 页	8x30 秒，休息 60 秒

表 10.25　非赛季训练计划：第七周，周一

泡沫轴练习		第 26 页	5 分钟
静态拉伸		第 198 页	5 分钟
重置动作			
站姿肘膝触碰		第 51 页	每侧重复 10 次
翻滚（上半身和下半身）		第 52 页	每侧下半身重复 3 次，每侧上半身重复 3 次
直臂摇摆		第 54 页	重复 30 次，双手着地
核心激活			
仰卧夹球单腿挺髋		第 56 页	每侧重复 10 次
屈膝侧桥式外展		第 61 页	每侧重复 10 秒
站姿髋关节屈曲手上举		第 66 页	每侧重复 10 次，保持 3 秒
灵活性训练			
三点支撑胸椎旋转		第 29 页	每侧重复 10 次
踝关节灵活性练习		第 30 页	重复 10 次（正面，向右，向左）
双腿交替弓步		第 129 页	每侧重复 5 次
侧蹲		第 31 页	每侧重复 5 次
水平面深蹲		第 32 页	每侧重复 5 次
移动准备			
线性移动准备		第 34 页	每次 20 米
快速伸缩复合训练			
栏架正向垫步跳		第 181 页	4x5
速度训练			
反应速度练习		第 189 页	6x5 米
雪橇训练			
推雪橇		第 196 页	6x25 米
力量训练			
三组式	单臂壶铃甩摆	第 117 页	3x8
	髋部屈肌拉伸	第 199 页	每侧 2x20 秒
	四肢触地式手腿交替屈伸	第 60 页	每侧 2x5
四组式	颈前深蹲	第 120 页	3x8
	反握引体向上	第 137 页	3x5，保持 4 秒
	瑞士球腹肌旋转	第 72 页	每侧 2x8
	胸部拉伸	第 206 页	2x20 秒
四组式	单腿箱式深蹲	第 63 页	每侧 3x8
	"锯式"背拉	第 142 页	每侧 3x8
	土耳其起立：步骤 3——起立到单膝跪地	第 84 页	每侧 2x5
	股后肌群拉伸	第 200 页	每侧 2x20 秒
能量代谢训练			
节奏跑		第 208 页	16x110 米

表 10.26 非赛季训练计划：第七周，周二

泡沫轴练习		第 26 页	5 分钟
静态拉伸		第 198 页	5 分钟
重置动作			
站姿肘膝触碰		第 51 页	每侧重复 10 次
翻滚（上半身和下半身）		第 52 页	每侧下半身重复 3 次，每侧上半身重复 3 次
直臂摇摆		第 54 页	重复 30 次，双手着地
核心激活			
仰卧夹球单腿挺髋		第 56 页	每侧重复 10 次
屈膝侧桥式外展		第 61 页	每侧重复 10 秒
站姿髋关节屈曲手上举		第 66 页	每侧重复 10 次，保持 3 秒
灵活性训练			
三点支撑胸椎旋转		第 29 页	每侧重复 10 次
踝关节灵活性练习		第 30 页	重复 10 次（正面，向右，向左）
双腿交替弓步		第 129 页	每侧重复 5 次
侧蹲		第 31 页	每侧重复 5 次
水平面深蹲		第 32 页	每侧重复 5 次
迷你弹力带训练			
怪物行走		第 33 页	每次 15 米
迷你弹力带侧向拖步		第 34 页	每次 15 米
移动准备			
侧向移动准备		第 44 页	每次 20 米
快速伸缩复合训练			
栏架单腿侧向垫步跳		第 182 页	每侧 4x5
速度训练			
侧向交叉步反应速度练习		第 193 页	每侧 3
雪橇训练			
侧向交叉步拉雪橇行走		第 195 页	每侧 3x25 米
药球训练			
分腿侧抛药球		第 98 页	每侧 3x10
分腿下抛药球		第 99 页	每侧 3x6
力量训练			
三组式	膝上高翻	第 106 页	3x5
	深蹲拉伸	第 199 页	2x20 秒
	平板支撑加哑铃提拉	第 89 页	每侧 2x5
四组式	杠铃卧推	第 147 页	3x8
	单腿单臂硬拉	第 132 页	每侧 3x8
	交叉腿侧桥	第 92 页	每侧 2x5，保持 10 秒
	股四头肌拉伸	第 200 页	每侧 2x20 秒
三组式	站姿哑铃肩上推举	第 160 页	3x8
	滑板后勾	第 135 页	每侧 3x8
	弓步下劈	第 76 页	每侧 3x10
配对组	Y、T、W、L	第 167 页	3x8
	壶铃倒立行走	第 166 页	3x40 米
能量代谢训练			
滑板能量代谢训练		第 209 页	9x30 秒，休息 60 秒

表 10.27 非赛季训练计划：第七周，周四

泡沫轴练习	第 26 页	5 分钟
静态拉伸	第 198 页	5 分钟
重置动作		
坐姿肘膝触碰	第 51 页	每侧重复 10 次
翻滚（上半身和下半身）	第 52 页	每侧下半身重复 3 次，每侧上半身重复 3 次
前臂摇摆	第 53 页	重复 30 次，前臂着地
核心激活		
仰卧挺髋	第 55 页	每侧重复 10 次
屈膝侧桥式外展	第 61 页	每侧重复 10 次
坐姿髋关节屈曲手上举	第 65 页	每侧重复 10 次，保持 3 秒
灵活性训练		
三点支撑胸椎旋转	第 29 页	每侧重复 10 次
踝关节灵活性练习	第 30 页	重复 10 次（正面，向右，向左）
分腿蹲	第 30 页	每侧重复 5 次
侧蹲	第 31 页	每侧重复 5 次
水平面深蹲	第 32 页	每侧重复 5 次
移动准备		
线性移动准备	第 34 页	每次 20 米
快速伸缩复合训练		
栏架单腿正向垫步跳	第 183 页	4x5
速度训练		
反应速度练习	第 189 页	6x5 米
雪橇训练		
推雪橇	第 196 页	6x25 米
力量训练		

三组式	哑铃抓举	第 110 页	每侧 3x5
	髋部屈肌拉伸	第 199 页	每侧 2x20 秒
	四肢触地式手腿交替屈伸	第 60 页	每侧 2x5
四组式	后脚抬高式分腿蹲	第 125 页	每侧 3x8
	正握引体向上	第 136 页	3x8
	瑞士球腹肌旋转	第 72 页	每侧 2x8
	胸部拉伸	第 206 页	2x20 秒
四组式	杠铃侧蹲	第 124 页	每侧 3x8
	单臂单腿缆绳背拉	第 145 页	每侧 3x8
	土耳其起立：步骤 3——起立到单膝跪地	第 84 页	每侧 2x5
	股后肌群拉伸	第 200 页	每侧 2x20 秒

能量代谢训练		
节奏跑	第 210 页	9x150 米（30 秒内完成，休息 90 秒）

表 10.28　非赛季训练计划：第七周，周五

泡沫轴练习		第 26 页	5 分钟
静态拉伸		第 198 页	5 分钟
重置动作			
坐姿肘膝触碰		第 51 页	每侧重复 10 次
翻滚（上半身和下半身）		第 52 页	每侧下半身重复 3 次，每侧上半身重复 3 次
前臂摇摆		第 53 页	重复 30 次，前臂着地
核心激活			
仰卧挺髋		第 55 页	每侧重复 10 次
屈膝侧桥式外展		第 61 页	每侧重复 10 次
坐姿髋关节屈曲手上举		第 65 页	每侧重复 10 次，保持 3 秒
灵活性训练			
三点支撑胸椎旋转		第 29 页	每侧重复 10 次
踝关节灵活性练习		第 30 页	重复 10 次（正面，向右，向左）
分腿蹲		第 30 页	每侧重复 5 次
侧蹲		第 31 页	每侧重复 5 次
水平面深蹲		第 32 页	每侧重复 5 次
迷你弹力带训练			
怪物行走		第 33 页	每次 15 米
迷你弹力带侧向拖步		第 34 页	每次 15 米
移动准备			
侧向移动准备		第 44 页	每次 20 米
快速伸缩复合训练			
连续海登式跳跃		第 177 页	每侧 4x5
速度训练			
反应速度练习		第 189 页	每侧 3
药球训练			
分腿侧抛药球		第 98 页	每侧 3x10
分腿下抛药球		第 99 页	每侧 3x6
力量训练			
三组式	膝上高翻（负重轻）	第 106 页	3x5
	深蹲拉伸	第 199 页	2x20 秒
	平板支撑加哑铃提拉	第 89 页	每侧 2x5
四组式	哑铃下斜式卧推	第 151 页	3x8
	单腿深蹲	第 126 页	每侧 3x8
	交叉腿侧桥	第 92 页	每侧 2x5，保持 10 秒
	股四头肌拉伸	第 200 页	每侧 2x20 秒
三组式	站姿哑铃肩上交替推举	第 159 页	每侧 3x8
	滑板后勾	第 135 页	每侧 3x8
	弓步下劈	第 76 页	每侧 3x10
配对组	Y、T、W、L	第 167 页	每侧 3x8
	壶铃倒立行走	第 166 页	3x40 米
能量代谢训练			
滑板能量代谢训练		第 209 页	10x30 秒，休息 60 秒

表 10.29　非赛季训练计划：第八周，周一

泡沫轴练习	第 26 页	5 分钟
静态拉伸	第 198 页	5 分钟
重置动作		
站姿肘膝触碰	第 51 页	每侧重复 10 次
翻滚（上半身和下半身）	第 52 页	每侧下半身重复 3 次，每侧上半身重复 3 次
直臂摇摆	第 54 页	重复 30 次，双手着地
核心激活		
仰卧夹球单腿挺髋	第 56 页	每侧重复 10 次
屈膝侧桥式外展	第 61 页	每侧重复 10 秒
站姿髋关节屈曲手上举	第 66 页	每侧重复 10 次，保持 3 秒
灵活性训练		
三点支撑胸椎旋转	第 29 页	每侧重复 10 次
踝关节灵活性练习	第 30 页	重复 10 次（正面，向右，向左）
双腿交替弓步	第 129 页	每侧重复 5 次
侧蹲	第 31 页	每侧重复 5 次
水平面深蹲	第 32 页	每侧重复 5 次
移动准备		
线性移动准备	第 34 页	每次 20 米
快速伸缩复合训练		
栏架正向垫步跳	第 181 页	4x5
速度训练		
反应速度练习	第 189 页	6x5 米
雪橇训练		
推雪橇	第 196 页	6x25 米
力量训练			
三组式	单臂壶铃甩摆	第 117 页	每侧 3x10
	髋部屈肌拉伸	第 199 页	每侧 2x20 秒
	四肢触地式手腿交替屈伸	第 60 页	每侧 2x8
四组式	颈前深蹲	第 120 页	3x8
	反握引体向上	第 137 页	3x6，保持 4 秒
	瑞士球腹肌旋转	第 72 页	每侧 2x10
	胸部拉伸	第 206 页	2x20 秒
四组式	单腿箱式深蹲	第 63 页	每侧 3x8
	"锯式"背拉	第 142 页	每侧 3x10
	土耳其起立：步骤 3——起立到单膝跪地	第 84 页	每侧 2x5
	股后肌群拉伸	第 200 页	每侧 2x20 秒
能量代谢训练			
节奏跑		第 208 页	16x110 米

表10.30 非赛季训练计划：第八周，周二

泡沫轴练习		第26页	5分钟
静态拉伸		第198页	5分钟
重置动作			
站姿肘膝触碰		第51页	每侧重复10次
翻滚（上半身和下半身）		第52页	每侧下半身重复3次，每侧上半身重复3次
前臂摇摆		第53页	重复30次，前臂着地
核心激活			
仰卧夹球单腿挺髋		第56页	每侧重复10次
屈膝侧桥式外展		第61页	每侧重复10秒
站姿髋关节屈曲手上举		第66页	每侧重复10次，保持3秒
灵活性训练			
三点支撑胸椎旋转		第29页	每侧重复10次
踝关节灵活性练习		第30页	重复10次（正面，向右，向左）
双腿交替弓步		第129页	每侧重复5次
侧蹲		第31页	每侧重复5次
水平面深蹲		第32页	每侧重复5次
迷你弹力带训练			
怪物行走		第33页	每次15米
迷你弹力带侧向拖步		第34页	每次15米
移动准备			
侧向移动准备		第44页	每次20米
快速伸缩复合训练			
栏架单腿侧向跳跃		第179页	每条腿4x5
速度训练			
反应速度练习		第189页	每侧重复3次
雪橇训练			
侧向交叉步拉雪橇行走		第195页	每侧3x25米
药球训练			
分腿侧抛药球		第98页	每侧3x10
分腿下抛药球		第99页	每侧3x8
力量训练			
三组式	膝上高翻	第106页	4x5
	深蹲拉伸	第199页	2x20秒
	"锯式"背位	第142页	每侧2x8
四组式	杠铃卧推	第147页	3x8
	单腿单臂硬拉	第132页	每侧3x8
	交叉腿侧桥	第92页	每侧2x5，保持10秒
	股四头肌拉伸	第200页	每侧2x20秒
三组式	站姿哑铃肩上推举	第160页	3x8
	滑板后勾	第135页	每侧3x10
	弓步下劈	第76页	每侧3x10
配对组	Y、T、W、L	第167页	每侧3x10
	壶铃倒立行走	第166页	3x40米
能量代谢训练			
滑板能量代谢训练		第209页	8x45秒，休息75秒

表 10.31 非赛季训练计划：第八周，周四

泡沫轴练习	第 26 页	5 分钟
静态拉伸	第 198 页	5 分钟
重置动作		
坐姿肘膝触碰	第 51 页	每侧重复 10 次
翻滚（上半身和下半身）	第 52 页	每侧下半身重复 3 次，每侧上半身重复 3 次
前臂摇摆	第 53 页	重复 30 次，前臂着地
核心激活		
仰卧单腿挺髋	第 56 页	每侧重复 10 次
屈膝侧桥式外展	第 61 页	每侧重复 10 次
坐姿髋关节屈曲手上举	第 65 页	每侧重复 10 次，保持 3 秒
灵活性训练		
三点支撑胸椎旋转	第 29 页	每侧重复 10 次
踝关节灵活性练习	第 30 页	重复 10 次（正面，向右，向左）
分腿蹲	第 30 页	每侧重复 5 次
侧蹲	第 31 页	每侧重复 5 次
水平面深蹲	第 32 页	每侧重复 5 次
移动准备		
线性移动准备	第 34 页	每次 20 米
快速伸缩复合训练		
栏架单腿正向垫步跳	第 183 页	4x5
速度训练		
反应速度练习	第 189 页	6x5 米
雪橇训练		
推雪橇	第 196 页	6x25 米
力量训练		
三组式	哑铃抓举	第 110 页	每侧 4x3
	髋部屈肌拉伸	第 199 页	每侧 2x20 秒
	四肢触地式手腿交替屈伸	第 60 页	每侧 2x8
四组式	后脚抬高式分腿蹲	第 125 页	每侧 3x8
	正握引体向上	第 136 页	3x8
	瑞士球后勾（仅双脚）	第 72 页	每侧 2x10
	胸部拉伸	第 206 页	2x20 秒
四组式	侧蹲	第 124 页	每侧 3x10
	单臂单腿缆绳背拉	第 145 页	每侧 3x10
	土耳其起立：步骤 3——起立到单膝跪地	第 84 页	每侧 2x5
	股后肌群拉伸	第 200 页	每侧 2x20 秒
能量代谢训练		
折返跑	第 210 页	10x150 米（30 秒内完成，休息 90 秒）

表 10.32　非赛季训练计划：第八周，周五

泡沫轴练习		第 26 页	5 分钟
静态拉伸		第 198 页	5 分钟
重置动作			
坐姿肘膝触碰		第 51 页	每侧重复 10 次
翻滚（上半身和下半身）		第 52 页	每侧下半身重复 3 次，每侧上半身重复 3 次
前臂摇摆		第 53 页	重复 30 次，前臂着地
核心激活			
仰卧挺髋		第 55 页	每侧重复 10 次
屈膝侧桥式外展		第 61 页	每侧重复 10 次
坐姿髋关节屈曲手上举		第 65 页	每侧重复 10 次，保持 3 秒
灵活性训练			
三点支撑胸椎旋转		第 29 页	每侧重复 10 次
踝关节灵活性练习		第 30 页	重复 10 次（正面，向右，向左）
分腿蹲		第 30 页	每侧重复 5 次
侧蹲		第 31 页	每侧重复 5 次
水平面深蹲		第 32 页	每侧重复 5 次
迷你弹力带训练			
怪物行走		第 33 页	每次 15 米
迷你弹力带侧向拖步		第 34 页	每次 15 米
移动准备			
侧向移动准备		第 44 页	每次 20 米
快速伸缩复合训练			
连续海登式跳跃		第 177 页	每侧 4x5
速度训练			
反应速度练习		第 189 页	每侧 3
药球训练			
分腿侧抛药球		第 98 页	每侧 3x10
分腿下抛药球		第 99 页	每侧 3x8
力量训练			
三组式	膝上高翻（负重轻）	第 106 页	4x5
	深蹲拉伸	第 199 页	2x20 秒
	平板支撑加哑铃提拉	第 89 页	每侧 2x8
四组式	哑铃下斜式卧推	第 151 页	3x10
	单腿深蹲	第 126 页	每侧 3x8
	交叉腿侧桥	第 92 页	每侧 2x5，保持 10 秒
	股四头肌拉伸	第 200 页	每侧 2x20 秒
三组式	站姿哑铃肩上交替推举	第 159 页	每侧 3x8
	滑板后勾	第 135 页	每侧 3x10
	弓步下劈	第 76 页	每侧 3x10
配对组	Y、T、W、L	第 167 页	每侧 3x10
	壶铃倒立行走	第 166 页	3x40 米
能量代谢训练			
滑板能量代谢训练		第 209 页	8x45 秒，休息 75 秒

表 10.33　非赛季训练计划：第九周，周一

泡沫轴练习	第 26 页	5 分钟
静态拉伸	第 198 页	5 分钟
重置动作		
站姿肘膝触碰	第 51 页	每侧重复 10 次
翻滚（上半身和下半身）	第 52 页	每侧下半身重复 3 次，每侧上半身重复 3 次
直臂摇摆	第 54 页	重复 30 次，双手着地
核心激活		
仰卧夹球单腿挺髋	第 56 页	每侧重复 10 次
屈膝侧桥式外展	第 61 页	每侧重复 10 秒
站姿髋关节屈曲手上举	第 66 页	每侧重复 10 次，保持 3 秒
灵活性训练		
三点支撑胸椎旋转	第 29 页	每侧重复 10 次
踝关节灵活性练习	第 30 页	重复 10 次（正面，向右，向左）
双腿交替弓步	第 129 页	每侧重复 5 次
侧蹲	第 31 页	每侧重复 5 次
水平面深蹲	第 32 页	每侧重复 5 次
移动准备		
线性移动准备	第 34 页	每次 20 米
快速伸缩复合训练		
栏架正向垫步跳	第 181 页	4x5
速度训练		
反应速度练习	第 189 页	6x5 米
雪橇训练		
推雪橇	第 196 页	6x25 米
力量训练		
三组式	单臂壶铃甩摆	第 117 页	每侧 3x10
	髋部屈肌拉伸	第 199 页	每侧 2x20 秒
	四肢触地式手腿交替屈伸	第 60 页	每侧 2x10
四组式	颈前深蹲	第 120 页	3x8
	反握引体向上	第 137 页	3x7，保持 4 秒
	瑞士球腹肌旋转（仅双脚着地）	第 72 页	每侧 2x12
	胸部拉伸	第 206 页	2x20 秒
四组式	单腿箱式深蹲	第 63 页	每侧 3x8
	"锯式"背拉	第 142 页	每侧 3x12
	土耳其起立：步骤 3——起立到单膝跪地	第 84 页	每侧 2x5
	股后肌群拉伸	第 200 页	每侧 2x20 秒
能量代谢训练		
节奏跑	第 208 页	17x110 米

表 10.34　非赛季训练计划：第九周，周二

泡沫轴练习		第 26 页	5 分钟
静态拉伸		第 198 页	5 分钟
重置动作			
站姿肘膝触碰		第 51 页	每侧重复 10 次
翻滚（上半身和下半身）		第 52 页	每侧下半身重复 3 次，每侧上半身重复 3 次
直臂摇摆		第 54 页	重复 30 次，双手着地
核心激活			
仰卧夹球单腿挺髋		第 56 页	每侧重复 10 次
屈膝侧桥式外展		第 61 页	每侧重复 10 秒
站姿髋关节屈曲手上举		第 66 页	每侧重复 10 次，保持 3 秒
灵活性训练			
三点支撑胸椎旋转		第 29 页	每侧重复 10 次
踝关节灵活性练习		第 30 页	重复 10 次（正面，向右，向左）
双腿交替弓步		第 129 页	每侧重复 5 次
侧蹲		第 31 页	每侧重复 5 次
水平面深蹲		第 32 页	每侧重复 5 次
迷你弹力带训练			
怪物行走		第 33 页	每次 15 米
迷你弹力带侧向拖步		第 34 页	每次 15 米
移动准备			
侧向移动准备		第 44 页	每次 20 米
快速伸缩复合训练			
栏架单腿正向垫步跳		第 183 页	每条腿 4x5
速度训练			
反应速度练习		第 189 页	每侧 3
雪橇训练			
侧向交叉步拉雪橇行走		第 195 页	每侧 3x25 米
药球训练			
分腿侧抛药球		第 98 页	每侧 3x10
分腿下抛药球		第 99 页	每侧 3x10
力量训练			
三组式	膝上高翻	第 106 页	4x5
	深蹲拉伸	第 199 页	2x20 秒
	平板支撑加哑铃提拉	第 89 页	每侧 2x8
四组式	杠铃卧推	第 147 页	3x8
	单腿单臂硬拉	第 132 页	每侧 3x8
	交叉腿侧桥	第 92 页	每侧 2x5，保持 10 秒
	股四头肌拉伸	第 200 页	每侧 2x20 秒
三组式	站姿哑铃肩上推举	第 160 页	3x8
	滑板后勾	第 135 页	每侧 3x12
	弓步下劈	第 76 页	每侧 3x10
配对组	Y、T、W、L	第 167 页	每侧 3x12
	壶铃倒立行走	第 166 页	3x40 米
能量代谢训练			
滑板能量代谢训练		第 209 页	9x45 秒，休息 75 秒

表 10.35　非赛季训练计划：第九周，周四

泡沫轴练习	第 26 页	5 分钟
静态拉伸	第 198 页	5 分钟
重置动作		
坐姿肘膝触碰	第 51 页	每侧重复 10 次
翻滚（上半身和下半身）	第 52 页	每侧下半身重复 3 次，每侧上半身重复 3 次
前臂摇摆	第 53 页	重复 30 次，前臂着地
核心激活		
仰卧单腿挺髋	第 56 页	每侧重复 10 次
屈膝侧桥式外展	第 61 页	每侧重复 10 次
坐姿髋关节屈曲手上举	第 65 页	每侧重复 10 次，保持 3 秒
灵活性训练		
三点支撑胸椎旋转	第 29 页	每侧重复 10 次
踝关节灵活性练习	第 30 页	重复 10 次（正面，向右，向左）
分腿蹲	第 30 页	每侧重复 5 次
侧蹲	第 31 页	每侧重复 5 次
水平面深蹲	第 32 页	每侧重复 5 次
移动准备		
线性移动准备	第 34 页	每次 20 米
快速伸缩复合训练		
栏架单腿正向垫步跳	第 183 页	4x5
速度训练		
反应速度练习	第 189 页	6x5 米
雪橇训练		
推雪橇	第 196 页	6x25 米
力量训练			
三组式	哑铃抓举	第 110 页	每侧 4x5
	髋部屈肌拉伸	第 199 页	每侧 2x20 秒
	四肢触地式手腿交替屈伸	第 60 页	每侧 2x10
四组式	后脚抬高式分腿蹲	第 125 页	每侧 3x8
	正握引体向上	第 136 页	3x8
	瑞士球后勾	第 72 页	每侧 2x12
	胸部拉伸	第 206 页	2x20 秒
四组式	杠铃侧蹲	第 124 页	每侧 3x12
	单臂单腿缆绳背拉	第 145 页	每侧 3x10
	土耳其起立：步骤 3——起立到单膝跪地	第 84 页	每侧 2x5
	股后肌群拉伸	第 200 页	每侧 2x20 秒
能量代谢训练			
折返跑	第 210 页	11x150 米（30 秒内完成，休息 90 秒）	

表 10.36　非赛季训练计划：第九周，周五

泡沫轴练习	第 26 页	5 分钟
静态拉伸	第 198 页	5 分钟
重置动作		
坐姿肘膝触碰	第 51 页	每侧重复 10 次
翻滚（上半身和下半身）	第 52 页	每侧下半身重复 3 次，每侧上半身重复 3 次
前臂摇摆	第 53 页	重复 30 次，前臂着地
核心激活		
仰卧单腿挺髋	第 56 页	每侧重复 10 次
屈膝侧桥式外展	第 61 页	每侧重复 10 次
坐姿髋关节屈曲手上举	第 65 页	每侧重复 10 次，保持 3 秒
灵活性训练		
三点支撑胸椎旋转	第 29 页	每侧重复 10 次
踝关节灵活性练习	第 30 页	重复 10 次（正面，向右，向左）
分腿蹲	第 30 页	每侧重复 5 次
侧蹲	第 31 页	每侧重复 5 次
水平面深蹲	第 32 页	每侧重复 5 次
迷你弹力带训练		
怪物行走	第 33 页	每次 15 米
迷你弹力带侧向拖步	第 34 页	每次 15 米
移动准备		
侧向移动准备	第 44 页	每次 20 米
快速伸缩复合训练		
连续海登式跳跃	第 177 页	每侧 4x5
速度训练		
反应速度练习	第 189 页	每侧 3
药球训练		
分腿侧抛药球	第 98 页	每侧 3x10
分腿下抛药球	第 99 页	每侧 3x10
力量训练		
三组式　膝上高翻（负重轻）	第 106 页	4x5
三组式　深蹲拉伸	第 199 页	2x20 秒
三组式　平板支撑加哑铃提拉	第 89 页	每侧 2x10
四组式　哑铃下斜式卧推	第 151 页	3x12
四组式　单腿深蹲	第 126 页	每侧 3x8
四组式　交叉腿侧桥	第 92 页	每侧 2x5，保持 10 秒
四组式　股四头肌拉伸	第 200 页	每侧 2x20 秒
三组式　站姿哑铃肩上交替推举	第 159 页	每侧 3x8
三组式　滑板后勾	第 135 页	每侧 3x12
三组式　弓步下劈	第 76 页	每侧 3x10
配对组　Y、T、W、L	第 167 页	每侧 3x12
配对组　壶铃倒立行走	第 166 页	3x40 米
能量代谢训练		
滑板能量代谢训练	第 209 页	9x45 秒，休息 75 秒

表 10.37　非赛季训练计划：第十周，周一

泡沫轴练习	第 26 页	5 分钟
静态拉伸	第 198 页	5 分钟
重置动作		
站姿肘膝触碰（闭眼）	第 51 页	每侧重复 10 次
翻滚（上半身和下半身）	第 52 页	每侧下半身重复 3 次，每侧上半身重复 3 次
直臂摇摆	第 54 页	重复 30 次，双手着地
核心激活		
药球单腿挺髋	第 57 页	每侧重复 10 次
单腿箱式深蹲	第 63 页	每侧重复 10 秒
登山步	第 67 页	每侧重复 10 次，保持 30 秒
灵活性训练		
三点支撑胸椎旋转	第 29 页	每侧重复 10 次
踝关节灵活性练习	第 30 页	重复 10 次（正面，向右，向左）
双腿交替弓步	第 129 页	每侧重复 5 次
侧蹲	第 31 页	每侧重复 5 次
水平面深蹲	第 32 页	每侧重复 5 次
移动准备		
线性移动准备	第 34 页	每次 20 米
快速伸缩复合训练		
栏架正向连续跳	第 184 页	4x5
速度训练		
追逐练习	第 190 页	3 人领先，3 人追赶
力量训练		
三组式　双臂壶铃甩摆	第 117 页	3x8
三组式　髋部屈肌拉伸	第 199 页	每侧 2x20 秒
三组式　四肢触地式手腿交替屈伸	第 60 页	每侧 2x5
四组式　颈前深蹲	第 120 页	3x5
四组式　反握引体向上（负重）	第 137 页	3x3
四组式　健腹轮腹肌屈伸	第 71 页	2x10
四组式　胸部拉伸	第 206 页	2x20 秒
四组式　单腿箱式深蹲	第 63 页	每侧 3x8
四组式　单臂单腿缆绳背拉	第 145 页	每侧 3x8
四组式　土耳其起立：步骤 4——完全起立	第 85 页	每侧 2x5
四组式　股后肌群拉伸	第 200 页	每侧 2x20 秒
能量代谢训练		
节奏跑	第 208 页	18x110 米

表 10.38　非赛季训练计划：第十周，周二

泡沫轴练习	第 26 页	5 分钟
静态拉伸	第 198 页	5 分钟
重置动作		
站姿肘膝触碰（闭眼）	第 51 页	每侧重复 10 次
翻滚（上半身和下半身）	第 52 页	每侧下半身重复 3 次，每侧上半身重复 3 次
直臂摇摆	第 53 页	重复 30 次，双手着地
核心激活		
药球单腿挺髋	第 57 页	每侧重复 10 次
单腿箱式深蹲	第 63 页	每侧重复 10 秒
登山步	第 67 页	每侧重复 10 次，保持 3 秒
灵活性训练		
三点支撑胸椎旋转	第 29 页	每侧重复 10 次
踝关节灵活性练习	第 30 页	重复 10 次（正面，向右，向左）
双腿交替弓步	第 129 页	每侧重复 5 次
侧蹲	第 31 页	每侧重复 5 次
水平面深蹲	第 32 页	每侧重复 5 次
迷你弹力带训练		
怪物行走	第 33 页	每次 15 米
迷你弹力带侧向拖步	第 34 页	每次 15 米
移动准备		
侧向移动准备	第 44 页	每次 20 米
快速伸缩复合训练		
栏架单腿侧向连续跳	第 185 页	每条腿 4x5
速度训练		
镜面反应速度练习	第 194 页	每个方向 3 次
药球训练		
站姿侧抛药球	第 100 页	每侧 3x10
站姿下抛药球	第 101 页	3x10
力量训练		
三组式 膝上高翻	第 106 页	3x3
三组式 深蹲拉伸	第 199 页	2x20 秒
三组式 四肢触地式手腿交替屈伸	第 60 页	每侧 2x5
四组式 杠铃卧推	第 147 页	3x3
四组式 单腿双臂硬拉	第 132 页	每侧 3x6
四组式 传统交叉腿侧桥	第 92 页	每侧 2x5，保持 10 秒
四组式 股四头肌拉伸	第 200 页	每侧 2x20 秒
三组式 站姿单臂壶铃推举	第 158 页	每侧 3x6
三组式 瑞士球后勾	第 134 页	每侧 3x6
三组式 站姿下劈	第 77 页	每侧 3x10
配对组 仰卧哑铃肱三头肌弯举	第 162 页	3x8
配对组 混合行走	第 166 页	每侧 3x40 米
能量代谢训练		
滑板能量代谢训练	第 209 页	10x45 秒，休息 75 秒

表 10.39　非赛季训练计划：第十周，周四

泡沫轴练习	第 26 页	5 分钟
静态拉伸	第 198 页	5 分钟
重置动作		
站姿肘膝触碰（闭眼）	第 51 页	每侧重复 10 次
翻滚（上半身和下半身）	第 52 页	每侧下半身重复 3 次，每侧上半身重复 3 次
直臂摇摆	第 54 页	重复 30 次，双手着地
核心激活		
药球单腿挺髋	第 57 页	每侧重复 10 次
单腿箱式深蹲	第 63 页	每侧重复 10 秒
登山步	第 67 页	每侧重复 10 次，保持 30 秒
灵活性训练		
三点支撑胸椎旋转	第 29 页	每侧重复 10 次
踝关节灵活性练习	第 30 页	重复 10 次（正面，向右，向左）
双腿交替弓步	第 129 页	每侧重复 5 次
侧蹲	第 31 页	每侧重复 5 次
水平面深蹲	第 32 页	每侧重复 5 次
移动准备		
线性移动准备	第 34 页	每次 20 米
快速伸缩复合训练		
栏架单腿正向连续跳	第 186 页	4x5
速度训练		
追逐练习	第 190 页	3 人领先，3 人追赶
力量训练		
三组式	哑铃抓举	第 110 页	每侧 3x3
	髋部屈肌拉伸	第 199 页	每侧 2x20 秒
	四肢触地式手腿交替屈伸	第 60 页	每侧 2x5
四组式	分腿颈前深蹲	第 127 页	每侧 3x6
	正握引体向上（负重）	第 136 页	3x5
	健腹轮腹肌屈伸	第 71 页	2x10
	胸部拉伸	第 206 页	2x20 秒
四组式	单腿箱式深蹲	第 63 页	每侧 3x6
	单臂单腿缆绳背拉	第 145 页	每侧 3x8
	土耳其起立：步骤 4——完全起立	第 85 页	每侧 2x5
	股后肌群拉伸	第 200 页	每侧 2x20 秒
能量代谢训练		
折返跑	第 210 页	2x300 米，60 秒内完成，休息 3 分钟 2x150 米，30 秒完成，休息 90 秒

表 10.40　非赛季训练计划：第十周，周五

泡沫轴练习	第 26 页	5 分钟
静态拉伸	第 198 页	5 分钟
重置动作		
站姿肘膝触碰（闭眼）	第 51 页	每侧重复 10 次
翻滚（上半身和下半身）	第 52 页	每侧下半身重复 3 次，每侧上半身重复 3 次
直臂摇摆	第 54 页	重复 30 次，双手着地
核心激活		
药球单腿挺髋	第 57 页	每侧重复 10 次
单腿箱式深蹲	第 63 页	每侧重复 10 秒
登山步	第 67 页	每侧重复 10 次，保持 3 秒
灵活性训练		
三点支撑胸椎旋转	第 29 页	每侧重复 10 次
踝关节灵活性练习	第 30 页	重复 10 次（正面，向右，向左）
双腿交替弓步	第 129 页	每侧重复 5 次
侧蹲	第 31 页	每侧重复 5 次
水平面深蹲	第 32 页	每侧重复 5 次
迷你弹力带训练		
怪物行走	第 33 页	每次 15 米
迷你弹力带侧向拖步	第 34 页	每次 15 米
移动准备		
侧向移动准备	第 44 页	每次 20 米
快速伸缩复合训练		
"之"字跳	第 187 页	每侧 4x5
速度训练		
镜面反应速度练习	第 194 页	每个方向 3 次
药球训练		
站姿侧抛药球	第 100 页	每侧 3x10
站姿下抛药球	第 101 页	3x10
力量训练		
三组式 膝上高翻（负重轻）	第 106 页	3x5
三组式 深蹲拉伸	第 199 页	2x20 秒
三组式 四肢触地式手腿交替屈伸	第 60 页	每侧 2x5
四组式 下斜式杠铃卧推	第 148 页	3x3
四组式 单腿深蹲	第 126 页	每侧 3x6
四组式 传统交叉腿侧桥	第 92 页	每侧 2x5，保持 10 秒
四组式 股四头肌拉伸	第 200 页	每侧 2x20 秒
三组式 站姿哑铃肩上推举	第 161 页	每侧 3x8
三组式 滑板后勾	第 135 页	每侧 3x8
三组式 站姿下劈	第 77 页	每侧 3x10
配对组 仰卧哑铃肱三头肌弯举	第 162 页	3x8
配对组 混合行走	第 166 页	每侧 3x40 米
能量代谢训练		
滑板能量代谢训练	第 209 页	10x45 秒，休息 75 秒

表 10.41　非赛季训练计划：第十一周，周一

泡沫轴练习	第 26 页	5 分钟
静态拉伸	第 198 页	5 分钟
重置动作		
站姿肘膝触碰（闭眼）	第 51 页	每侧重复 10 次
翻滚（上半身和下半身）	第 52 页	每侧下半身重复 3 次，每侧上半身重复 3 次
直臂摇摆	第 54 页	重复 30 次，双手着地
核心激活		
药球单腿挺髋	第 57 页	每侧重复 10 次
单腿箱式深蹲	第 63 页	每侧重复 10 秒
登山步	第 67 页	每侧重复 10 次，保持 30 秒
灵活性训练		
三点支撑胸椎旋转	第 29 页	每侧重复 10 次
踝关节灵活性练习	第 30 页	重复 10 次（正面，向右，向左）
双腿交替弓步	第 129 页	每侧重复 5 次
侧蹲	第 31 页	每侧重复 5 次
水平面深蹲	第 32 页	每侧重复 5 次
移动准备		
线性移动准备	第 34 页	每次 20 米
快速伸缩复合训练		
栏架正向连续跳	第 184 页	4x5
速度训练		
追逐练习	第 190 页	3 人领先，3 人追赶
力量训练		
三组式　双壶铃甩摆	第 118 页	3x10
三组式　髋部屈肌拉伸	第 199 页	每侧 2x20 秒
三组式　四肢触地式手腿交替屈伸	第 60 页	每侧 2x8
四组式　颈前深蹲	第 120 页	4x5
四组式　反握引体向上（负重）	第 137 页	4x3
四组式　健腹轮腹肌屈伸	第 71 页	2x12
四组式　胸部拉伸	第 206 页	2x20 秒
四组式　单腿箱式深蹲	第 63 页	每侧 3x8
四组式　单臂单腿缆绳背拉	第 145 页	每侧 3x8
四组式　土耳其起立：步骤 4——完全起立	第 85 页	每侧 2x5
四组式　股后肌群拉伸	第 200 页	每侧 2x20 秒
能量代谢训练		
节奏跑	第 208 页	19x110 米

表 10.42　非赛季训练计划：第十一周，周二

泡沫轴练习		第 26 页	5 分钟
静态拉伸		第 198 页	5 分钟
重置动作			
站姿肘膝触碰（闭眼）		第 51 页	每侧重复 10 次
翻滚（上半身和下半身）		第 52 页	每侧下半身重复 3 次，每侧上半身重复 3 次
直臂摇摆		第 54 页	重复 30 次，双手着地
核心激活			
药球单腿挺髋		第 57 页	每侧重复 10 次
单腿箱式深蹲		第 63 页	每侧重复 10 秒
登山步		第 67 页	每侧重复 10 次，保持 3 秒
灵活性训练			
三点支撑胸椎旋转		第 29 页	每侧重复 10 次
踝关节灵活性练习		第 30 页	重复 10 次（正面，向右，向左）
双腿交替弓步		第 129 页	每侧重复 5 次
侧蹲		第 31 页	每侧重复 5 次
水平面深蹲		第 32 页	每侧重复 5 次
迷你弹力带训练			
怪物行走		第 33 页	每次 15 米
迷你弹力带侧向拖步		第 34 页	每次 15 米
移动准备			
侧向移动准备		第 44 页	每次 20 米
快速伸缩复合训练			
栏架单腿侧向连续跳		第 185 页	每条腿 4x5
速度训练			
镜面反应速度练习		第 194 页	每个方向 3 次
药球训练			
站姿侧抛药球		第 100 页	每侧 3x10
站姿下抛药球		第 101 页	3x10
力量训练			
三组式	膝上高翻	第 106 页	4x3
	深蹲拉伸	第 199 页	2x20 秒
	四肢触地式手腿交替屈伸	第 60 页	每侧 2x8
四组式	杠铃卧推	第 147 页	4x3
	单腿双臂硬拉	第 132 页	每侧 4x6
	传统交叉腿侧桥	第 92 页	每侧 2x5，保持 10 秒
	股四头肌拉伸	第 200 页	每侧 2x20 秒
三组式	站姿单臂壶铃推举	第 158 页	每侧 3x6
	瑞士球后勾	第 134 页	每侧 3x10
	站姿下劈	第 77 页	每侧 3x10
配对组	仰卧哑铃肱三头肌弯举	第 162 页	3x8
	混合行走	第 166 页	每侧 3x40 米
能量代谢训练			
滑板能量代谢训练		第 209 页	11x45 秒，休息 75 秒

表 10.43　非赛季训练计划：第十一周，周四

泡沫轴练习	第 26 页	5 分钟
静态拉伸	第 198 页	5 分钟
重置动作		
站姿肘膝触碰（闭眼）	第 51 页	每侧重复 10 次
翻滚（上半身和下半身）	第 52 页	每侧下半身重复 3 次，每侧上半身重复 3 次
直臂摇摆	第 54 页	重复 30 次，双手着地
核心激活		
药球单腿挺髋	第 57 页	每侧重复 10 次
单腿箱式深蹲	第 63 页	每侧重复 10 秒
登山步	第 67 页	每侧重复 10 次，保持 30 秒
灵活性训练		
三点支撑胸椎旋转	第 29 页	每侧重复 10 次
踝关节灵活性练习	第 30 页	重复 10 次（正面，向右，向左）
双腿交替弓步	第 129 页	每侧重复 5 次
侧蹲	第 31 页	每侧重复 5 次
水平面深蹲	第 32 页	每侧重复 5 次
移动准备		
线性移动准备	第 34 页	每次 20 米
快速伸缩复合训练		
栏架单腿正向连续跳	第 186 页	4x5
速度训练		
追逐练习	第 190 页	3 人领先，3 人追赶
力量训练		
三组式	哑铃抓举	第 110 页	每侧 4x3
	髋部屈肌拉伸	第 199 页	每侧 2x20 秒
	四肢触地式手腿交替屈伸	第 60 页	每侧 2x8
四组式	分腿颈前深蹲	第 127 页	每侧 4x6
	正握引体向上（负重）	第 136 页	4x5
	健腹轮腹肌屈伸	第 71 页	2x12
	胸部拉伸	第 206 页	2x20 秒
四组式	单腿箱式深蹲	第 63 页	每侧 3x6
	单臂单腿缆绳背拉	第 145 页	每侧 3x8
	土耳其起立：步骤 4——完全起立	第 85 页	每侧 2x5
	股后肌群拉伸	第 200 页	每侧 2x20 秒
能量代谢训练		
300 米折返跑	第 210 页	3x60 秒或更少，休息 3 分钟
150 米折返跑	第 210 页	2x30 秒或更少，休息 90 秒

表 10.44　非赛季训练计划：第十一周，周五

泡沫轴练习		第 26 页	5 分钟
静态拉伸		第 198 页	5 分钟
重置动作			
站姿肘膝触碰（闭眼）		第 51 页	每侧重复 10 次
翻滚（上半身和下半身）		第 52 页	每侧下半身重复 3 次，每侧上半身重复 3 次
前臂摇摆		第 53 页	重复 30 次，前臂着地
核心激活			
药球单腿挺髋		第 57 页	每侧重复 10 次
单腿箱式深蹲		第 63 页	每侧重复 10 秒
登山步		第 67 页	每侧重复 10 次，保持 3 秒
灵活性训练			
三点支撑胸椎旋转		第 29 页	每侧重复 10 次
踝关节灵活性练习		第 30 页	重复 10 次（正面，向右，向左）
双腿交替弓步		第 129 页	每侧重复 5 次
侧蹲		第 31 页	每侧重复 5 次
水平面深蹲		第 32 页	每侧重复 5 次
迷你弹力带训练			
怪物行走		第 33 页	每次 15 米
迷你弹力带侧向拖步		第 34 页	每次 15 米
移动准备			
侧向移动准备		第 44 页	每次 20 米
快速伸缩复合训练			
"之"字跳		第 187 页	每条腿 4x5
速度训练			
镜面反应速度练习		第 194 页	每个方向 3 次
药球训练			
站姿侧抛药球		第 100 页	每侧 3x10
站姿下抛药球		第 101 页	3x10
力量训练			
三组式	膝上高翻（负重轻）	第 106 页	4x5
	深蹲拉伸	第 199 页	2x20 秒
	四肢触地式手腿交替屈伸	第 60 页	每侧 2x8
四组式	下斜式杠铃卧推	第 148 页	4x3
	单腿深蹲	第 126 页	每侧 4x6
	传统交叉腿侧桥	第 92 页	每侧 2x5，保持 10 秒
	股四头肌拉伸	第 200 页	每侧 2x20 秒
三组式	站姿哑铃肩上推举	第 161 页	每侧 3x8
	滑板后勾	第 135 页	每侧 3x10
	站姿下劈	第 77 页	每侧 3x10
配对组	仰卧哑铃肱三头肌弯举	第 162 页	3x8
	混合行走	第 166 页	每侧 3x40 米
能量代谢训练			
滑板能量代谢训练		第 209 页	11x45 秒，休息 75 秒

表 10.45　非赛季训练计划：第十二周，周一

泡沫轴练习	第 26 页	5 分钟
静态拉伸	第 198 页	5 分钟
重置动作		
站姿肘膝触碰（闭眼）	第 51 页	每侧重复 10 次
翻滚（上半身和下半身）	第 52 页	每侧下半身重复 3 次，每侧上半身重复 3 次
直臂摇摆	第 54 页	重复 30 次，双手着地
核心激活		
药球单腿挺髋	第 57 页	每侧重复 10 次
单腿箱式深蹲	第 63 页	每侧重复 10 秒
登山步	第 67 页	每侧重复 10 次，保持 30 秒
灵活性训练		
三点支撑胸椎旋转	第 29 页	每侧重复 10 次
踝关节灵活性练习	第 30 页	重复 10 次（正面，向右，向左）
双腿交替弓步	第 129 页	每侧重复 5 次
侧蹲	第 31 页	每侧重复 5 次
水平面深蹲	第 32 页	每侧重复 5 次
移动准备		
线性移动准备	第 34 页	每次 20 米
快速伸缩复合训练		
栏架正向连续跳	第 184 页	4x5
速度训练		
追逐练习	第 190 页	3 人领先，3 人追赶
力量训练		
三组式	双壶铃甩摆	第 118 页	3x12
	髋部屈肌拉伸	第 199 页	每侧 2x20 秒
	四肢触地式手腿交替屈伸	第 60 页	每侧 2x10
四组式	颈前深蹲	第 120 页	4x5
	反握引体向上（负重）	第 137 页	4x3
	健腹轮腹肌屈伸	第 71 页	2x15
	胸部拉伸	第 206 页	2x20 秒
四组式	单腿箱式深蹲	第 63 页	每侧 3x8
	单臂单腿缆绳背拉	第 145 页	每侧 3x8
	土耳其起立：步骤 4——完全起立	第 85 页	每侧 2x5
	股后肌群拉伸	第 200 页	每侧 2x20 秒
能量代谢训练		
节奏跑	第 208 页	20x110 米

表 10.46　非赛季训练计划：第十二周，周二

		第 26 页	5 分钟
泡沫轴练习		第 26 页	5 分钟
静态拉伸		第 198 页	5 分钟
重置动作			
站姿肘膝触碰（闭眼）		第 51 页	每侧重复 10 次
翻滚（上半身和下半身）		第 52 页	每侧下半身重复 3 次，每侧上半身重复 3 次
直臂摇摆		第 54 页	重复 30 次，双手着地
核心激活			
药球单腿挺髋		第 57 页	每侧重复 10 次
单腿箱式深蹲		第 63 页	每侧重复 10 秒
登山步		第 67 页	每侧重复 10 次，保持 30 秒
灵活性训练			
三点支撑胸椎旋转		第 29 页	每侧重复 10 次
踝关节灵活性练习		第 30 页	重复 10 次（正面，向右，向左）
双腿交替弓步		第 129 页	每侧重复 5 次
侧蹲		第 31 页	每侧重复 5 次
水平面深蹲		第 32 页	每侧重复 5 次
迷你弹力带训练			
怪物行走		第 33 页	每次 15 米
迷你弹力带侧向拖步		第 34 页	每次 15 米
移动准备			
侧向移动准备		第 44 页	每次 20 米
快速伸缩复合训练			
栏架单腿侧向连续跳		第 185 页	每侧 4x5
速度训练			
镜面反应速度练习		第 194 页	每个方向 3 次
药球训练			
站姿侧抛药球		第 100 页	每侧 3x10
站姿下抛药球		第 101 页	3x10
力量训练			
三组式	膝上高翻	第 106 页	4x3
	深蹲拉伸	第 199 页	2x20 秒
	四肢触地式手腿交替屈伸	第 60 页	每侧 2x10
四组式	杠铃卧推	第 147 页	4x3
	单腿双臂硬拉	第 132 页	每侧 4x6
	传统交叉腿侧桥	第 92 页	每侧 2x5，保持 10 秒
	股四头肌拉伸	第 200 页	每侧 2x20 秒
三组式	站姿单臂壶铃推举	第 158 页	每侧 3x6
	瑞士球后勾	第 134 页	每侧 3x12
	站姿下劈	第 77 页	每侧 3x10
配对组	仰卧哑铃肱三头肌弯举	第 162 页	3x8
	混合行走	第 166 页	每侧 3x40 米
能量代谢训练			
滑板能量代谢训练		第 209 页	12x45 秒，休息 75 秒

表 10.47　非赛季训练计划：第十二周，周四

泡沫轴练习	第 26 页	5 分钟
静态拉伸	第 198 页	5 分钟
重置动作		
站姿肘膝触碰（闭眼）	第 51 页	每侧重复 10 次
翻滚（上半身和下半身）	第 52 页	每侧下半身重复 3 次，每侧上半身重复 3 次
直臂摇摆	第 54 页	重复 30 次，双手着地
核心激活		
药球单腿挺髋	第 57 页	每侧重复 10 次
单腿箱式深蹲	第 63 页	每侧重复 10 秒
登山步	第 67 页	每侧重复 10 次，保持 30 秒
灵活性训练		
三点支撑胸椎旋转	第 29 页	每侧重复 10 次
踝关节灵活性练习	第 30 页	重复 10 次（正面，向右，向左）
双腿交替弓步	第 129 页	每侧重复 5 次
侧蹲	第 31 页	每侧重复 5 次
水平面深蹲	第 32 页	每侧重复 5 次
移动准备		
线性移动准备	第 34 页	每次 20 米
快速伸缩复合训练		
栏架单腿正向连续跳	第 186 页	4x5
速度训练		
追逐练习	第 190 页	3 人领先，3 人追赶
力量训练		
三组式	哑铃抓举	第 110 页	每侧 4x3
	髋部屈肌拉伸	第 199 页	每侧 2x20 秒
	四肢触地式手腿交替屈伸	第 60 页	每侧 2x10
四组式	分腿颈前深蹲	第 127 页	每侧 4x6
	正握引体向上（负重）	第 136 页	4x5
	健腹轮腹肌屈伸	第 71 页	2x15
	胸部拉伸	第 206 页	2x20 秒
四组式	单腿深蹲	第 126 页	每侧 3x6
	单臂单腿缆绳背拉	第 145 页	每侧 3x8
	土耳其起立：步骤 4——完全起立	第 85 页	每侧 2x5
	股后肌群拉伸	第 200 页	每侧 2x20 秒
能量代谢训练		
折返跑	第 210 页	4x300 米（60 秒以内完成，休息 3 分钟）

表 10.48　非赛季训练计划：第十二周，周五

泡沫轴练习	第 26 页	5 分钟
静态拉伸	第 198 页	5 分钟
重置动作		
站姿肘膝触碰（闭眼）	第 51 页	每侧重复 10 次
翻滚（上半身和下半身）	第 52 页	每侧下半身重复 3 次，每侧上半身重复 3 次
直臂摇摆	第 54 页	重复 30 次，双手着地
核心激活		
药球单腿挺髋	第 57 页	每侧重复 10 次
单腿箱式深蹲	第 63 页	每侧重复 10 秒
登山步	第 67 页	每侧重复 10 次，保持 3 秒
灵活性训练		
三点支撑胸椎旋转	第 29 页	每侧重复 10 次
踝关节灵活性练习	第 30 页	重复 10 次（正面，向右，向左）
双腿交替弓步	第 129 页	每侧重复 5 次
侧蹲	第 31 页	每侧重复 5 次
水平面深蹲	第 32 页	每侧重复 5 次
迷你弹力带训练		
怪物行走	第 33 页	每次 15 米
迷你弹力带侧向拖步	第 34 页	每次 15 米
移动准备		
侧向移动准备	第 44 页	每次 20 米
快速伸缩复合训练		
"之"字跳	第 187 页	每条腿 4x5
速度训练		
镜面反应速度练习	第 194 页	每个方向 3 次
药球训练		
站姿侧抛药球	第 100 页	每侧 3x10
站姿下抛药球	第 101 页	3x10
力量训练			
三组式	膝上高翻（负重轻）	第 106 页	4x5
	深蹲拉伸	第 199 页	2x20 秒
	四肢触地式手腿交替屈伸	第 60 页	每侧 2x10
四组式	下斜式杠铃卧推	第 148 页	4x3
	单腿深蹲	第 126 页	每侧 4x6
	传统交叉腿侧桥	第 92 页	每侧 2x5，保持 10 秒
	股四头肌拉伸	第 200 页	每侧 2x20 秒
三组式	站姿哑铃肩上推举	第 161 页	每侧 3x8
	滑板后勾	第 135 页	每侧 3x12
	站姿下劈	第 77 页	每侧 3x10
配对组	仰卧哑铃肱三头肌弯举	第 162 页	3x8
	混合行走	第 166 页	每侧 3x40 米
能量代谢训练			
滑板能量代谢训练	第 209 页	12x45 秒，休息 75 秒

第11章

赛季前训练计划

冰球运动赛季前体能训练的目的是让球员为达到常规赛季的要求做准备，并缩短非赛季和赛季中体能训练的差距。训练强度水平将有所提升，而且体能训练计划的训练量也有所增加。赛季前是球员开始进行更多训练的阶段，这样是让他们为身体上和精神上的压力做好准备。

这个阶段分为两个部分。首先是赛季前训练营，这时候没有冰场教练的参与。大学和职业级别球队的相关规定禁止冰场教练在其日程表的特定日期前和团队一起训练。体能教练需要组织和执行体能训练课程，有时候也组织场上的训练课程，但场上训练的这部分也可以由球员自己组织和执行。"队长的实践练习"这个说法最好地描述了场上的课程，因为队长和团队领导者参与制订实践练习计划。赛季前的第二部分从教练可以正式参与到实践练习中时开始。此时赛季前比赛开始了，体能训练课程继续。

由于美国全国大学生体育协会（NCAA）以及初级级别及以上级别球队的大部分球员在整个非赛季都分散在不同的地点，所以赛季前期间是体能教练首次对整个团队应用训练计划的机会。这是在赛季开始前建设团队友谊并使所有球员处于相同进度的重要时期（理想状况下，高中团队或少儿团队的成员在整个非赛季都在一起训练，除非他们隶属于一个寄宿学校或预备学校，这些学校的球员来自世界的各个地方）。

职业级别和初级级别球队的典型赛季前期间通常是 3~4 周，从 8 月下旬直到 9 月下旬。在赛季前的第一部分，球员除了每周 4~6 天在冰场上外，每周 3 天还要在健身房进行一些训练。本书推荐周一、周三和周五在冰场上实践练习前安排力量训练，周二和周四在滑冰前安排固定式自行车能量代谢训练。当实践练习正式开始后，力量训练的频率要相应缩减，因为实践练习和表演赛数量要增加。

此时训练量大了很多，因为相应地增加了举重和滑行。这和每天以场外训练为主的非赛季有很大的不同，非赛季进行的某些活动会停止，以帮助球员顺利过渡到场上训练。这包括速度训练、雪橇训练以及能量代谢训练中的跑步和滑板训练。在这个时间点，速度、敏捷性和能量代谢训练主要倾向于在冰场上进行。有些球员可能较早地已经开始了场上的训练——球员非赛季在回团队训练营报到之前到家附近的冰场进行滑行训练并非罕见。

所有级别的球员都希望以最佳的身体状况回到训练营报到。这不是强身健体的时间。训练营的首要任务是将团队成员分类，并准备训练。这是评估球员以及建立阵容组合、特殊组别和防守体系的时间。

设计一个赛季前体能训练计划

赛季前期间的体能训练将从非赛季后期的高强度力量训练以及大量的跑步训练过渡到包含低强度力量训练（但训练量增多）及没有跑步训练的方式。体能训练将主要在冰场上进行，同时也包括更多固定式自行车练习课程。

力量训练

在赛季前期间，本书提倡通过循环训练法来增加力量。12 项练习要连续完成，这和自然年的其他时间段不同，其他时间段里只有 5 项或 6 项练习互相组合起来，且核心部位练习在休息期间进行。各个球员被分配到 1~12 中的一个练习站，他们需要走完这个循环，等完成 12 项练习后可以休息 90 秒。球员要完成 3 次循环。当设定练习的负荷量时，重点是使身体变得强壮。不过，运动员和教练需要根据规定的重复次数来决定负荷量。例如，如果一项练习需要重复 10 次，则运动员能够举起 15 次的负荷量是不可取的。这种情况下，能够以完美的技巧重复 10~12 次的负荷量应该被使用。

在循环训练时，这些练习要按照一定顺序排列，以允许各个动作之间有充足的休息时间，同时也能提升心率，使训练要求得以提高。规定的练习形式是：双腿蹬伸、上半身拉（垂直面）、上半身推（水平面）、核心 / 前部区域、下肢低深度的爆发力、单腿推、上半身拉（水平面）、上半身推（垂直面）、单腿降低（臀肌和腘绳肌是重点）、单臂拉、核心部位稳定性以及上肢爆发力。这些循环训练每周进行 2 次，分别在周一和周五。形式要保持一致，但选择的练习不同。例如，周一如果完成了正握引体向上（或双手背对），则周五要进行反握引体向上（或手掌相对）。在周三，每个球员要完成一个循环训练，同时使用一个 25 磅（11.3 千克）的杠铃片当作阻力。周三的这些练习的形式和周一和周五的会略有不同。

在周一和周五的循环训练中，各个球员按照规定的重复次数进行各个练习。对于不能完成指定练习的运动员（例如，受伤的或者不能进行某个特定练习的球员），退而求其次进行练习是允许的。例如，高脚杯深蹲可以代替颈前深蹲，或者分腿蹲可以代替单腿蹲。这也是新球员的常用练习方法，例如 NCAA 级别的临时队员、职业级别的预选赛球员或者通过转会或自由球员方式增加的新球员。体能教练需要在各种情况下决定这些球员应该为哪个级别的练习做准备。

在周三的循环训练中，每个球员要使用一个 25 磅（11.3 千克）的杠铃片并完成整个循环训练，中间没有休息。所有的运动员一起进行最后一项练习。和其他的循环训练一样，在训练课程期间，杠铃片循环训练由交替进行的上肢、下肢和核心练习组成，以产生增强能量代谢的效果。

能量代谢训练

场外的能量代谢训练课程在周二、周四和周六进行。周一的课程由 1 分钟最高阻力级别的冲刺训练组成。目的是提高球员的耐疲劳性，尤其是在 30~40 秒时间点之后。冲刺结束时，他们要在固定式自行车上以阻力级别 1 恢复到 130 次 / 分钟。一旦心率下降到 130 次 / 分钟以下，他们就要开始以最高阻力级别的下一次冲刺。球员首周以 6 次重复开始，之后每周增加一次重复。周四的课程是稳定状态的增加心输出量的骑车训练，这时的重点是将心率保持在 130~140 次 / 分钟。这种 30~60 分钟的骑车训练能够提高运动员从数次高强度训练中恢复的能力。周六的骑车练习可以选择，不过也会根据每个球员的感觉和可能的需求来做规定。例如，到训练营报到时体能不足或者体脂百分比高的球员可能会被要求参与周六的骑车训练。

在训练营正式开始之前，球员应自己进行冰场上的实践练习。这在职业级别、大学级别和初级级别的球队中都是常见的。通常，团队的队长们制订练习计划，使用一些模仿常规实践练习课程的训练方法。典型的是 45 分钟的团队练习加 45 分钟的混战。在某些实践练习之后体能教练会组织一些体能训练的情况也并非罕见。当训练营正式开始后，他们也可能帮助球员为任何冰上体能测试做准备。体能教练会指导并与球员互动，同时安排他们顺利过渡到赛季中。

让每个球员全心参与很重要。在团队建设期间，球员应该相信赛季前计划及它的重要性。让球员们认同制订的计划比提供一个最先进但没人愿意参加的计划更为重要。给球员提供一个基本的计划，而且有一个大家一起努力训练的团队氛围，那冰场上的训练成果肯定不错。

赛季前训练样本计划

表 11.1~ 表 11.15 是 3 周的赛季前训练样本计划，集合了本书讨论过的所有内容。这些样本计划适合所有级别的所有球员。

在赛季前期间，应该使用本书第 4 章引用的理念。这个时候，所有之前训练的方式除了快速伸缩复合训练、速度训练和雪橇训练外都应该被使用。体能教练将决定使用哪些练习方式及训练多长时间。赛季前的时间非常宝贵。

表 11.1 赛季前训练计划：第一周，周一

力量训练			
哑铃抓举 + 髋部屈肌拉伸		第 110 页、第 199 页	每侧 3x5+2 次
力量循环训练（3 组，每组之间休息 90 秒）	颈前深蹲	第 120 页	8 次
	正握引体向上	第 136 页	6 次
	哑铃卧推	第 149 页	8 次
	健腹轮腹肌屈伸	第 71 页	10 次
	深蹲跳	第 176 页	10 次
	仰卧背拉	第 140 页	8 次
	站姿哑铃肩上交替推举	第 159 页	每侧 8 次
	单腿单臂硬拉	第 132 页	每侧 8 次
	单臂缆绳背拉	第 144 页	每侧 8 次
能量代谢训练			
冰上实践练习			多样可变

表 11.2 赛季前训练计划：第一周，周二

能量代谢训练	
冰上实践练习	多样可变
赛后能量代谢训练	
固定式自行车	5 分钟热身运动后，以最高阻力级别竭尽全力冲刺 1 分钟，然后调到最低阻力级别，让心率恢复到 130 次 / 分钟或更低，重复 8 次

表 11.3 赛季前训练计划：第一周，周三

力量训练			
身体重量腿部循环训练（3 组，每组之间休息 90 秒）	深蹲跳	第 176 页	10 次
	双腿交替弓步	第 129 页	每侧 10 次
	上下台阶	第 130 页	每侧 10 次
	颈前深蹲	第 120 页	20 次
杠铃片循环训练（3 组，每组之间休息 90 秒）	杠铃片头顶深蹲	第 121 页	10 次
	站姿"锯式"背拉	第 142 页	每侧 10 次
	俯卧撑（背上放杠铃片）	第 152 页	10 次
	直腿仰卧起坐（胸部放杠铃片）	第 73 页	10 次
	单腿单臂硬拉（杠铃片）	第 132 页	每侧 10 次
	站姿提拉	第 141 页	10 次
	错位俯卧撑（背上放杠铃片）	第 153 页	每侧 10 次
	杠铃片头顶深蹲加三头肌屈伸	第 122 页	10 次
	方向盘旋转	第 164 页	30 秒
能量代谢训练			
冰上实践练习			多样可变

表 11.4　赛季前训练计划：第一周，周四

能量代谢训练	
冰上实践练习	多样可变
赛后能量代谢训练	
固定式自行车	心率保持为 120~140 次 / 分钟，进行 45~60 分钟的稳定状态的训练

表 11.5　赛季前训练计划：第一周，周五

力量训练			
杠铃复合训练（3 组，每组之间休息 90 秒）	杠铃复合训练	第 111 页	6 次
	膝上抓举	第 112 页	6 次
	早安式	第 113 页	6 次
	深蹲加推举	第 114 页	6 次
	俯身杠铃背拉	第 115 页	6 次
力量循环训练（3 组，每组之间休息 90 秒）	单腿深蹲	第 126 页	每侧 6 次
	仰卧背拉	第 140 页	8 次
	俯卧撑（双脚抬高式）	第 152 页	10 次
	健腹轮腹肌屈伸	第 71 页	10 次
	分腿颈前深蹲	第 127 页	每侧 8 次
	单臂单腿缆绳背拉	第 145 页	每侧 8 次
	站姿哑铃肩上推举	第 160 页	8 次
	滑板后勾	第 135 页	8 次
	单腿跪撑下劈	第 75 页	每侧 10 次
能量代谢训练			
冰上实践练习			多样可变

表 11.6　赛季前训练计划：第二周，周一

力量训练			
哑铃抓举 + 站姿髋部屈肌拉伸		第 110 页、第 199 页	每侧 4x5+2 次
力量循环训练（3 组，每组之间休息 90 秒）	颈前深蹲	第 120 页	10 次
	正握引体向上	第 136 页	7 次
	哑铃卧推	第 149 页	10 次
	健腹轮腹肌屈伸	第 71 页	12 次
	深蹲跳	第 176 页	12 次
	仰卧背拉	第 140 页	10 次
	站姿哑铃肩上交替推举	第 159 页	每侧 10 次
	单腿单臂硬拉	第 132 页	每侧 8 次
	单臂缆绳背拉	第 144 页	每侧 10 次
能量代谢训练			
冰上实践练习			多样可变

表 11.7 赛季前训练计划：第二周，周二

能量代谢训练	
冰上实践练习	多样可变
赛后能量代谢训练	
固定式自行车	5 分钟热身运动后，以最高阻力级别竭尽全力冲刺 1 分钟，然后调到最低阻力级别，将心率恢复到 130 次 / 分钟或更低，重复 10 次

表 11.8 赛季前训练计划：第二周，周三

力量训练			
空杠铃腿部循环训练（3 组，每组之间休息 90 秒）	深蹲跳	第 176 页	10 次
	双腿交替弓步	第 129 页	每侧 10 次
	上下台阶	第 130 页	每侧 10 次
	颈前深蹲	第 120 页	20 次
杠铃片循环训练（3 组，每组之间休息 90 秒）	杠铃片头顶深蹲	第 121 页	12 次
	站姿"锯式"背拉	第 142 页	每侧 12 次
	俯卧撑（背上放杠铃片）	第 152 页	12 次
	直腿仰卧起坐（胸部放杠铃片）	第 73 页	12 次
	单腿单臂硬拉（杠铃片）	第 132 页	每侧 10 次
	站姿提拉	第 141 页	12 次
	错位俯卧撑（背上放杠铃片）	第 153 页	每侧 12 次
	杠铃片头顶深蹲加三头肌伸展	第 122 页	12 次
	方向盘旋转	第 164 页	45 秒次
能量代谢训练			
冰上实践练习			多样可变

表 11.9 赛季前训练计划：第二周，周四

能量代谢训练	
冰上实践练习	多样可变
赛后能量代谢训练	
固定式自行车	保持心率为 120~140 次 / 分钟，进行 45~60 分钟的稳定状态的训练

表 11.10　赛季前训练计划：第二周，周五

力量训练			
杠铃复合训练加 10 磅（约 4.5 千克）重量（3 组，每组之间休息 90 秒）	杠铃复合训练	第 111 页	6 次
	膝上抓举	第 112 页	6 次
	早安式	第 113 页	6 次
	深蹲加推举	第 114 页	6 次
	俯身杠铃背拉	第 115 页	6 次
力量循环训练（3 组，每组之间休息 90 秒）	单腿深蹲	第 126 页	每侧 8 次
	仰卧背拉	第 140 页	8 次
	俯卧撑（双脚抬高式）	第 152 页	12 次
	健腹轮腹肌屈伸	第 71 页	12 次
	分腿颈前深蹲	第 127 页	每侧 10 次
	单臂单腿缆绳背拉	第 145 页	每侧 10 次
	站姿哑铃肩上推举	第 160 页	10 次
	滑板后勾	第 135 页	10 次
	单腿跪撑下劈	第 75 页	每侧 10 次
能量代谢训练			
冰上实践练习			多样可变

表 11.11　赛季前训练计划：第三周，周一

力量训练			
哑铃抓举 + 站姿髋部屈肌拉伸		第 110 页、第 199 页	每侧 4x5+2 次
力量循环训练（3 组，每组之间休息 90 秒）	颈前深蹲	第 120 页	12 次
	正握引体向上	第 136 页	8 次
	哑铃卧推	第 149 页	12 次
	健腹轮腹肌屈伸	第 71 页	14 次
	深蹲跳	第 176 页	14 次
	仰卧背拉	第 140 页	12 次
	站姿哑铃肩上交替推举	第 159 页	每侧 10 次
	单腿单臂硬拉	第 132 页	每侧 8 次
	单臂缆绳背拉	第 144 页	每侧 10 次
体能训练			
冰上实践练习			多样可变

表 11.12　赛季前训练计划：第三周，周二

能量代谢训练	
冰上实践练习	多样可变
赛后能量代谢训练	
固定式自行车	5 分钟热身运动后，以最高阻力级别竭尽全力冲刺 1 分钟，然后调到最低阻力级别，将心率恢复到 130 次 / 分钟或更低，重复 12 次

表 11.13　赛季前训练计划：第三周，周三

力量训练			
腿部循环训练加 10 磅（约 4.5 千克）重量（3 组，每组之间休息 90 秒）	深蹲跳	第 176 页	10 次
	双腿交替弓步	第 129 页	每侧 10 次
	上下台阶	第 130 页	每侧 10 次
	颈前深蹲	第 120 页	20 次
圆盘循环训练（3 组，每组之间休息 90 秒）	杠铃片头顶深蹲	第 121 页	14 次
	站姿"锯式"背拉	第 142 页	每侧 14 次
	俯卧撑（背上放杠铃片）	第 152 页	14 次
	直腿仰卧起坐（胸部放杠铃片）	第 73 页	14 次
	单腿单臂硬拉（杠铃片）	第 132 页	每侧 10 次
	站姿提拉	第 141 页	14 次
	错位俯卧撑（背上放杠铃片）	第 153 页	每侧 14 次
	杠铃片头顶深蹲加三头肌伸展	第 122 页	14 次
	方向盘旋转	第 164 页	1 分钟
能量代谢训练			
冰上实践练习			多样可变

表 11.14　赛季前训练计划：第三周，周四

能量代谢训练	
冰上实践练习	多样可变
赛后能量代谢训练	
固定式自行车	保持心率为 120~140 次 / 分钟，进行 45~60 分钟的稳定状态的训练

表 11.15 赛季前训练计划：第三周，周五

力量训练			
杠铃复合训练加 20 磅（约 9 千克）重量（3 组，每组之间休息 90 秒）	杠铃复合训练	第 111 页	6 次
	膝上抓举	第 112 页	6 次
	早安式	第 113 页	6 次
	深蹲加推举	第 114 页	6 次
	俯身杠铃背拉	第 115 页	6 次
力量循环训练（3 组，每组之间休息 90 秒）	单腿深蹲	第 126 页	每侧 10 次
	仰卧背拉	第 140 页	8 次
	俯卧撑（双脚抬高式）	第 152 页	14 次
	健腹轮腹肌屈伸	第 71 页	14 次
	分腿颈前深蹲	第 127 页	每侧 12 次
	单臂单腿缆绳背拉	第 145 页	每侧 12 次
	站姿哑铃肩上推举	第 160 页	12 次
	滑板后勾	第 135 页	12 次
	单腿跪撑下劈	第 75 页	每侧 10 次
能量代谢训练			
冰上实践练习			多样可变

第 12 章

赛季中训练计划

赛季中的体能训练对于所有级别的冰球运动都很重要。冰球运动赛季可以从一年的秋季早期一直延续到下一年的春季晚期。理想状况下，整个非赛季投入的体能训练将会在赛季中帮助到每个球员和团队。然而，赛季中也需要安排一个训练计划，以提升或至少维持球员在整个赛季的体能水平。这具有挑战性，但如果体能教练能够根据团队的赛程规划出合理的策略，这也是可行的。一个强壮且体能状态较好的球员将会在整个赛季中充满耐力且不易受伤。

设计一个赛季中体能训练计划

在全年计划中的这个时间点，场上的实践练习和比赛的训练量比健身房中的训练量更加重要。需要健身房的训练对场上的实践练习和比赛中的实战训练进行补充。健身房训练量需要相应缩减，因为冰场上的比赛结果才是首要考虑的。

在大学级别冰球运动中，比赛大部分情况下会安排到周末进行（一周中间只是偶尔会有比赛）。这使大学冰球球员在一周中有足够的时间进行高质量的体能训练课程。例如，如果球队在周五和周六晚上都有比赛，他们可以在周日进行体能训练课程，然后周一休息（NACC规章中强制规定，一周中必须有一天不能进行冰球活动），周二和周三在实践练习之前或之后再次进行力量训练。这样，球队可以在周日努力训练，而周一可以得到恢复。有些大学计划中将周日作为强制休息日，而在周一和周三进行力量训练。无论哪种方式，球队都可以在一周开始时多加训练，因为接下来有几天的时间可以用来恢复。

在职业级别的冰球运动中，对于健康且定期参加比赛的球员来说，赛后体能训练课程允许体能教练对每个球员计划的某些方面进行个性化安排。

力量训练

对于职业级别和初级级别球队，体能教练面临的最大的挑战之一就是力量训练课程的安排。在职业级别，常规赛季赛程会从 10 月开始，直到次年 4 月结束。赛程上有 76~82 场比赛（取决于联盟），其中一半比赛在国内，另一半在世界各地。在主要初级级别，从 9 月到次年 3 月通常有 72 场比赛。团队在整个赛季经常面对不太理想的情况。在职业级别和初级级别，连续比赛、3 个晚上有 3 场比赛及 4 个晚上有 3 场比赛的情况都是常见的。这使安排训练课程非常困难。

对于职业级别球队，有一种选择是如果第二天没有安排比赛，则在赛后立即进行力量训练。这种选择只有团队在国内且能够获得充足设备的情况下是可行的。在国外比赛后立即进行力量训练课程几乎不可能。缺乏设备，加上客场球队通常在比赛后必须立即离场，使球队无法在国外进行高质量的训练课程。

尽管赛后训练课程可能不是最好的选择，但很多情况下这是唯一的训练方法。赛后进行一些力量训练总比没有体能训练要好。重点是让球员们尽可能快速且有效地进入并走出健身房，因为训练之后要立即开始下一场比赛前的恢复过程。由于球队刚刚进行了 60 分钟的比赛，所以整套训练计划中的某些部分是没有必要的，例如动态热身、快速伸缩复合训练、冲刺、核心训练或雪橇训练。对于赛后力量训练，4 或 5 项练习就足够了。

在实践练习日期（尤其是实践练习前）进行的力量训练课程可以包含动态热身、快速伸缩复合训练和核心训练。力量训练部分的训练量要增加，因为球员不会在课程之前参加比赛。球队这时候能够进行较好的力量训练课程，因为每个球员会比赛后有更多的体能。

在设计和组织赛季中计划的时候，考虑常规赛季不同时期的需求很重要。在赛季开始阶段，球员能够较长时间待在健身房里，因为他们需要从非赛季训练计划中过渡过来，且有较多的体能。训练量（包括练习数量、组数和重复次数）会较大。在这个时间点，目的是延迟球员在非赛季训练中的体能增益的损耗。一些练习例如哑铃抓举、颈前深蹲、卧推、负重引体向上和直腿硬拉可以成功地应用到赛季开始阶段。

在赛季中期，设定的练习数量、组数和重复次数要缩减。尝试增加或维持力量是首要考虑的。复合、多点的练习例如单腿蹲、卧推、负重反握引体向上和单腿单臂硬拉可以持续进行。

在接近赛季后期几个月时，力量训练课程可以仅仅使用身体重量、哑铃或负重背心。训练量要减少组数但增加重复次数。一些练习例如壶铃甩摆、深蹲跳、哑铃抓举、引体向上、俯卧撑、单腿蹲和滑板分腿蹲可以全部包括。通常进行 1 组或 2 组重复

5~8次的爆发力动作，1组或2组重复10次的传统力量训练，以及最大重复次数的俯卧撑和引体向上就足够了。重申一次，重要的是球员进行一些力量训练，然后开始休息恢复。

受伤球员的训练

受伤之后，经过最初的治疗过程和评估，恢复过程开始了。球员要和球队的运动训练员和理疗师待在一起，同时体能教练应该设计一个可以训练运动员身体其他部分的计划。如果一个球员上半身某个部分受了伤，则应该开始一个单臂、双腿的训练计划。如果是下半身某个部分受伤，则应该开始单腿、双臂的训练计划。要记得最重要的事情是保证球员的安全。会引起任何疼痛和不适的练习都不能进行。

如果球员严重受伤，体能教练应该起到重要的作用。此外，体能教练也要利用这个时间来证明他在团体训练时不能表露的对于该球员的关心程度。有些体能教练和运动员之间最好的友谊就是在这种严重受伤时产生的。

随着赛季的继续，力量训练课程应该随之缩短，但是，所有的冰球球员都应该继续进行力量训练直到赛季结束。赛季中团队训练越多，赛季中就会越强大——这是最重要的时刻。

能量代谢训练

和力量训练一样，赛季中的能量代谢训练非常重要。不过，大多数情况下，赛季中的体能训练应该是场上实践练习（包括冰场上体能训练）和比赛的副产品。重点应该是休息和恢复，而不是体能训练。能够且应该进行体能训练的情况是那些上场时间不多的球员，例如3组和4组的球员，5组和6组的后卫，停赛球员以及受伤球员。就像在第3章中学到的，根据比赛中的上场时间，每个位置的球员都有其独特的能量代谢训练需求。

赛季中训练样本计划

以下是一些赛季中训练样本计划，集合了本书之前讨论过的所有内容。重申一下，赛季中的训练课程要少于非赛季和赛季前的训练课程。场外的体能训练要辅助场上的训练。

高中冰球运动的赛季中样本训练

以下是为期 4 周的适用于高中球员的赛季中样本训练（见表 12.1~ 表 12.4）。训练每周进行 2 天。

在赛季中，在实践练习前的训练课程中应该使用本书第 4 章中引用的理念。在这个时候，所有之前训练的方式，除了快速伸缩复合训练、速度训练和雪橇训练，都应该被使用。体能教练将决定使用哪些练习方式及训练多长时间。和赛季前一样，赛季中的时间是宝贵的。

表 12.1　赛季中训练计划：高中级别，第 1 阶段

			休息	第一周	第二周	第三周	第四周
力量训练：第 1 天							
三组式	哑铃抓举	第 110 页	2:00	每侧 3×5	每侧 3×5	每侧 3×5	每侧 3×5
	髋部屈肌拉伸	第 199 页	1:00	每侧 2×5	每侧 2×5	每侧 2×8	每侧 2×10
	四肢触地式屈膝髋关节屈伸	第 58 页	1:00	每侧 2×5	每侧 2×5	每侧 2×8	每侧 2×10
四组式	颈前深蹲	第 120 页	1:00	3×8	3×8	3×8	3×8
	哑铃下斜式卧推	第 151 页	1:00	3×8	3×8	3×8	3×8
	瑞士球腹肌屈伸	第 70 页	1:00	2×12	2×12	2×12	2×12
	股后肌群拉伸	第 200 页	1:00	2×30 秒	2×30 秒	2×30 秒	2×30 秒
四组式	反握引体向上	第 137 页	1:00	3×8 保持 10 秒	3×8 保持 10 秒	3×8 保持 10 秒	3×8 保持 10 秒
	瑞士球后勾	第 134 页	1:00	3×8	3×10	3×12	3×14
	土耳其起立：步骤 1——起立到手撑地面	第 82 页	1:00	每侧 2×5	每侧 2×5	每侧 2×5	每侧 2×5
	股四头肌拉伸	第 200 页	1:00	2×30 秒	2×30 秒	2×30 秒	2×30 秒
力量训练：第 2 天							
			休息	第一周	第二周	第三周	第四周
三组式	膝上高翻	第 106 页	2:00	3×5	3×5	3×5	3×5
	深蹲拉伸	第 199 页	1:00	2×30 秒	2×30 秒	2×30 秒	2×30 秒
	平板支撑	第 86 页	1:00	2×30 秒	2×30 秒	2×30 秒	2×30 秒
四组式	分腿蹲	第 124 页	1:00	每侧 3×8	每侧 3×8	每侧 3×8	每侧 3×8
	杠铃卧推	第 147 页	1:00	3×8	3×8	3×8	3×8
	屈膝侧桥	第 90 页	1:00	2×5 保持 10 秒	2×5 保持 10 秒	2×5 保持 10 秒	2×5 保持 10 秒
	背阔肌拉伸	第 205 页	1:00	每侧 2×30 秒	每侧 2×30 秒	每侧 2×30 秒	每侧 2×30 秒
三组式	背部拉伸	第 131 页	1:00	3×8	3×10	3×12	3×14
	"锯式"背拉	第 142 页	1:00	每侧 3×10	每侧 3×10	每侧 3×10	每侧 3×10
	胸部拉伸	第 206 页	1:00	2×30 秒	2×30 秒	2×30 秒	2×30 秒
	Y、T、W、L	第 167 页	1:00	每项 2×8	每项 2×10	每项 2×12	每项 2×14

表 12.2 赛季中训练计划：高中级别，第 2 阶段

				力量训练：第 1 天			
			休息	第一周	第二周	第三周	第四周
三组式	哑铃抓举	第 110 页	2:00	每侧 3×3	每侧 3×3	每侧 3×3	每侧 3×3
	髋部屈肌拉伸	第 199 页	1:00	每侧 2×30 秒	每侧 2×30 秒	每侧 2×30 秒	每侧 2×30 秒
	四肢触地式直腿髋关节屈伸	第 59 页	1:00	每侧 2×5	每侧 2×5	每侧 2×8	每侧 2×10
四组式	颈前深蹲	第 120 页	1:00	3×5	3×5	3×5	3×5
	哑铃下斜式卧推	第 151 页	1:00	3×6	3×6	3×6	3×6
	瑞士球腹肌屈伸	第 70 页	1:00	2×12	2×12	2×12	2×12
	股后肌群拉伸	第 200 页	1:00	每侧 2×30 秒	每侧 2×30 秒	每侧 2×30 秒	每侧 2×30 秒
四组式	反握引体向上（负重）	第 137 页	1:00	3×5 保持 10 秒	3×5 保持 10 秒	3×5 保持 10 秒	3×5 保持 10 秒
	瑞士球后勾	第 134 页	1:00	3×8	3×8	3×8	3×8
	土耳其起立 步骤2——起立到髋关节伸展	第 83 页	1:00	每侧 2×5	每侧 2×5	每侧 2×5	每侧 2×5
	股四头肌拉伸	第 200 页	1:00	每侧 2×30 秒	每侧 2×30 秒	每侧 2×30 秒	每侧 2×30 秒
				力量训练：第 2 天			
			休息	第一周	第二周	第三周	第四周
三组式	膝上高翻	第 106 页	2:00	3×3	3×3	3×3	3×3
	深蹲拉伸	第 199 页	1:00	2×30 秒	2×30 秒	2×30 秒	2×30 秒
	平板支撑加单腿抬起	第 87 页	1:00	每侧 2×5	每侧 2×5	每侧 2×5	每侧 2×5
四组式	后脚抬高式分腿蹲	第 125 页	1:00	每侧 3×6	每侧 3×6	每侧 3×6	每侧 3×6
	杠铃卧推	第 147 页	1:00	3×5	3×5	3×5	3×5
	屈膝侧桥	第 90 页	1:00	每侧 2×5 保持 10 秒	每侧 2×5 保持 10 秒	每侧 2×5 保持 10 秒	每侧 2×5 保持 10 秒
	背阔肌拉伸	第 205 页	1:00	每侧 2×30 秒	每侧 2×30 秒	每侧 2×30 秒	每侧 2×30 秒
三组式	双腿双臂硬拉	第 133 页	1:00	3×8	3×8	3×8	3×8
	"锯式"背拉	第 142 页	1:00	每侧 3×8	每侧 3×8	每侧 3×8	每侧 3×8
	胸部拉伸	第 206 页	1:00	2×30 秒	2×30 秒	2×30 秒	2×30 秒
Y、T、W、L（负重）		第 167 页	1:00	每项 2×8	每项 2×10	每项 2×12	每项 2×14

表 12.3　赛季中训练计划：高中级别，第 3 阶段

			休息	第一周	第二周	第三周	第四周
		力量训练：第 1 天					
三组式	壶铃甩摆	第 116 页	2:00	3×8	3×10	3×12	3×14
	髋部屈肌拉伸	第 199 页	1:00	每侧 2×30 秒	每侧 2×30 秒	每侧 2×30 秒	每侧 2×30 秒
	四肢触地式手腿交替屈伸	第 60 页	1:00	每侧 2×5	每侧 2×5	每侧 2×8	每侧 2×10
四组式	颈前深蹲	第 120 页	1:00	3×6	3×6	3×6	3×6
	哑铃下斜式卧推	第 151 页	1:00	3×6	3×6	3×6	3×6
	瑞士球腹肌屈伸（膝盖着地）	第 72 页	1:00	每个方向 2×5	每个方向 2×5	每个方向 2×5	每个方向 2×5
	股后肌群拉伸	第 200 页	1:00	每侧 2×30 秒	每侧 2×30 秒	每侧 2×30 秒	每侧 2×30 秒
四组式	平握引体向上（负重）	第 138 页	1:00	3×6 保持 10 秒	3×6 保持 10 秒	3×6 保持 10 秒	3×6 保持 10 秒
	滑板后勾	第 135 页	1:00	3×8	3×8	3×8	3×8
	土耳其起立：步骤 3——起立到单膝跪地	第 84 页	1:00	每侧 2×5	每侧 2×5	每侧 2×5	每侧 2×5
	股四头肌拉伸	第 200 页	1:00	每侧 2×30 秒	每侧 2×30 秒	每侧 2×30 秒	每侧 2×30 秒
		力量训练：第 2 天					
			休息	第一周	第二周	第三周	第四周
三组式	膝上高翻	第 106 页	2:00	3×5	3×5	3×5	3×5
	深蹲拉伸	第 199 页	1:00	2×30 秒	2×30 秒	2×30 秒	2×30 秒
	平板支撑加单手举起	第 86 页	1:00	每侧 2×5	每侧 2×5	每侧 2×5	每侧 2×5
四组式	单腿箱式深蹲	第 63 页	1:00	每侧 3×6	每侧 3×6	每侧 3×6	每侧 3×6
	杠铃卧推	第 147 页	1:00	3×6	3×6	3×6	3×6
	屈膝侧桥	第 90 页	1:00	每侧 2×5 保持 10 秒	每侧 2×5 保持 10 秒	每侧 2×5 保持 10 秒	每侧 2×5 保持 10 秒
	背阔肌拉伸	第 205 页	1:00	每侧 2×30 秒	每侧 2×30 秒	每侧 2×30 秒	每侧 2×30 秒
三组式	单腿单臂硬拉	第 132 页	1:00	每侧 3×6	每侧 3×6	每侧 3×6	每侧 3×6
	仰卧背拉	第 140 页	1:00	3×8	3×8	3×8	3×8
	胸部拉伸	第 206 页	1:00	每侧 2×30 秒	每侧 2×30 秒	每侧 2×30 秒	每侧 2×30 秒

表 12.4　赛季中训练计划：高中级别，第 4 阶段

			休息	第一周	第二周	第三周	第四周
力量训练：第 1 天							
三组式	双壶铃甩摆	第 118 页	2:00	3 × 8	3 × 10	3 × 12	3 × 14
	髋部屈肌拉伸	第 199 页	1:00	每侧 2 × 30 秒	每侧 2 × 30 秒	每侧 2 × 30 秒	每侧 2 × 30 秒
	四肢触地式手腿交替屈伸（负重）	第 60 页	1:00	每侧 2 × 5	每侧 2 × 5	每侧 2 × 8	每侧 2 × 10
四组式	颈前深蹲	第 120 页	1:00	3 × 5	3 × 5	3 × 5	3 × 5
	哑铃下斜式卧推	第 151 页	1:00	3 × 5	3 × 5	3 × 5	3 × 5
	瑞士球腹肌屈伸（双膝着地）	第 72 页	1:00	每个方向 2 × 5	每个方向 2 × 5	每个方向 2 × 5	每个方向 2 × 5
	股后肌群拉伸	第 200 页	1:00	每侧 2 × 30 秒	每侧 2 × 30 秒	每侧 2 × 30 秒	每侧 2 × 30 秒
四组式	正握引体向上（负重）	第 136 页	1:00	3 × 5 保持 10 秒	3 × 5 保持 10 秒	3 × 5 保持 10 秒	3 × 5 保持 10 秒
	滑板后勾	第 135 页	1:00	3 × 8	3 × 8	3 × 8	3 × 8
	土耳其起立：步骤 4——完全起立	第 85 页	1:00	每侧 2 × 5	每侧 2 × 5	每侧 2 × 5	每侧 2 × 5
	股四头肌拉伸	第 200 页	1:00	每侧 2 × 30 秒	每侧 2 × 30 秒	每侧 2 × 30 秒	每侧 2 × 30 秒
力量训练：第 2 天							
			休息	第一周	第二周	第三周	第四周
三组式	膝上高翻	第 106 页	2:00	3 × 3	3 × 3	3 × 3	3 × 3
	深蹲拉伸	第 199 页	1:00	2 × 30 秒	2 × 30 秒	2 × 30 秒	2 × 30 秒
	平板支撑加手臂和腿交叉举起	第 88 页	1:00	每侧 2 × 5	每侧 2 × 5	每侧 2 × 5	每侧 2 × 5
四组式	分腿颈前深蹲	第 127 页	1:00	每侧 3 × 6	每侧 3 × 6	每侧 3 × 6	每侧 3 × 6
	杠铃卧推	第 147 页	1:00	3 × 5	3 × 5	3 × 5	3 × 5
	屈膝侧桥	第 90 页	1:00	每侧 2 × 5 保持 10 秒	每侧 2 × 5 保持 10 秒	每侧 2 × 5 保持 10 秒	每侧 2 × 5 保持 10 秒
	背阔肌拉伸	第 205 页	1:00	每侧 2 × 30 秒	每侧 2 × 30 秒	每侧 2 × 30 秒	每侧 2 × 30 秒
三组式	单腿单臂硬拉	第 132 页	1:00	每侧 3 × 6	每侧 3 × 6	每侧 3 × 6	每侧 3 × 6
	仰卧背拉（负重）	第 140 页	1:00	3 × 6	3 × 6	3 × 6	3 × 6
	胸部拉伸	第 206 页	1:00	2 × 30 秒	2 × 30 秒	2 × 30 秒	2 × 30 秒

初级和大学冰球运动的赛季中样本计划

以下是为期 6 周的适用于初级和大学级别球员的赛季中样本训练计划（见表 12.5~ 表 12.10）。训练每周进行 2 天。

表 12.5　赛季中训练计划：初级和大学级别，第 1 阶段

			休息	第一周	第二周	第三周	第四周
			力量训练：第 1 天				
三组式	哑铃抓举	第 110 页	2:00	每侧 3×5	每侧 3×5	每侧 3×5	每侧 3×5
	髋部屈肌拉伸	第 199 页	1:00	每侧 2×30 秒	每侧 2×30 秒	每侧 2×30 秒	每侧 2×30 秒
	四肢触地式屈膝髋关节屈伸	第 58 页	1:00	每侧 2×5	每侧 2×5	每侧 2×8	每侧 2×10
四组式	颈前深蹲	第 120 页	1:00	3×8	3×8	3×8	3×8
	哑铃下斜式卧推	第 151 页	1:00	3×8	3×8	3×8	3×8
	瑞士球腹肌屈伸	第 70 页	1:00	2×12	2×12	2×12	2×12
	股后肌群拉伸	第 200 页	1:00	每侧 2×30 秒	每侧 2×30 秒	每侧 2×30 秒	每侧 2×30 秒
四组式	反握引体向上	第 137 页	1:00	每侧 3×8 保持 10 秒	每侧 3×8 保持 10 秒	每侧 3×8 保持 10 秒	每侧 3×8 保持 10 秒
	瑞士球后勾	第 134 页	1:00	3×8	3×8	3×8	3×8
	土耳其起立：步骤 1——起立到手撑地面	第 82 页	1:00	每侧 2×5	每侧 2×5	每侧 2×5	每侧 2×5
	股四头肌拉伸	第 200 页	1:00	每侧 2×30 秒	每侧 2×30 秒	每侧 2×30 秒	每侧 2×30 秒
			力量训练：第 2 天				
三组式	膝上高翻	第 106 页	2:00	3×5	3×5	3×5	3×5
	深蹲拉伸	第 199 页	1:00	2×30 秒	2×30 秒	2×30 秒	2×30 秒
	平板支撑	第 86 页	1:00	2×30 秒	2×30 秒	2×30 秒	2×30 秒
四组式	单腿箱式深蹲	第 63 页	1:00	每侧 3×6	每侧 3×6	每侧 3×6	每侧 3×6
	杠铃卧推	第 147 页	1:00	3×8	3×8	3×8	3×8
	屈膝侧桥	第 90 页	1:00	2×5 保持 10 秒	2×5 保持 10 秒	2×5 保持 10 秒	2×5 保持 10 秒
	背阔肌拉伸	第 205 页	1:00	每侧 2×30 秒	每侧 2×30 秒	每侧 2×30 秒	每侧 2×30 秒
三组式	双腿双臂硬拉	第 133 页	1:00	3×8	3×8	3×8	3×8
	"锯式"背拉	第 142 页	1:00	每侧 3×8	每侧 3×8	每侧 3×8	每侧 3×8
	胸部拉伸	第 206 页	1:00	2×30 秒	2×30 秒	2×30 秒	2×30 秒
Y、T、W、L		第 167 页	1:00	每项 2×8	每项 2×10	每项 2×12	每项 2×14

表 12.6　赛季中训练计划：初级和大学级别，第 2 阶段

			力量训练：第 1 天				
			休息	第一周	第二周	第三周	第四周
三组式	哑铃抓举	第 110 页	2:00	每侧 3×3	每侧 3×3	每侧 3×3	每侧 3×3
	髋部屈肌拉伸	第 199 页	1:00	每侧 2×30 秒	每侧 2×30 秒	每侧 2×30 秒	每侧 2×30 秒
	四肢触地式屈膝髋关节屈伸	第 58 页	1:00	每侧 2×5	每侧 2×5	每侧 2×8	每侧 2×10
四组式	颈前深蹲	第 120 页	1:00	3×5	3×5	3×5	3×5
	哑铃下斜式卧推	第 151 页	1:00	3×6	3×6	3×6	3×6
	瑞士球腹肌屈伸	第 70 页	1:00	2×12	2×12	2×12	2×12
	股后肌群拉伸	第 200 页	1:00	每侧 2×30 秒	每侧 2×30 秒	每侧 2×30 秒	每侧 2×30 秒
四组式	反握引体向上（负重）	第 137 页	1:00	3×5 保持 10 秒	3×5 保持 10 秒	3×5 保持 10 秒	3×5 保持 10 秒
	瑞士球后勾	第 134 页	1:00	3×8	3×8	3×8	3×8
	土耳其起立：步骤 1——起立到手撑地面	第 82 页	1:00	每侧 2×5	每侧 2×5	每侧 2×5	每侧 2×5
	股四头肌拉伸	第 200 页	1:00	每侧 2×30 秒	每侧 2×30 秒	每侧 2×30 秒	每侧 2×30 秒

			力量训练：第 2 天				
			休息	第一周	第二周	第三周	第四周
三组式	膝上高翻	第 106 页	2:00	3×3	3×3	3×3	3×3
	深蹲拉伸	第 199 页	1:00	2×30 秒	2×30 秒	2×30 秒	2×30 秒
	平板支撑	第 86 页	1:00	2×30 秒	2×30 秒	2×30 秒	2×30 秒
四组式	单腿箱式深蹲	第 63 页	1:00	每侧 3×6	每侧 3×6	每侧 3×6	每侧 3×6
	杠铃卧推	第 147 页	1:00	3×5	3×5	3×5	3×5
	屈膝侧桥	第 90 页	1:00	2×5 保持 10 秒	2×5 保持 10 秒	2×5 保持 10 秒	2×5 保持 10 秒
	背阔肌拉伸	第 205 页	1:00	每侧 2×30 秒	每侧 2×30 秒	每侧 2×30 秒	每侧 2×30 秒
三组式	双腿双臂硬拉	第 133 页	1:00	3×8	3×8	3×8	3×8
	"锯式"背拉	第 142 页	1:00	每侧 3×8	每侧 3×8	每侧 3×8	每侧 3×8
	胸部拉伸	第 206 页	1:00	2×30 秒	2×30 秒	2×30 秒	2×30 秒
Y、T、W、L（负重）		第 167 页	1:00	每项 2×8	每项 2×10	每项 2×12	每项 2×14

表 12.7　赛季中训练计划：初级和大学级别，第 3 阶段

			力量训练：第 1 天			
			休息	第一周	第二周	第三周	第四周
三组式	壶铃甩摆	第 116 页	2:00	3×8	3×10	3×12	3×12
	髋部屈肌拉伸	第 199 页	1:00	每侧 2×30 秒	每侧 2×30 秒	每侧 2×30 秒	每侧 2×30 秒
	四肢触地式直腿髋关节屈伸	第 59 页	1:00	每侧 2×5	每侧 2×5	每侧 2×5	每侧 2×5
四组式	分腿颈前深蹲	第 127 页	1:00	每侧 3×8	每侧 3×8	每侧 3×8	每侧 3×8
	下斜式杠铃卧推	第 148 页	1:00	3×8	3×8	3×8	3×8
	瑞士球腹肌屈伸（双膝着地）	第 72 页	1:00	每个方向 2×5	每个方向 2×5	每个方向 2×5	每个方向 2×5
	股后肌群拉伸	第 200 页	1:00	每侧 2×30 秒	每侧 2×30 秒	每侧 2×30 秒	每侧 2×30 秒
四组式	平握引体向上	第 138 页	1:00	3×8 保持 10 秒	3× 保持 10 秒	3×8 保持 10 秒	3× 保持 10 秒
	瑞士球后勾	第 135 页	1:00	3×8	3×8	3×8	3×8
	土耳其起立：步骤 2——起立到髋关节伸展	第 83 页	1:00	每侧 2×5	每侧 2×5	每侧 2×5	每侧 2×5
	股四头肌拉伸	第 200 页	1:00	每侧 2×30 秒	每侧 2×30 秒	每侧 2×30 秒	每侧 2×30 秒
			力量训练：第 2 天			
			休息	第一周	第二周	第三周	第四周
三组式	膝上高翻	第 106 页	2:00	3×5	3×5	3×5	3×5
	深蹲拉伸	第 199 页	1:00	2×30 秒	2×30 秒	2×30 秒	2×30 秒
	平板支撑加单手举起	第 86 页	1:00	每侧 2×5	每侧 2×5	每侧 2×5	每侧 2×5
四组式	分腿颈前深蹲	第 127 页	1:00	每侧 3×6	每侧 3×6	每侧 3×6	每侧 3×6
	杠铃卧推	第 147 页	1:00	3×8	3×8	3×8	3×8
	屈膝侧桥	第 90 页	1:00	2×5 保持 10 秒	2×5 保持 10 秒	2×5 保持 10 秒	2×5 保持 10 秒
	背阔肌拉伸	第 205 页	1:00	每侧 2×30 秒	每侧 2×30 秒	每侧 2×30 秒	每侧 2×30 秒
三组式	单腿单臂硬拉	第 132 页	1:00	每侧 3×6	每侧 3×6	每侧 3×6	每侧 3×6
	仰卧背拉	第 140 页	1:00	3×8	3×8	3×8	3×8
	胸部拉伸	第 206 页	1:00	2×30 秒	2×30 秒	2×30 秒	2×30 秒

表 12.8　赛季中训练计划：初级和大学级别，第 4 阶段

			休息	第一周	第二周	第三周	第四周
	力量训练：第 1 天						
三组式	双壶铃甩摆	第 118 页	2:00	3×8	3×10	3×12	3×14
	髋部屈肌拉伸	第 199 页	1:00	每侧2×30 秒	每侧2×30 秒	每侧2×30 秒	每侧2×30 秒
	四肢触地式直腿髋关节屈伸	第 59 页	1:00	每侧2×10	每侧2×10	每侧2×10	每侧2×10
四组式	分腿颈前深蹲	第 127 页	1:00	每侧3×6	每侧3×6	每侧3×6	每侧3×6
	下斜式杠铃卧推	第 148 页	1:00	3×5	3×5	3×5	3×5
	瑞士球腹肌屈伸（双膝着地）	第 72 页	1:00	每个方向2×5	每个方向2×5	每个方向2×5	每个方向2×5
	股后肌群拉伸	第 200 页	1:00	每侧2×30 秒	每侧2×30 秒	每侧2×30 秒	每侧2×30 秒
四组式	平握引体向上（负重）	第 138 页	1:00	3×5保持 10 秒	3×5保持 10 秒	3×5保持 10 秒	3×5保持 10 秒
	滑板后勾	第 135 页	1:00	3×8	3×8	3×8	3×8
	土耳其起立：步骤2——起立到髋关节伸展	第 83 页	1:00	每侧2×5	每侧2×5	每侧2×5	每侧2×5
	股四头肌拉伸	第 200 页	1:00	每侧2×30 秒	每侧2×30 秒	每侧2×30 秒	每侧2×30 秒
	力量训练：第 2 天		休息	第一周	第二周	第三周	第四周
三组式	膝上高翻	第 106 页	2:00	3×3	3×3	3×3	3×3
	深蹲拉伸	第 199 页	1:00	2×30 秒	2×30 秒	2×30 秒	2×30 秒
	平板支撑加单手举起	第 86 页	1:00	每侧2×5	每侧2×5	每侧2×5	每侧2×5
四组式	分腿颈前深蹲	第 127 页	1:00	每侧3×6	每侧3×6	每侧3×6	每侧3×6
	杠铃卧推	第 147 页	1:00	3×5	3×5	3×5	3×5
	屈膝侧桥	第 90 页	1:00	每侧2×5保持 10 秒	每侧2×5保持 10 秒	每侧2×5保持 10 秒	每侧2×5保持 10 秒
	背阔肌拉伸	第 205 页	1:00	每侧2×30 秒	每侧2×30 秒	每侧2×30 秒	每侧2×30 秒
三组式	单腿单臂硬拉	第 132 页	1:00	每侧3×6	每侧3×6	每侧3×6	每侧3×6
	仰卧背拉（负重）	第 140 页	1:00	3×6	3×6	3×6	3×6
	胸部拉伸	第 206 页	1:00	2×30 秒	2×30 秒	2×30 秒	2×30 秒

表 12.9　赛季中训练计划：初级和大学级别，第 5 阶段

				力量训练：第 1 天			
			休息	第一周	第二周	第三周	第四周
三组式	哑铃抓举	第 110 页	2:00	每侧 3×5	每侧 3×5	每侧 3×5	每侧 3×5
	髋部屈肌拉伸	第 199 页	1:00	每侧 2×30	每侧 2×30	每侧 2×30	每侧 2×30
	四肢触地式手腿交替屈伸	第 60 页	1:00	每侧 2×10	每侧 2×10	每侧 2×10	每侧 2×10
四组式	六角杆硬拉	第 123 页	1:00	3×6	3×6	3×6	3×6
	哑铃下斜式卧推	第 151 页	1:00	3×8	3×8	3×8	3×8
	瑞士球腹肌屈伸（双脚着地）	第 72 页	1:00	每个方向 2×5	每个方向 2×5	每个方向 2×5	每个方向 2×5
	股后肌群拉伸	第 200 页	1:00	每侧 2×30 秒	每侧 2×30 秒	每侧 2×30 秒	每侧 2×30 秒
四组式	正握引体向上	第 136 页	1:00	3×8 保持 10 秒	3×8 保持 10 秒	3×8 保持 10 秒	3×8 保持 10 秒
	滑板后勾	第 135 页	1:00	3×8	3×8	3×8	3×8
	土耳其起立：步骤 3——起立到单膝跪地	第 84 页	1:00	每侧 2×5	每侧 2×5	每侧 2×5	每侧 2×5
	股四头肌拉伸	第 200 页	1:00	每侧 2×30 秒	每侧 2×30 秒	每侧 2×30 秒	每侧 2×30 秒
				力量训练：第 2 天			
			休息	第一周	第二周	第三周	第四周
三组式	膝上高翻 + 颈前深蹲	第 106 页、第 120 页	2:00	3×5+ 5	3×5+ 5	3×5+ 5	3×5+ 5
	深蹲拉伸	第 199 页	1:00	2×30 秒	2×30 秒	2×30 秒	2×30 秒
	平板支撑	第 86 页	1:00	2×30 秒	2×30 秒	2×30 秒	2×30 秒
四组式	单腿滑冰式深蹲	第 126 页	1:00	每侧 3×6	每侧 3×6	每侧 3×6	每侧 3×6
	哑铃卧推	第 149 页	1:00	3×8	3×8	3×8	3×8
	交叉腿侧桥	第 92 页	1:00	每侧 2×5 保持 10 秒	每侧 2×5 保持 10 秒	每侧 2×5 保持 10 秒	每侧 2×5 保持 10 秒
	背阔肌拉伸	第 205 页	1:00	每侧 2×30 秒	每侧 2×30 秒	每侧 2×30 秒	每侧 2×30 秒
三组式	单腿单臂硬拉	第 132 页	1:00	每侧 3×6	每侧 3×6	每侧 3×6	每侧 3×6
	"锯式"背拉	第 142 页	1:00	每侧 3×8	每侧 3×8	每侧 3×8	每侧 3×8
	胸部拉伸	第 206 页	1:00	2×30 秒	2×30 秒	2×30 秒	2×30 秒
	Y、T、W、L	第 167 页	1:00	每项 2×8	每项 2×10	每项 2×12	每项 2×14

表 12.10　赛季中训练计划：初级和大学级别，第 6 阶段

			休息	第一周	第二周	第三周	第四周
力量训练：第 1 天							
三组式	哑铃抓举	第 110 页	2:00	每侧 3×3	每侧 3×3	每侧 3×3	每侧 3×3
	髋部屈肌拉伸	第 199 页	1:00	每侧 2×30 秒	每侧 2×30 秒	每侧 2×30 秒	每侧 2×30 秒
	四肢触地式手腿交替屈伸	第 60 页	1:00	每侧 2×10	每侧 2×10	每侧 2×10	每侧 2×10
四组式	六角杆硬拉	第 123 页	1:00	3×5	3×5	3×5	3×5
	哑铃下斜式卧推	第 151 页	1:00	3×6	3×6	3×6	3×6
	瑞士球腹肌旋转（双脚着地）	第 72 页	1:00	每个方向 2×5	每个方向 2×5	每个方向 2×5	每个方向 2×5
	股后肌群拉伸	第 200 页	1:00	每侧 2×30 秒	每侧 2×30 秒	每侧 2×30 秒	每侧 2×30 秒
四组式	正握引体向上（负重）	第 136 页	1:00	3×5 保持 10 秒	3×5 保持 10 秒	3×5 保持 10 秒	3×5 保持 10 秒
	滑板后勾	第 135 页	1:00	3×8	3×8	3×8	3×8
	土耳其起立：步骤 3——起立到单膝跪地	第 84 页	1:00	每侧 2×5	每侧 2×5	每侧 2×5	每侧 2×5
	股四头肌拉伸	第 200 页	1:00	每侧 2×30 秒	每侧 2×30 秒	每侧 2×30 秒	每侧 2×30 秒
力量训练：第 2 天							
			休息	第一周	第二周	第三周	第四周
三组式	膝上高翻 + 颈前深蹲	第 106 页、第 120 页	2:00	3×5+5	3×5+5	3×5+5	3×5+5
	深蹲拉伸	第 199 页	1:00	2×30 秒	2×30 秒	2×30 秒	2×30 秒
	平板支撑	第 86 页	1:00	2×30 秒	2×30 秒	2×30 秒	2×30 秒
四组式	单腿深蹲	第 126 页	1:00	每侧 3×6	每侧 3×6	每侧 3×6	每侧 3×6
	哑铃卧推	第 149 页	1:00	3×6	3×6	3×6	3×6
	交叉腿侧桥	第 92 页	1:00	每侧 2×5 保持 10 秒	每侧 2×5 保持 10 秒	每侧 2×5 保持 10 秒	每侧 2×5 保持 10 秒
	背阔肌拉伸	第 205 页	1:00	每侧 2×30 秒	每侧 2×30 秒	每侧 2×30 秒	每侧 2×30 秒
三组式	单腿单臂硬拉	第 132 页	1:00	每侧 3×6	每侧 3×6	每侧 3×6	每侧 3×6
	"锯式"背拉	第 142 页	1:00	每侧 3×6	每侧 3×6	每侧 3×6	每侧 3×6
	胸部拉伸	第 206 页	1:00	2×30 秒	2×30 秒	2×30 秒	2×30 秒
Y、T、W、L（负重）		第 167 页	1:00	每项 2×8	每项 2×10	每项 2×12	每项 2×14

参考文献

Anderson, T., and M. McNiff. 2011. Becoming bulletproof: An uncommon approach to building a resilient body.

Boyle, M. November 7, 2001. Sliding through.

Christie, H.J., S. Kumar, and S.A. Warren. 1995. Postural aberrations in low back pain. *Archives of Physical Medicine and Rehabilitation* 76(3):218-24.

Hodges, P.W., and C.A. Richardson. 1996. Inefficient muscular stabilization of the lumbar spine associated with low back pain: A motor control evaluation of transversus abdominis. *Spine* 15;21(22):2640-50.

Hough, P.A" E.Z. Ross, and GJ. Howatson. 2009. Effects of dynamic and static stretching on vertical jump performance and electromyographic activity. *Journal of Strength and Conditioning* 23(2):507-12.

Jamieson, J. 2009.

Kyndall, L., P.T. Boyle, J. Olinick, and C. Lewis. 2010. The value of blowing up a balloon. *North American Journal of Sports Physical Therapy* 5(3): 179-88.

Luoto, S., M. Heliovaara, H.L. Hurri, et al. 1995. Static back endurance and the risk of low back pain. *Clinical Biomechanics* 10:323-4.

Mascaro, T., B.L. Seaver, and L. Swanson. 1992. Prediction of skating speed with off-ice testing in professional hockey players. *Journal of Orthopaedic and Sports Physical Therapy* 15(2):92-8.

McGill, S. 2010. Core training: Evidence translating to better performance and injury prevention. *Strength and Conditioning Journal* 32(3):35.

Montgomery, D.L. 1982. The effect of added weight on ice hockey performance. *Physician and Sports- medicine* 10(ll):91-99.

Page, P., C.C. Frank, and R. Lardner. 2010. *Assessment and treatment of muscle imbalance: The fanda approach*. Champaign, IL: Human Kinetics.

Salirmann, S. 2002. *Diagnosis and treatment of movement impairment syndromes*. St. Louis: Mosby.

Tabata, I., K. Nishimura, M. Kouzaki, Y. Hirai, F. Ogita, M. Miyachi, and K. Yamamoto. 1996. Effects of moderate-intensity endurance and high-intensity intermittent training on anaerobic capacity and VO_2max. *Medicine & Science in Sports & Exercise* 28(10): 1327-30.

Tomlin, D.L., and H.A. Wenger. 2001. The relationship between aerobic fitness and recovery from high intensity intermittent exercise. *Sports Medicine* 31(1):1-11.

作者简介

肖恩·斯卡汉

2015 年被任命为美国波士顿大学男子冰球运动体能教练。在此之前，斯卡汉是美国国家冰球联盟阿纳海姆鸭队的体能教练，执教 13 个赛季，负责整个鸭队所有球员的体能计划。

在执教鸭队之前，斯卡汉是美国北达科他州大学和波士顿大学的体能助理教练。在获取运动机能学硕士学位期间，斯卡汉担任过明尼苏达州大学的体能研究生助理教练。他拥有位于波士顿的马萨诸塞州大学的运动生理学学士学位。

斯卡汉拥有美国国家体能协会（NSCA）、功能动作筛查系统（FMS）和美国举重运动协会颁发的资质证书。同时他也被认证为壶铃功能动作专家（CK-FMS）和健身 1 级教员。在日程允许的情况下，斯卡汉经常会出席世界范围内的体能训练会议。他居住在波士顿。

译者简介

王明波

河北师范大学体育学院运动人体科学硕士；国家体育总局体育科学研究所"数字化体能训练实验室"体能专家；国家体育总局教练员岗位培训体能专家组成员；通过美国人体运动表现学院（IHP）高级功能性体能教练认证、美国身体功能训练学院（AP）体能训练专家认证、功能性动作筛查（FMS）高级认证、澳大利亚体能协会（ASCA）体能教练认证；中国国家女子曲棍球队2012、2016奥运周期特聘体能教练；曾荣获国家体育总局"第30届奥运会科研攻关与科技服务个人优秀奖"。

黄 岩

运动人体科学硕士；北京市什刹海体育运动学校能总教练，北京市跆拳道、拳击、羽毛球、武术套路、武术散打、高尔夫球、击剑二级选材测试科研部分负责人；原国家跆拳道队体能教练，曾负责国家跆拳道男队备战伦敦奥运会及国家跆拳道青年队备战青奥会的体能训练、科研攻关工作；国家体育总局教练员学院体能训练讲师团成员、考官，IHP高级功能性体能教练、综合格斗体能教练；主要研究方向：格斗项目体能训练、青少年运动员体能发展策略、儿童体能发展与训练等。

陈 冲

北京体育大学运动训练学硕士；就职于北京市体育科学研究所，主要研究方向：集体性球类项目体能训练、运动能力测试与评估、训练监控；北京市男子排球队、北京市男子自由式摔跤队重点运动员的体能教练；通过ASCA体能教练认证、FMS高级认证。